现代职业教育研究前沿论丛
丛书主编：王振洪　朱永祥

全国高等职业教育教师发展研究系列

高职院校教师发展指数测评报告

王亚南　王斌　徐珍珍◎著
浙江省现代职业教育研究中心

華中科技大學出版社
http://www.hustp.com
中国·武汉

图书在版编目(CIP)数据

高职院校教师发展指数测评报告/王亚南，王斌，徐珍珍著. —武汉：华中科技大学出版社，2021.11

ISBN 978-7-5680-7674-6

Ⅰ. ①高… Ⅱ. ①王… ②王… ③徐… Ⅲ. ①高等职业教育-师资培养-研究报告-中国
Ⅳ. ①G718.5

中国版本图书馆 CIP 数据核字(2021)第 220853 号

高职院校教师发展指数测评报告 王亚南 王 斌 徐珍珍 著

Gaozhi Yuanxiao Jiaoshi Fazhan Zhishu Ceping Baogao

策划编辑：张 毅
责任编辑：郭星星
封面设计：廖亚萍
责任监印：徐 露
出版发行：华中科技大学出版社(中国·武汉) 电话：(027)81321913
武汉市东湖新技术开发区华工科技园 邮编：430223
录 排：华中科技大学惠友文印中心
印 刷：武汉开心印印刷有限公司
开 本：710mm×1000mm 1/16
印 张：15.25
字 数：299 千字
版 次：2021 年 11 月第 1 版第 1 次印刷
定 价：68.00 元

华中出版

本书若有印装质量问题，请向出版社营销中心调换
全国免费服务热线：400-6679-118 竭诚为您服务

总序

职业教育是国家教育体系中不可或缺的重要一翼。伴随着现代化建设进程的加快，职业教育不断壮大。时至今日，我国已经建成了世界上规模最大的职业教育体系，党的十八大报告中提出的“加快发展现代职业教育”更是将职业教育由“大”变“强”作为共同愿景上升到了国家战略的高度，表明了我国加强现代职业教育的决心和信心。职业教育不仅大有可为，更应当大有作为。作为其中重要的理论支持，职业教育科学研究也应当大有可为、大有作为。

一个领域的研究水平往往代表着这个领域的发展水平，作为教育学中的“后生”，我国职业教育研究的历史并不算长，但研究热情之高、总体趋势之好、形式内容之丰富都是前所未有的。一大批职业教育人将职教研究作为追求的方向与目标，积极回应和破解职业教育改革发展中的现实问题、重点问题、难点问题，积极探索中国特色职业教育的发展路径，取得了一批高水平、有影响、可借鉴的研究成果，推动了职业教育的发展。

但同时也应该看到，职业教育研究的总体成就与其他学科领域相比仍有差距，在国际舞台上的声音还不够响亮。职业教育尚有许多理论问题和实践问题需要通过深入的科学研究来进一步厘清和解决。在这样的时代需求中，“现代职业教育研究前沿论丛”的主编单位——浙江省现代职业教育研究中心应时而谋、顺势而生。该研究中心的前身为金华职业技术学院高职教育研究所，作为浙江省成立最早的高职教育研究机构之一，多年来致力于专深的职教研究。为适应新常态、谋求新作为、实现新发展，2012 年 5 月，金华职业技术学院联合浙江省教育科学研究院成立了浙江省现代职业教育研究中心。2013 年 1 月，中心获批成为“浙江省哲学社会科学扶持型研究基地”；2015 年 2 月，中心正式成为“浙江省哲学社会科学重点研究基地”，是浙江省目前唯一依托高职院校的省级哲学社会科学重点研究基地。浙江省现代职业教育研究中心成立虽然只有几年时间，但以金华职业技术学院高职教育研究所为起点，则有十余年的发展历史，依托国家示范性高职院校建设项目，中心取得了丰硕的成果。作为职业教育的实践者、思考者和记录者，中心始终紧扣改革主题，专注现代职业教育研究，不断发挥在职教研究领域中的先导作用，产生了一定的知名度和影响力。

现代职业教育的快速发展需要强有力的科学研究做支撑，而“现代”两字凸显出发展职业教育的时代性，赋予职业教育新目标和新内涵，同时给职业教育研究提出了新命题和新要求。身处五年发展的关键时期，职业教育即将进入一个全新的发展阶段，职业教育研究不仅要因势而动、积极求变，更要有的放矢、精准发力，围绕新常态下职业教育的新议题展开一系列的思考和探索，用职业教育理论来说明和阐释职业教育实践，用职业教育实践来丰富和发展职业教育理论，使两者互为补充、齐头并进。这既是现代职业教育发展的现实要求，也是广大职业教育人的责任担当。浙江省现代职业教育研究中心正是抱着这样的初衷出版“现代职业教育研究前沿论丛”的。作为中心的一员，我深感快慰。

丛书由浙江省现代职业教育研究中心主任主编，旨在通过优秀成果的集中展示反映当前职业教育的研究水平，可谓是职业教育研究者的一次集体行动。丛书的研究选题关注目前职业教育中的一些热点难点问题，基本代表了现阶段职业教育的理论前沿，其成果将陆续呈现给读者。期待未来能有更多的职业教育研究者加入这一集体行动中来，将先进思想通过“现代职业教育研究前沿论丛”落地生根，为职业教育走向未来注入新理念、新智慧和新方法，使更多人因此认识职业教育、认可职业教育、推崇职业教育！

借此机会，把这套丛书推荐给广大职业教育的支持者、改革者和实践者，同时瞩望浙江省现代职业教育研究中心继往开来、砥砺奋进、乘势而上，取得新的更丰硕的研究成果！

是为序，更为盼。

亚洲职业教育学会(AASVET)原会长

中国职业技术教育学会原副会长兼学术委员会执行主任

华东师范大学职业教育与成人教育研究所原所长、教授、博士生导师

浙江省现代职业教育研究中心学术委员会主任

石伟平

2016 年 7 月于上海

引言

教育质量提升的关键在教师。习近平总书记高度重视教师发展。2014 年 9 月，他在同北京师范大学师生代表座谈时指出："百年大计，教育为本。教育大计，教师为本。努力培养造就一大批一流教师，不断提高教师队伍整体素质，是当前和今后一段时间我国教育事业发展的紧迫任务。"[①]2018 年 1 月，中共中央、国务院颁布《中共中央 国务院关于全面深化新时代教师队伍建设改革的意见》，明确提出"教师承担着传播知识、传播思想、传播真理的历史使命，肩负着塑造灵魂、塑造生命、塑造人的时代重任，是教育发展的第一资源，是国家富强、民族振兴、人民幸福的重要基石"，这充分说明教师发展是教育发展的重中之重，教师发展水平是衡量教育质量的核心指标。

对于高职院校而言，教师发展水平的提升同样是高职人才培养质量提升的重要基石。2019 年 2 月，《国家职业教育改革实施方案》的颁布明确了高职院校师资队伍建设未来发展的总体目标，"双高计划"的实施更是为高职院校师资队伍建设提供了清晰而明确的发展路径，明确指出"以'四有'标准打造数量充足、专兼结合、结构合理的高水平双师队伍"[②]。随后，教育部等四部门印发《深化新时代职业教育"双师型"教师队伍建设改革实施方案》，指出"教师队伍是发展职业教育的第一资源，是支撑新时代国家职业教育改革的关键力量"[③]。发展至今，我国高职院校教师队伍建设已经取得了一定成效，师资队伍规模与质量取得显著提升，结构不断优化，师资管理制度不断创新，教师国际交流与合作的规模与层次不断提升。然而，随着产业转型升级步伐的不断加快，高职教育正逐渐步入大变革与大发展的新时代，高职院校教师队伍建设在新的时代背景下面临着一系列关键的问题亟待解决，

---

① 习近平. 做党和人民满意的好老师——同北京师范大学师生代表座谈时的讲话[EB/OL]. http://www.chinanews.com/gn/2014/09-10/6575002.shtml，2014-09-10.

② 教育部，财政部. 教育部 财政部关于实施中国特色高水平高职学校和专业建设计划的意见[EB/OL]. http://www.moe.gov.cn/srcsite/A07/moe_737/s3876_qt/201904/t20190402_376471.html，2019-04-01.

③ 教育部，国家发展改革委，财政部，等. 深化新时代职业教育"双师型"教师队伍建设改革实施方案[EB/OL]. http://www.moe.gov.cn/srcsite/A10/s7034/201910/t20191016_403867.html，2019-09-23.

比如:高职院校教师总体数量不足,来源渠道单一;双师素质缺乏,领军人物不足;团队结构失衡,运行效果不佳;标准制度缺失,培育体系不完善。在以"双高计划"为引领的高职教育变革发展的新时代,高职院校教师发展水平不高已是制约高职教育人才培养质量提升的关键瓶颈。

开展高职院校教师发展水平的测评恰逢其时,科学建构高职院校教师发展测评体系并对高职院校教师发展水平展开诊断测评是提升高职院校教师队伍质量的关键基础性工程。高职院校办学质量的提升离不开高水平师资队伍的支撑。为了能够推进我国高职院校师资队伍的建设,真正深入了解当前我国高职院校教师队伍发展的真实水平,并对不同省份、院校教师队伍发展水平进行横向比较分析,本课题组开展此次研究。本研究报告以2019年教师发展相关数据为基础,对我国30个省、自治区、直辖市(后简称为省份)共1001所高职院校的教师发展水平进行了测评。本研究报告主要包括以下核心内容:高职院校教师发展指数测评指标体系的构建;在所构建指标体系的基础上,通过相关数据的采集对我国不同省份高职院校教师发展指数展开测评并进行横向对比分析;对我国不同类型高职院校教师发展指数展开测评并进行横向对比分析;对不同省份、类型高职院校教师发展水平差异的影响因素进行深入分析。

本研究报告的发布主要是为了能够通过较为科学的方法全面、客观地对当前我国高职院校教师发展水平的现状进行有效测评,但囿于数据的可获得性、采集的准确性和研究能力的不足,不能够完全依据评价结果来衡量不同省份、院校教师发展水平的高低,评价结果仅作为学术交流参考资料。

目录

一　高职院校教师发展指数测评的价值及基础

提高教育质量，促进教育公平，实现我国从教育大国向教育强国的转变，关键是要有高素质的师资队伍作为支撑。对于高职院校而言，师资队伍建设更是高职院校内涵发展的关键，人才培养、科学研究、社会服务等高职院校办学功能的实现都亟待一支高水平的师资队伍作为发展基础。在高职教育大变革、大发展背景下，高职院校教师发展指数测评恰逢其时，对推进高职教育高质量发展具有重大意义。为了能够更好地开展后续研究工作，有必要明晰高职院校教师发展指数测评的价值意义及目标，并对国内外相关文献资料进行梳理分析。

（一）高职院校教师发展指数测评的价值意义

对我国高职院校教师发展指数测评展开研究，不仅可以确立一把有效衡量高职院校教师发展水平的“量尺”，更能够通过这把“量尺”合理地评估我国不同省份、不同学校之间教师发展的总体情况，寻找教师发展水平差异背后的原因，为全面、整体地把握教师发展情况，制定有针对性的教师发展政策提供科学的依据。

1. 科学构建高职院校教师发展水平的测评体系

如何有效并可靠地对高职院校教师发展水平进行测评，不仅是一个实践问题，更是一个科学问题，过去无论是教育行政部门还是学校，对教师发展水平的测评往往主要依据一些关键性数据统计指标（如“双师型”教师占比、高级职称教师占比）或标志性成果（如教师教学竞赛获奖）。这些指标和成果尽管非常重要，但不是教师发展水平测评的唯一依据，因为教师发展是多维度的，绝不能仅从单个维度出发来评判教师发展水平的高低。比如“双师型”教师占比、高级职称教师占比，这些指标仅能够衡量高职院校针对教师发展的投入程度，并不能体现出有效产出，这就需要进一步通过人才培养水平、科学研究水平来整体考查教师产出方面的成果。因此，为了能够真正了解当前高职院校教师发展水平的实然现状，就必须构建一把科学可靠的“量尺”，而这把“量尺”的构建同样需要通过科学的方法与程序步骤，不仅要遴选有效的测量高职院校教师发展水平的指标，还需要通过科学方法明确不同指标的权重并进行合成。

2. 探寻省际高职院校教师发展水平及影响因素

我国幅员辽阔，大体上可以分成东、中、西三个大的区域板块，有 34 个省级行政区域，区域之间经济社会发展水平存在着较大差距(比如广东省 2019 年地区生产总值为 107 671.07 亿元，而排名最后一位的西藏自治区生产总值仅为 1 697.82 亿元)。区域之间经济社会发展存在的巨大差异，必然会影响区域之间高职院校教师发展水平的高低，也必然会影响相关政策执行实施的效果，因为不同区域之间教师发展的重心可能存在着较大的差异。对于东部发达省份而言，如何提升教师服务产业的发展能力是其关注的核心，而对于中部和西部省份而言，提升教师的教学能力可能依然是其关注的焦点。正是因为区域之间教师发展的不均衡性的客观存在，才更需要通过构建科学的教师发展指数对不同区域之间教师发展水平进行客观测评，进而对不同省份之间教师发展水平进行横向比较分析，为不同省份科学制定政策提供客观依据。

3. 探寻校际高职院校教师发展水平及影响因素

我国高职院校类型较为多样，按照举办主体来划分，可以分为省级政府举办的高职院校、地市级以及县区政府举办的高职院校、行业企业举办的高职院校以及民办高职院校；按照办学水平来划分，可以分为国家“双高”建设高职院校、省级“双高”建设高职院校以及普通高职院校；按照行业类别来划分，可以分为综合类高职院校、财经商贸类高职院校、医药卫生类高职院校、师范类高职院校，等等。不同类型院校在师资队伍建设的水平以及发展方向上同样会存在较大的差异，那么不同类型院校在教师发展水平上存在多大的差异？这种差异具体表现在哪些方面？造成这种差异的原因是什么？这些都是值得回答的重要问题。正是因为不同类型高职院校教师发展水平差异的客观存在，才需要通过构建科学的教师发展指数对不同类型高职院校教师发展水平进行客观测评，进而对不同类型高职院校教师发展水平进行横向比较，从而为教师政策执行与实施提供更为精准的指引。

4. 为政府制定资源优化配置政策提供决策依据

我国政府部门承担着教师发展规划、教师政策制定、师资培养等重要职责，影响着职业院校教师发展质量与水平。对我国高职院校教师发展水平的测评与区域比较，有助于帮助政府认识所辖区域范围内高职院校教师队伍发展的真实状况，发现存在的问题并研判未来发展趋势，从而为各级政府出台相关政策法规提供决策参考依据。与此同时，通过对不同区域之间高职院校教师发展水平的比较分析，可以客观详细地呈现教师发展水平的差异性和不均衡性，不仅能够找到师资队伍发展较为薄弱的区域，同时能够帮助政府了解所管辖区域范围内高职院校师资队伍建设存在的薄弱环节，从而帮助政府科学有效地分配办学资源，优化资源配置，得到资源投入的最大效益，实现集约发展、优势发展和特色发展。

（二）高职院校教师发展指数测评的文献基础

在正式开展高职院校教师发展指数测评研究之前，有必要对过往相关研究进行总结梳理，从而进一步明确本课题研究的主要目标及技术路径。通过对国内外相关文献的梳理分析，尽管直接针对高职院校教师发展指数测评的研究还较为鲜见，但已经有诸多国内外学者在高等教育领域、基础教育领域、学前教育领域针对教育发展、教师发展、信息化发展等问题展开了深入探究，对过往研究经验与教训的吸取是研究得以顺利开展的重要前提。

1. 各类教育发展指数测评的文献梳理及分析

关于教育发展指数的测评研究，按照教育类型进行划分，可以分为教育发展整体水平的测评、职业教育发展水平的测评、高等教育发展水平的测评、基础教育发展水平的测评以及研究生教育发展水平的测评等；按照教育关键要素进行分类，又可以分为教育公平指数测评、教师发展指数测评、信息化发展指数测评等。教育发展是一个较为宏大的概念，包含数量、质量、结构、公平等方方面面，本部分文献梳理的逻辑主要从不同教育类型出发，从教育发展整体水平、高等教育发展、职业教育发展三个方面进行梳理分析，并对代表性成果进行举例介绍，而教育要素发展水平的研究将主要聚焦于教师发展指数测评的研究成果。

关于教育发展整体水平的测评研究是教育学术研究领域中备受关注的研究主题，因为通过分析对教育发展水平的测评结果可以客观真实地了解一个国家和区域教育发展水平的真实现状，进而可以为教育公共政策的出台提供政策依据，众多国际组织与国家教育行政管理部门都开发出了衡量教育发展水平的指标体系。教育发展指数（educational development index，EDI）是由多个单项教育指标构成的综合指数，用于反映和评价一个国家或地区教育发展的水平（王善迈等，2013）①。在国际上教育发展指数影响力较大的主要有两个：一个是联合国开发计划署（UNDP）的人类发展指数（human development index，HDI）中的教育指数，另一个则是联合国教科文组织（UNESCO）开发的教育发展指数（指数测评内容如表1所示）。我国亦有学者针对教育发展水平展开了深入研究，王善迈（2013）等学者在参考国内外相关研究的基础上，结合我国教育发展的现状，构建了由3个二级指标和18个三级指标构成的教育发展指数，指标具体内容详见表1。根据所开发的指数，他们对全国31个省份2009年教育发展总体水平及教育机会水平、教育投入水平、教育公平

① 王善迈，袁连生，田志磊，等.我国各省份教育发展水平比较分析[J].教育研究，2013(6):29-41.

水平进行了统计测算和比较分析，获得了一系列重要的研究成果。范秀荣等(2007)[①]用若干项指标构建了教育发展指数(EDI)，并在此基础上分析了重庆、四川和陕西三个省(市)的教育发展程度，用线性相关分析等统计方法，在定性和定量分析教育存量指标、教育增量指标、教育投入指标和教育贡献指标的基础上，为如何提高三省(市)的教育发展水平提供了对策建议。

表 1　关于教育发展指数研究成果的举例

开发者	开发目标	指数的设计
UNESCO	监测各个国家和地区落实 1990 年《世界全民教育宣言》提出、2000 年世界教育论坛《达喀尔行动纲领》重申的全民教育目标的进展情况	构成教育发展指数的 4 个指标：(1)初等教育净入学率；(2)成人识字率；(3)小学 5 年级保留率；(4)教育性别平等指数。赋予每一个指标的权重相等，都为四分之一。教育发展指数＝1/4(初等教育净入学率＋成人识字率＋小学 5 年级保留率＋教育性别平等指数)
王善迈等	对我国 31 个省份教育发展总体水平及教育机会水平、教育投入水平、教育公平水平进行统计测算和比较分析	教育发展指数一共包含 3 个二级指标，分别为教育机会指数、教育投入指数和教育公平指数。教育机会指数包括 4 个三级指标，比如学前教育毛入学率指数；教育投入指数包括了 8 个三级指标，比如小学师资指数；教育公平指数包含了 6 个三级指标，比如小学专任教师学历城乡差异指数
范秀荣等	对重庆、四川和陕西三个省(市)的教育发展程度进行测评	教育发展指数(EDI)的构建借鉴了联合国开发计划署所提出的人类发展指数，包含 4 个一级指标和 16 个二级指标，4 个一级指标分别为教育存量指标、教育增量指标、教育投入指标、教育贡献指标。教育存量指标包括 2 个二级指标，比如人均受教育年限；教育增量指标包括 4 个二级指标，比如小学入学率；教育投入指标包括 8 个二级指标，比如小学生均教育经费；教育贡献指标包括 2 个二级指标，比如科技人员数

关于高等教育发展水平的测评研究同样是教育研究领域学者们聚焦的核心问题。改革开放以后，我国高等教育逐步进入大众化阶段，而且发展十分迅猛，对高等教育发展水平进行精确测评对于提升高等教育办学的国际竞争力具有十分重要

① 范秀荣，何必. 重庆、四川、陕西教育发展指数分析[J]. 软科学，2007，21(02)：113-115.

的意义。中国教育科学研究院国际比较教育研究中心(2012)[①]明确指出高等教育竞争力是一个国家的教育产出在和别国比较时所具有的相对优势和能力,其内涵包括4个方面:教育发展水平,包括正规与非正规教育的规模以及教育质量;教育对人力资源的贡献;教育对经济发展的贡献;教育对知识创新的贡献。作者采取层次分析法(AHP),依据高等教育竞争力评价的火箭模型,遵循指标数据的敏感性、可获得性和国际可比性的原则,构建了12项指标的高等教育竞争力评价指标体系(见表2)。赵庆年(2009)[②]试图从高等教育发展层次指数、高等教育发展平衡指数、高等教育开放指数、高等教育需求率、高等教育发展的收益率和高等教育结构指数对高等教育发展水平进行评价。徐天伟等(2013)[③]认为高等教育竞争力主要通过"传播知识"和"生产知识"两个维度得以凸显,传播知识指标主要包括发展规模、办学条件、教学质量、开放程度等,生产知识指标主要包括师资队伍、学科体系、科学研究等(见表2)。赵军等(2019)[④]以我国高等教育发展水平的空间分异为视角,利用GIS空间分析方法分析我国31个省份高等教育发展水平的空间分异特征,并开发了包含6个一级指标、21个二级指标的高等教育发展水平评价指标体系(见表2)。李晶等(2017)[⑤]采用熵权法从发展规模、经费投入、基础设施和师资力量4个维度构建地区高等教育综合发展指数(见表2),对2004—2013年我国地区高等教育发展水平进行全局空间自相关分析、局部空间自相关分析和三维趋势分析,对我国高等教育区域发展的均衡情况进行了翔实调研。

表2 关于高等教育发展指数研究成果的举例

开发者	开发目标	指数的设计
中国教育科学研究院国际比较教育研究中心	对53个国家的高等教育竞争力进行排名,分析中国高等教育竞争力的优势与劣势	构建2个维度12项指标的高等教育竞争力评价指标体系,高等教育发展水平指标包括了高等教育规模、高等教育质量、高等教育国际化等5项指标,高等教育贡献指标包括高等教育对人力资源的贡献、高等教育对经济发展的贡献、高等教育对知识创新的贡献等7个方面的指标

① 中国教育科学研究院国际比较教育研究中心.中国教育竞争力报告·2011[M].北京:教育科学出版社,2012.

② 赵庆年.高等教育发展水平评价新概念及其评价[J].教育研究,2009,30(05):73-79.

③ 徐天伟,蔡文华,王源昌.云南高等教育发展水平评价——基于高等教育竞争力评价指标体系的实证研究[J].云南师范大学学报:哲学社会科学版,2013(04):150-156.

④ 赵军,贾晶晶.我国高等教育发展水平的空间分异及解析[J].现代教育管理,2019,350(05):69-75.

⑤ 李晶,何声升.中国高等教育发展水平的空间差异研究[J].西部论坛,2017,05(25):76-84.

续表

开发者	开发目标	指数的设计
徐天伟	构建高等教育竞争力评价指标体系，对云南省高等教育发展水平进行评价	构建一级指标2个(传播知识、生产知识)、二级指标7个(高等教育发展规模、高等教育办学条件、高等教育教学质量、高等教育开放程度、师资队伍、学科学位体系建设、高等教育科研情况)以及三级指标32个
赵军	利用GIS空间分析法分析我国31个省份高等教育发展水平的空间分异特征	构建一级指标6个(师资力量、基础设施、经费投入、科学研究、人才培养以及社会服务)、二级指标21个(普通高校生师比、生均固定资产总值、高校生均教育经费支出、国家重点实验室等)
李晶	对2004—2013年我国地区高等教育发展水平进行全局空间自相关分析、局部空间自相关分析和三维趋势分析	构建高等教育发展规模、基础设施、经费投入、师资力量4个一级指标，共包括每十万人口高等学校在校生数、高等教育毛入学率、高校生均固定资产总值、高校生均图书量、一级地方高等教育经费占当地生产总值比例等11个二级指标

职业教育是我国教育事业发展的短板，其发展水平的高低将直接影响到我国高素质技术技能人才供给的质量与效率，对我国产业转型升级、社会和谐稳定具有至关重要的影响。关于职业教育发展水平的测评同样是职业教育学术研究领域所聚焦的热门选题。“以UNESCO、欧盟为代表的国际组织以及以澳大利亚为代表的职教发达国家都从国际和地区比较的角度制定了评估和监控职业教育质量的指标体系。”[①]在我国，关于职业教育发展水平的研究同样是学界关注的热点，已经涌现出了一大批研究成果。王良(2016)[②]采用5个一级指标和12个二级指标，构建了中等职业教育发展水平评价指标体系，计算出了全国31个省份中等职业教育发展指数，该指标体系包含了办学规模、普职结构、资源条件、师资队伍和经费投入5个关键指标。林克松(2018)[③]在借鉴国内外相关研究的基础上，结合我国中职发展现状以及数据的可获得性，设计了由5个二级指标和12个三级指标构成的中等职业教育发展指数，并根据该指数对我国31个省份2014年的中职发展水平进行了统计测算和比较分析，如表3所示。

① 李玉静. 国际职业教育质量评估指标体系比较分析——以UNESCO、欧盟和澳大利亚为样本[J]. 职业技术教育，2012，33(28)：76-82.

② 王良. 天津中等职业教育发展水平评价与分析[J]. 职业技术教育，2016，37(22)：44-49.

③ 林克松. 我国省际中等职业教育发展水平的测度与比较[J]. 西南大学学报：社会科学版，2018，44(01)：82-88.

表 3　关于职业教育发展指数研究成果的举例

开发者	开发目标	指数的设计
UNESCO	发展国际通用的职业教育质量标准及评估框架，加强对世界各国职业教育的国际化、可比性与国际交流	借鉴普通教育的评估指标，并考虑到职业教育与劳动力市场和就业联系紧密的特征，UNESCO从8个维度（机会和范围、TVET体系内部效率、人力和物质资源、经费等）构建了评估一国职业技术教育和培训（TVET）发展情况的54个指标
欧盟	系统评估职业教育与培训的质量	从就业能力、匹配程度和机会3个维度构建了职业教育与培训评估框架，并对每一个维度都从背景、输入、过程、产出和结果5个方面构建了由73个具体指标构成的指标体系
澳大利亚	实现澳大利亚职业教育与世界其他国家职业教育发展水平的比较	从6个维度（供需匹配度、为公民提供工作技能情况、增强劳动力市场的流动性、实现职业教育与培训的平等结果、增加对培训的投资、实现公共职业教育与培训价值最大化）构建了53个评估职业教育质量的指标，并把这些指标归入背景、参与、结果、产出、资源的分析框架中
林克松	对我国31个省份中职发展水平进行统计测算和比较分析	设计了由5个二级指标（结构协调指数、经费收支指数、教学条件指数、师资力量指数、培养成效指数）和12个三级指标构成的中等职业教育发展指数

2. 教师发展指数测评的文献梳理及分析

提高教育质量，促进教育公平，实现我国从教育大国向教育强国的转变，关键是要有一支师德高尚、业务精湛、结构合理的高素质专业化师资队伍作为支撑。近年来，为了能够推进我国师资队伍的健康发展，国家已经出台了一系列政策文件，不断深化大中小学师资队伍的改革，并取得了较为显著的改革成效。因为制定具有可操作性和科学性的教师发展水平测评体系是科学、有效评估教师发展水平的重要前提，也是推动我国师资队伍建设稳步发展的重要前提基础，为了能够真正深入了解师资队伍建设取得的成效，学者们围绕教师发展水平的测评开展了大量的研究。单志艳（2017）[①]为了更好地比较各省份教师专业发展状况，运用量化分析法、德尔菲法制定了基础教育教师发展指数和高等教育教师发展指数（二级指标为配置指数、结构指数、专业指数和待遇指数）测评指标体系（见表4），考查了各省份

① 单志艳．中国教师发展水平测评指标体系构建与应用[J]．教师发展研究，2017，01(01)：13-19．

教师发展状况。杨晓琳等(2013)[①]运用反映中小学教师发展水平的 5 个方面共 10 个指标(见表 4),对全国 31 个省份中小学教师发展水平进行研究,发现各省份中小学教师发展的地区差异比较明显。陆国栋等(2019)[②]结合我国高校教师教学发展实际,确定我国普通本科院校教师教学发展指数研发目的、对象、原则以及“6+1”指标体系和模型(见表 4),包括教师团队、教改项目、教材项目、教学论文、教学成果奖、教师培训基地以及教师教学竞赛。李大伟等(2020)[③]结合层次分析法(AHP),构建了供求指数、质量指数、潜力指数和环境指数,分析省域范围内 414 所职业院校教师发展现状,可视化展示 17 类重点专业与区域产业发展之间的结构性差距(见表 4)。

表 4　关于教师发展指数测评研究成果的举例

开发者	开发目标	指数的设计
单志艳	制定具有可操作性的中国教师发展水平测评指标体系,科学有效地评估教师发展水平	运用量化分析法、德尔菲法制定了基础教育教师发展指数和高等教育教师发展指数(二级指标为配置指数、结构指数、专业指数和待遇指数)测评指标体系
杨晓琳等	综合衡量各省份教师发展水平	选择反映中小学教师发展水平的 5 个方面共 10 个指标,即教师数量(每千劳动人口中教师数量、每万人口中教师数量、专任教师比例、代课教师比例)、教师结构(女教师比例)、教师配置(生师比、班均教师数)、教师素质(高一级学历教师比例、中高级职称教师比例)、教师待遇(教师年平均工资)
陆国栋等	对我国普通本科院校教师教学发展指数进行研发,对我国普通本科院校教师教学发展治理提出启示和建议	指数从高校教师发展的平台、载体到成果,共设计了 7 个一级指标、38 个二级指标和 52 个三级指标。一级指标分别为教师团队、教改项目、教材项目、教学论文、教学成果奖、教师培训基地以及教师教学竞赛

① 杨晓琳,王文宝,燕学敏,等.各省份中小学教师发展水平比较研究[J].教育研究,2013,34(10):84-94.

② 陆国栋,王小梅,张聪,等.我国普通本科院校教师教学发展指数:设计、实践与启示[J].中国高教研究,2019(07):6-11.

③ 李大伟,尤莉.职业教育教师发展指数测评的地方实践——基于对《国家职业教育改革实施方案》的目标审视[J].重庆高教研究,2020,08(03):115-128.

续表

开发者	开发目标	指数的设计
李大伟等	优化职业教育师资配置格局，推进教育区域协同发展战略，促进教育链、产业链和人才链深度融合	该指标体系一共包括4个一级指标（供求指数、质量指数、潜力指数和环境指数）、10个二级指标（供求指数、需求指数、结构指数、流动指数、储备指数、培训指数、工作环境指数、政策环境指数、文化环境指数和环境信心指数）

二　高职院校教师发展指数测评指标体系的构建

（一）指数测评指标体系构建的主要目标

构建高职院校教师发展指数测评指标体系的主要目的在于以下三个方面。一是明晰教师发展的主要内涵及边界，通过指标体系的构建试图全面地反映教师发展的基本结构，通过一系列可观测、可量化的指标对教师发展加以形象化、具体化的表征。二是通过指数测评指标体系的构建来引导高职院校关注教师发展，通过对全国高职院校教师发展水平的客观测评，帮助各高职院校认清自身在教师发展方面同其他高职院校相比存在哪些不足，目前处于何种发展水平，在教师发展中哪些方面存在短板，从而推动高职院校关注教师质量水平的提升。三是推动教师治理水平的提升，优化完善高职院校教师培养模式与管理机制，通过指标体系的构建真实地反映高职院校教师队伍发展的基本现状，进而为教育行政管理部门精准施策提供充分的客观事实依据。

（二）指数测评指标体系构建的基本原则

高职院校教师发展指数测评指标体系的构建试图通过一系列相关指标来全面衡量高职院校教师发展的水平。借助完全量化的高职院校教师发展指数测评指标体系，我们可以全面、客观、准确地了解当前高职院校教师发展水平的真实现状，衡量、监控和评价当前高职院校教师发展的水平，基于测评结果不断优化完善教师培养体系和政策举措。

1. 科学系统性原则

高职院校教师发展指数测评指标体系的构建是建立在一定的理论基础之上的，指标的遴选与确定都严格依据理论模型，从而确保相关指标遴选能够真实客观地反映高职院校教师发展水平，并且各项指标之间的逻辑关系是清晰明确自成体系的，可以按照一定的逻辑分出层次与维度。与此同时，所选取指标的名称、含义以及统计口径范围上都应具有坚实的理论依据，内涵界定清晰，没有歧义。

2. 类型性原则

职业教育与普通教育是两种不同的教育类型，具有同等重要的地位。高职院校教师发展指数测评指标的设计应严格遵循类型教育的定位进行相关指标的遴选，应充分体现职业院校师资队伍建设相较于学术型高校的独特性，避免因指标遴选的偏差而造成办学导向的"学术漂移"。

3．可比性原则

高职院校教师发展指数测评指标体系的构建主要是为了能够对不同区域之间以及不同院校之间教师发展水平进行比较分析，从而找到造成不同区域和院校之间教师发展水平差异的重要影响因素。因此，所选取的指标应具有可比性，能够通过所选取的指标较好地区分不同区域、不同院校之间教师发展水平的差异性。

4．可操作性原则

囿于研究所需的人财物资源条件，高职院校教师发展指数测评指标尽量以已有的权威性统计公报、质量发展报告以及教育部公布的相关信息为主，这些指标都具有可靠的数据来源，确保可采集、可回溯查证。

（三）指数测评指标体系构建的过程与结果

高职院校教师发展指数测评指标体系的构建是一个严谨细致的过程，包括理论模型的建构、指标的遴选与确定、指标的内涵阐释、指标的测算处理以及权重确定与合成。

1．高职院校教师发展评价理论模型的建构

"20世纪50年代以来，教师发展已逐渐被视为教育改革的中心和核心要素，甚至被视为'学校与教学改革的心脏，它能最大限度地重建和振兴一个国家的教育希望'。因此，重视教师发展已成为当前发达国家教育改革的重要趋势，目前呈现出一种美国、英国领先，其他国家紧追不放的格局。"[①]高校教师发展可以是所有在职大学教师，通过各种途径、方式的理论学习和实践，持续提高完善自己各方面的水平。[②] 教师发展水平是衡量一所高职院校办学竞争力的核心关键，是高职院校通过资源投入、政策供给、制度建构等举措实现的教师教学、科研、社会服务等能力持续提升的一种客观结果。基于对高职院校教师发展内涵的认知，在充分借鉴其他教师发展评价理论模型的基础上，本课题组提出了高职院校教师发展评价理论模型。

通过对高职院校教师发展内涵的基本界定，本课题组认为，高职院校教师发展的构成要素包括基础层（教师供给）、功能层（教师教学发展、教师科研发展、教师社

① 乔连全，吴薇．大学教师发展与高等教育质量——第四次高等教育质量国际学术研讨会综述[J]．高等教育研究，2006，27(11)：106-109．

② 潘懋元，罗丹．高校教师发展简论[J]．中国大学教学，2007(01)：5-8．

会服务)以及表现层(教师声望),这三个层次共同构成了高职院校教师发展的“金字塔”模型。本模型偏重从组织层面对高职院校教师发展的整体水平进行测评,所以一些教师个体性的因素不在测评体系之中,比如关于教师发展个体动机的高低以及教师对工作的满意度水平。如图1所示,高职院校教师发展评价的“金字塔”模型共包含三个层次共五大基本要素,教师供给要素为基础层,该要素在评价体系中占据着基础性的地位和作用。教师供给的内涵主要是指高职院校为了推进本校教师发展水平的提升,在教师引进、培育和管理等方面采取的举措,学校通过一系列举措最终实现教师规模、结构与质量的有效提升。教师科研发展、教师社会服务、教师教学发展三个要素构成了高职院校教师评价的功能层。高等教育机构产生首先是为了满足社会对专业人才的需要,培养专业人才是高等教育机构的根本职能,是高等教育机构在社会中赖以生存的必要条件,而培养专业人才需要新知识的不断补充并且要以研究作为教育过程的基本手段,从而使得科学研究逐步成为高等教育机构的一项基本职能。随着高等教育机构同社会的联系日益紧密,社会不仅需要高等教育机构通过专业教育和科学研究来满足未来的发展需要,而且需要高等教育机构能够直接参与社会活动之中,满足经济社会发展的当下需求,社会服务开始逐步成为高等教育机构的另一项重要功能。因此,可以将高等教育机构的功能概括为“教育(或教学)、研究(或科研)、社会服务(或公众服务)”[①]。高职院校作为高等教育机构,同样肩负着人才培养、科学研究以及社会服务的职能,同普通高校的区别主要体现在传承、创新与应用上知识类型有差异,无论是何种办学功能的实现,核心关键都是师资队伍。因此,衡量一所高职院校师资队伍水平的高低,除了要关注高职院校自身在管理、引进以及培养等供给上的投入水平,还需要特别关注产出,即关注以师资队伍为关键载体的高职院校办学功能的实现程度。除了基础层和功能层外,高职院校教师发展评价理论模型还包括处于金字塔顶端的表现层,该层面是教师发展水平高低的一种外部表现,主要通过一些重要的教师荣誉称号来体现,这是衡量一所高职院校教师发展水平最为显性和客观的指标,对其测评与评价也是三个层面中最容易和最便捷的。

2. 高职院校教师发展指数的测评指标体系

基于“金字塔”模型,表5给出了本书所依据的高职院校教师发展指数的测评指标体系。

---

① [美]伯顿·R.克拉克.高等教育系统:学术组织的跨国研究[M].王承绪,译.杭州:杭州大学出版社,1994.

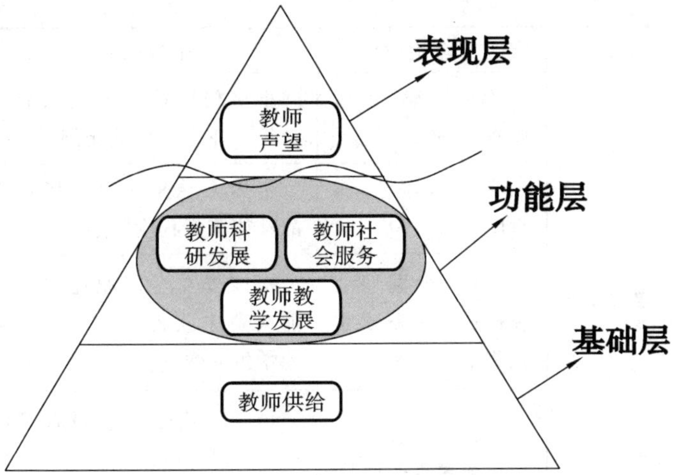

图 1　高职院校教师发展评价的"金字塔"模型

表 5　高职院校教师发展指数测评指标体系

一级指标	二级指标	三级指标	指数内涵	数据来源
A 教师供给指数	A-1 资源投入	A-1-1 生师比	指在校学生人数与学校专任教师人数的比例	质量年报
		A-1-2 生均企业兼职教师年课时量	指学校引进的企业兼职教师当年为学生授课的课时总数与学生总人数之比	质量年报
		A-1-3 生均年支付企业兼职教师课酬	指学校为引进的企业兼职教师授课所支付的课酬与学生总人数之比	质量年报
	A-2 师资质量	A-2-1 双师素质专任教师比例	指具有双师素质的专任教师人数与学校专任教师总人数之比	质量年报
	A-3 高端平台	A-3-1 技能大师工作室	指该校所拥有的国家认定的技能大师工作室的个数	人社部官网
		A-3-2 职业院校校长培训基地	指该校所拥有的国家认定的职业院校校长培训基地个数	教育部官网

续表

一级指标	二级指标	三级指标	指数内涵	数据来源
B 教师教学发展指数	B-1 教学成效	B-1-1 学生就业率	指该校毕业生就业人数占学校毕业生人数的比例	质量年报
		B-1-2 雇主满意度	指用人单位对该校毕业生的整体满意程度	质量年报
		B-1-3 全国职业院校技能大赛学生获奖数	指该校在全国职业院校技能大赛中获得一、二、三等奖的学生人数	教育部官网
		B-1-4 毕业生三年职位晋升比例	指三年内职位获得晋升的毕业学生人数占毕业生人数的比例	质量年报
	B-2 教学科研	B-2-1 教师教学科研项目获取数	指该校教师以教育科学理论为指导,以教育形态为对象,以探索教育规律为目的的创造性认知活动,主要以国家级教育科研项目的获取来评价教师教育科研水平(全国教育科学规划课题、教育部人文社会科学研究一般项目)	相关课题评审部门官网
		B-2-2 教师教学科研论文发表数	指该校教师在探究教育规律、研究教育现象过程中在教育类期刊中发表的学术论文数量[主要以 20 种教育类核心期刊和 4 种职教类核心期刊以及《中国教育报》《人民日报》《光明日报(理论版)》和中国人民大学复印资料转载《职业技术教育》为数据采集源]	CNKI(中国知识基础设施工程)

续表

一级指标	二级指标	三级指标	指数内涵	数据来源
B教师教学发展指数	B-3 教学改革	B-3-1 教学成果奖	指为了鼓励教育工作者从事教育教学研究，提高教学水平和教育质量，对反映教育教学规律，具有独创性、新颖性、实用性，培养效果明显的教育教学方案进行表彰的奖项（以第一完成单位获得二等奖以上的奖项数）	教育部官网
		B-3-2 教学改革项目	指学校所获得的由国家启动实施的教学改革项目的个数，包括国家现代学徒制试点专业数	教育部官网
		B-3-3 教学资源建设	包括国家专业教学资源库主持个数、国家精品资源共享课程建设门数	教育部官网
	B-4 教学国际化	B-4-1 开发并被国（境）外采用的专业教学标准数	指该校教师为了能够推动学校国际化事业发展而开发的被其他国家或行业所认可的专业教学标准数量	质量年报
		B-4-2 开发并被国（境）外采用的课程标准数	指该校教师为了能够推动学校国际化事业发展而开发的被其他国家或行业所认可的课程标准数	质量年报
C教师科研发展指数	C-1 横向科研	C-1-1 师均横向技术服务到款额	指该校教师承担企业事业单位、兄弟单位委托的各类科技开发、科技服务、科学研究等方面的项目所获得的经费总额与该校专任教师总人数之比	质量年报
		C-1-2 师均横向技术服务产生的经济效益	指该校教师承担企业事业单位、兄弟单位委托的各种科技开发、科技服务、科学研究所产生的经济效益与该校专任教师总人数之比	质量年报

续表

一级指标	二级指标	三级指标	指数内涵	数据来源
C 教师科研发展指数	C-1 横向科研	C-1-3 师均技术交易到款额	指该校教师对其拥有的科技成果、专利技术、专有技术和科技成果投资进行有偿转让所获得的报酬与该校专任教师总人数之比	质量年报
	C-2 纵向科研	C-2-1 师均纵向科研经费到款额	指该校教师获得的上级主管部门或机构批准立项的各类计划(规划)、基金项目经费到款额与学校专任教师总人数之比	质量年报
		C-2-2 纵向科研项目获取数(国家级)	指该校教师获得的上级主管部门或机构批准立项的各类计划(规划)、基金项目的个数(国家自然科学基金项目、国家重点研发计划、国家社会科学基金项目、国家艺术基金项目)	相关课题评审部门官网
	C-3 专利获取数	C-3-1 发明专利数	指该校当年获得的国家授权的发明专利数目	中国专利信息网
		C-3-2 实用新型专利数	指该校当年获得的国家授权的实用新型专利数目	中国专利信息网
		C-3-3 外观设计专利数	指该校当年获得的国家授权的外观设计专利数目	中国专利信息网
		C-3-4 国外专利数	指该校当年获得的国外授权的专利的数目	中国专利信息网

续表

一级指标	二级指标	三级指标	指数内涵	数据来源
D 教师社会服务指数	D-1 国内社会服务	D-1-1 师均非学历培训到款额	指该校教师所参与的非学历培训服务所获取的经费总额与该校专任教师总人数之比	质量年报
		D-1-2 师均公益性培训服务到款额	指该校教师所参与的公益性培训服务所获取的经费总额与该校专任教师总人数之比	质量年报
	D-2 国际社会服务	D-2-1 专任教师赴国（境）外指导和开展培训时间	指该校教师赴国（境）外指导和开展培训的时间（人日）	质量年报
		D-2-2 在国（境）外专业性组织担任职务的专任教师人数	指该校专任教师在国（境）外专业性组织担任职务的人数	质量年报
E 教师声望指数	E-1 团队荣誉	E-1-1 国家级教师教学创新团队	指该校所获得的国家级教师教学创新团队的个数	教育部官网
		E-1-2 全国高校黄大年式团队	指该校所获得的全国高校黄大年式团队的个数	教育部官网
	E-2 比赛获奖	E-2-1 全国职业院校教师教学能力比赛获奖数	指该校教师在全国职业院校教师教学能力比赛中获奖人数（获得三等奖以上的数目）	教育部官网
		E-2-2 全国高校思想政治理论课教学展示活动获奖数	指该校思政课教师在当年全国高校思想政治理论课教学展示活动中获奖人数	教育部官网
	E-3 个人荣誉	E-3-1 国家级教师荣誉获得数	指该校教师获得国家级教师荣誉的总人数（国家级教学名师、“万人计划”教学名师、全国“优秀教师”、全国模范教师、全国技术能手）	教育部官网

3. 高职院校教师发展指数测评指标的解释

1）教师供给指数（A）

教师供给指数为一级指标，该指标包含资源投入（A-1）、师资质量（A-2）、高端平台（A-3）3 个二级指标。该指标是指高职院校为了提升本校技术技能人才培养水平，在教师的引入、经费和培养上所进行的投入。该指标能够反映不同高职院校在师资队伍建设投入上的差异，指标值的高低反映高职院校在师资队伍建设上投入的多寡。

资源投入(A-1)。该指标是指高职院校为了提升本校技术技能人才培养水平，在教师队伍引入上的投入。资源投入为二级指标，该指标包含生师比(A-1-1)、生均企业兼职教师年课时量(A-1-2)和生均年支付企业兼职教师课酬(A-1-3)3个三级指标。该指标能够体现不同高职院校在师资队伍规模的供给上存在的差异，指标值的高低反映高职院校在师资队伍规模及资源上投入的多寡。

生师比(A-1-1)。该指标是指高职院校在校学生人数与学校专任教师人数的比例。该指标能够反映不同高职院校在师资队伍数量上是否能够满足学校人才培养的需求，指标值的高低反映高职院校在师资队伍数量供给上的多少。指标值高说明该校专任教师数量较少，难以满足学校人才培养的需求；指标值低说明该校教师数量较多，具有充足的师资资源来满足学校人才培养的需求。

生均企业兼职教师年课时量(A-1-2)。该指标是高职院校引进的企业兼职教师当年为学生授课的课时总数除以学生总人数的值。该指标能够反映高职院校引进的企业兼职教师能否满足学校人才培养的需求，能否帮助学生了解企业生产服务一线的工作知识，指标值能够体现高职院校在兼职教师引入规模上的差异。指标值高说明该校充分重视兼职教师队伍的打造，通过引进兼职教师帮助学生了解企业生产服务一线的相关工作知识；指标值低说明该校在人才培养上主要以专任教师为主，兼职教师不足，职业教育自身的跨界属性体现得并不充分。

生均年支付企业兼职教师课酬(A-1-3)。该指标是指学校为引进的企业兼职教师授课所支付的课酬除以学生总人数的值。该指标能够在一定程度上反映高职院校在兼职教师队伍的建设上投入的高低，生均年支付企业兼职教师课酬越高意味着高职院校可以吸引越多的兼职教师到校任教，提升高职院校学生的专业实践能力。指标值高说明该校投入较多的资源吸引校外兼职教师到校任教；指标值低说明该校校外兼职教师资源引入较少，无法通过兼职教师的引入提升学生的技术实践能力。

师资质量(A-2)。该指标是指高职院校为了提升技术技能人才培养水平，在师资队伍培养上的投入。该指标仅包含双师素质专任教师比例(A-2-1)1个三级指标。该指标能够体现不同高职院校师资队伍建设质量上存在的差异，指标值的高低反映了高职院校师资队伍质量的高低。

双师素质专任教师比例(A-2-1)。该指标是指具有双师素质的专任教师人数除以学校专任教师总人数的值。双师素质教师特指既能够胜任理论教学，又能够指导学生开展专业实践的教师。该指标能够反映高职院校教师是否能够胜任高职院校课堂教学的需求，是否具备扎实的课堂教学能力。指标值高说明该校双师素质专任教师占比较高，具备一支高素质的师资队伍，能够满足高职院校理实一体化教学的需求；指标值低说明该高职院校双师素质专任教师占比较低，无法满足高职院校课堂教学的独特需求。

高端平台(A-3)。该指标是指高职院校为了提升技术技能人才培养水平，在高端培训平台搭建上的投入。该指标包含技能大师工作室(A-3-1)和职业院校校长培训基地(A-3-2)2个三级指标。该指标能够体现不同高职院校在师资队伍培养能力上的差异，指标值的高低反映了高职院校师资培养能力与水平的高低。

技能大师工作室(A-3-1)。该指标是指该校所拥有的国家认定的技能大师工作室的个数。该指标能够反映学校在高技能师资队伍建设上取得成就的高低，所拥有的国家认定的技能大师工作室个数越多，表明该校教师实践教学能力越突出，技术实践操作能力水平越高。指标值高说明该校较为重视教师队伍技术实践能力的培养，已经形成了较系统的教师实践能力提升的培训体系，系统化地提升教师技术实践能力；指标值低说明该校师资队伍缺乏体系化的技术实践能力提升渠道，教师技术实践能力水平较低。

职业院校校长培训基地(A-3-2)。该指标是指学校所拥有的国家认定的校长培训基地的个数。该指标能够反映高职院校在校长培养上能力的高低，校长不仅是行政管理者，还是一个学校师资队伍的管理领袖。是否拥有由国家认定的校长培训基地意味着高职院校在师资队伍培养尤其是校长培养上能力的高低，能够拥有由国家认定的校长培训基地表明该校在师资队伍的培养上已经形成了较为体系化的经验举措。

2）教师教学发展指数(B)

教师教学发展指数为一级指标，该指标一共包含教学成效(B-1)、教学科研(B-2)、教学改革(B-3)、教学国际化(B-4)4个二级指标。该指标是指高职院校教师队伍在教书育人、教学改革、教学科研等方面的发展水平，直接反映被测评高职院校整体教师教学发展水平。该指标能够体现不同高职院校师资队伍教学发展水平的差异，指标值的高低反映了不同高职院校教师教学发展水平的高低。

教学成效(B-1)。该指标主要反映高职院校教师通过自身教书育人能力的提升最终实现学生发展的成效。该指标一共包含学生就业率(B-1-1)、雇主满意度(B-1-2)、全国职业院校技能大赛学生获奖数(B-1-3)和毕业生三年职位晋升比例(B-1-4)4个三级指标，是教师教学发展能力的核心评价指标。该指标能够体现不同高职院校教师教书育人水平的差异，指标值的高低反映了高职院校在学生培养能力上的高低。

学生就业率(B-1-1)。该指标是指当年该校毕业生就业人数占学校毕业生人数的比例。该指标能够反映高职院校在人才培养上是否培养出了市场需求的技术技能人才,是否能够有效地满足企业对高素质技术技能人才的需求。指标值高说明该校毕业生的就业率高,该校教师在人才培养上能够针对行业、企业的需求进行专业化的培养,实现人才链与产业链的紧密耦合匹配;指标值低则说明该校教师无法针对行业、企业需求进行人才培养,造成学生就业能力与市场需求脱节,人才供给与需求无法实现有效匹配。

雇主满意度(B-1-2)。该指标是指当年以本校毕业生服务之企事业单位为调查对象,用人单位主体对毕业生满意度的测评结果。该指标能够反映学校毕业生在综合素养和就业能力上是否达到雇主的需求,满意度水平越高意味着毕业生越能较好地完成用人单位布置的各项工作任务,学校教育教学的针对性越强。指标值高说明学校在技术技能人才的培养上能够充分考量用人单位的人才需求,在课堂教学中能够根据用人单位的需求进行针对性的培养;指标值低说明学校在人才培养上不能够紧跟用人单位人才需求的变化,培养的学生无法很好地满足用人单位的需求。

全国职业院校技能大赛学生获奖数(B-1-3)。该指标是指学校当年在教育部发起牵头的全国性职业院校学生综合技能竞赛活动中获得奖励的学生人数。该指标能够反映学校在高素质技术技能人才培养上的能力,获奖人数越多表明学生就业竞争能力越强、技能水平越高,说明学校的人才培养能力在同类专业中处于较为领先的水平。指标值高说明学校在高素质技术技能人才培养上已经形成了较为系统的经验,能够培养出较为顶尖的高技能人才。

毕业生三年职位晋升比例(B-1-4)。该指标是指毕业后三年获得职位晋升的学生人数占毕业生人数的比例。该指标能够反映学校在高素质技术技能人才培养上的能力,获得职位晋升的学生比例越高表明学生就业竞争力越强、技能水平越高,学生的职业生涯发展较为顺利。指标值高说明教师在人才培养上不仅注重学生技能操作水平的提升,更加注重学生综合素养的系统提升,推动学生职业生涯可持续发展。

教学科研(B-2)。该指标是指高职院校教师为了提升自身对高素质技术技能人才成长以及育人规律的认知而开展的一些教育科学研究活动。该指标包含教师教学科研项目获取数(B-2-1)和教师教学科研论文发表数(B-2-2)2 个三级指标。该指标能够体现不同高职院校教师在教育教学规律认知水平上的差异,指标值高低反映了高职院校教师在教育教学规律认知水平上的高低。

教师教学科研项目获取数(B-2-1)。该指标是指教师为了能够认知教育教学的客观规律通过申报而获得的国家级教学科研项目的数目。该指标能够反映高职院校教师在教育科学研究上所取得的成效,所获得的国家级教学科研项目数量越多,表明该校教师对教育教学科研投入的精力越多,取得的成效越大。指标值高说明该校十分重视优质教育科学研究项目的培育；指标值低说明该校对教育科学研究重视程度不高，无法有效提升教师对教育科研的重视和投入程度。

教师教学科研论文发表数(B-2-2)。该指标是指教师为了能够认知教育教学的客观规律通过一定的研究活动而在教育类期刊上发表的教育科学研究成果的数量。所统计的教育学期刊主要是2019年《中国高教研究》杂志所认定的14种教育类核心期刊和《教育发展研究》《高教发展与评估》《教师教育研究》《比较教育研究》《现代教育管理》《国家教育行政学院学报》6种期刊，以及《中国职业技术教育》《职业技术教育》《职教论坛》《教育与职业》4种职教类核心期刊，共计24种期刊。此外，《中国教育报》《光明日报(理论版)》《人民日报》和中国人民大学复印资料《职业技术教育》全文转载也在统计之列。该指标能够反映高职院校教师在教育科学研究上取得的成效，所发表的科研论文数量越多表明该校教师在教育科学研究上的投入越多，取得的成效越大。指标值高说明该校十分重视优质教育科研论文的培育；指标值低说明该校对教育科学研究重视程度不够，无法有效提升教师对教育科研的重视和投入程度。

教学改革(B-3)。该指标是指高职院校教师在教育教学实践一线的实践探索过程中所形成的体系化的，可以推广、借鉴、复制的教育教学成果，且这些成果有效解决了教育教学实践过程中面临的重点难题，具有示范意义和价值。该指标包含教学成果奖(B-3-1)、教学改革项目(B-3-2)和教学资源建设(B-3-3)3个三级指标。该指标能够体现不同高职院校教师在教育教学改革创新活力上的差异，指标值的高低反映了高职院校教师在人才培养能力上的高低。

教学成果奖(B-3-1)。国家为了鼓励教育工作者从事教育教学研究，提高教学水平和教育质量，对反映教育教学规律，具有独创性、新颖性、实用性，培养效果明显的教育教学改革方案进行表彰，该指标反映学校获得该奖的能力。该指标能够反映高职院校教师在一线教育教学实践之中的改革创新活力的高低，获奖数目越多表明该校能够经常性地总结一线教育教学规律，能够提炼出具有推广示范价值的教育教学改革范式。指标值高说明学校在办学过程中十分重视教育教学一线的实践创新，能够通过环境的创设鼓励教师针对教学实践中遇到的问题展开创新；指标值低说明学校在办学过程中较为忽视教师教育教学改革热情和首创精神的培养。

教学改革项目(B-3-2)。该指标是指学校所获得的由国家启动实施的教学改革项目的个数。教学改革项目是指国家为了推动一些新的教育教学改革理念的落地，而通过项目发包的方式在全国遴选试点院校展开教育教学改革创新的实践活动。该指标能够反映一所高职院校教育教学改革创新的活力，获得的改革项目越多，表明该校在教育教学改革上的创新活力越强，越能够不断深化教育教学改革，吸取体系化经验，从而推动育人质量与水平的有效提升。

教学资源建设(B-3-3)。该指标是指学校所获得的由国家启动实施的教学资源建设项目的个数。教学资源建设项目是国家为了提升教学资源供给的质量与效率,通过项目发包的方式在全国遴选院校分专业与课程开展的一系列教育资源建设项目,极大地提升了教学资源供给的丰富性和体系化。该指标能够反映一所学校师资队伍在教学资源建设上的能力,所获得的资源建设项目越多,越表明该校在教学资源建设上走在了全国的前列,已经形成了较为体系化的经验,无论是资源供给的数量还是质量都能够有效满足学生的需求并起到了示范引领的作用。

教学国际化(B-4)。教学国际化为二级指标,该指标包含了开发并被国(境)外采用的专业教学标准数(B-4-1)、开发并被国(境)外采用的课程标准数(B-4-2)2 个三级指标。高职院校为了培养出具备国际化视野的高素质技术技能人才而在人才培养过程中充分吸收借鉴其他职业教育发达国家的先进教学经验。该指标能够反映不同高职院校课程与教学的国际化水平,指标值高低反映了高职院校教师的国际化视野以及教学国际化水平的高低。

开发并被国(境)外采用的专业教学标准数(B-4-1)。该指标是指该校教师为了推动学校国际化事业发展而开发的被其他国家或行业认可的专业教学标准数量。该指标能够反映学校教师是否具备国际化教学能力,是否具备一定的国际视野和国际化交流沟通能力,开发并被国(境)外采用的专业教学标准数量越多意味着该校教师的国际化教学能力越强。指标值高说明该校重视国际化发展,关注教师国际化教学能力的提升,能够通过提供多样化的发展平台推进教师与国(境)外职业院校的沟通合作与交流;指标值低说明该校较为忽视国际化发展,不关注教师国际化教学能力的提升,教师缺乏国际化沟通交流合作能力。

开发并被国(境)外采用的课程标准数(B-4-2)。该指标是指该校教师为了推动学校国际化事业的发展而开发的被其他国家或行业认可的课程标准数量。该指标能够反映学校教师是否具备国际化教学能力,是否具备一定的国际视野和国际化交流沟通能力,开发并被国(境)外采用的课程标准数量越多意味着该校教师的国际化教学能力越强。指标值高说明该校重视国际化发展,关注教师国际化教学能力的提升,能够通过提供多样化的发展平台推进教师与国(境)外职业院校的沟通合作与交流;指标值低说明该校较为忽视国际化发展,不关注教师国际化教学能力的提升,教师缺乏国际化沟通交流合作能力。

3) 教师科研发展指数(C)

教师科研发展指数是指高职院校教师队伍在知识创新、技术发明、工艺开发与改进等方面的能力发展水平,直接反映被测评高职院校整体的教师科研发展水平。该指标一共包含横向科研(C-1)、纵向科研(C-2)、专利获取数(C-3)3 个二级指标。该指标能够体现不同高职院校师资队伍科研发展水平的差异,指标值高低反映了不同高职院校教师科研发展水平的高低。

横向科研(C-1)。该指标反映高职院校教师为企事业单位、兄弟单位等机构提供的有偿科研服务水平。该指标包含师均横向技术服务到款额(C-1-1)、师均横向技术服务产生的经济效益(C-1-2)和师均技术交易到款额(C-1-3)3个三级指标。该指标能够体现不同高职院校教师依靠自身知识服务企事业单位发展的能力水平差异,指标值高低反映了高职院校教师服务企业创新发展的积极性以及能力水平的高低。

师均横向技术服务到款额(C-1-1)。该指标是指当年该校教师承担企事业单位、兄弟单位委托的各类科技开发、科技服务、科学研究等方面的项目所获得的经费总额与该校专任教师总人数之比。该指标能够反映学校教师在做好本职教学工作的同时,通过自身所掌握的知识来服务企业的生产工艺改进与技术研发能力的高低。所获得的横向技术服务到款额越多表明该校教师服务意识越强,能够为企业提供多样化的知识创新服务。指标值高说明学校通过制度环境的营造为教师开展横向科研活动提供了良好的氛围,教师投身横向科研的积极性较高,成果明显;指标值低则说明高职院校并未建立较为良好的制度来激励教师参与横向科研。

师均横向技术服务产生的经济效益(C-1-2)。该指标是指当年该校教师承担企业事业单位、兄弟单位委托的各种科技开发、科技服务、科学研究所产生的经济效益与该校专任教师总人数之比。该指标能够反映学校教师在做好本职教学工作的同时,通过自身所掌握的知识来服务企业的生产工艺改进与技术研发能力的高低。技术服务产生的经济效益越多表明该校教师服务意识越强,能够为企业提供多样化的知识创新服务。指标值高说明学校通过制度环境的营造为教师开展横向科研活动提供了良好的氛围,教师投身横向科研的积极性较高,成果明显;指标值低则说明高职院校并未建立较为良好的制度来激励教师参与横向科研。

师均技术交易到款额(C-1-3)。该指标是指当年该校教师对其拥有的科技成果、专利技术、专有技术和科技成果投资进行有偿转让所获得的报酬与该校专任教师总人数之比。该指标能够反映学校教师在做好本职教学工作的同时,从事技术研发活动的能力。技术交易到款额越高表明该校教师知识创新氛围越浓厚,教师能够积极地投身于技术研发活动之中。指标值高说明学校通过良好制度氛围的营造为教师开展技术研发以及交易提供了较好的环境,教师投身技术研发的积极性较高并且成效明显;指标值低则说明高职院校并未建立起良好的制度氛围来推动教师参与技术研发与交易。

纵向科研(C-2)。该指标考查高职院校教师所获得的省级主管部门或机构批准立项的各类计划(规划)、基金项目的数量和经费到款额。该指标包含师均纵向科研经费到款额(C-2-1)和纵向科研项目获取数(C-2-2)2个三级指标。该指标体现了不同高职院校教师在科研创新上能力发展水平的差异，指标值高低反映了高职院校教师知识创新水平的高低。

师均纵向科研经费到款额(C-2-1)。该指标是指当年高职院校教师获得的上级主管部门或机构批准立项的各类计划(规划)、基金项目经费到款额与学校专任教师总人数之比。该指标能够反映学校教师在获得纵向科研项目上的能力发展水平，所获取的经费到款额越多表明该校教师科研能力越强，学校在科研项目获取上的竞争力越强。指标值高说明学校较为重视科研激励制度的完善，积极为教师搭建各种科研交流平台，鼓励教师申报纵向科研项目；指标值低说明学校激励制度建设不完善，科研氛围不浓厚，教师申报项目的积极性不高。

纵向科研项目获取数(C-2-2)。该指标是指当年学校教师获得的上级主管部门或机构批准立项的各类计划(规划)、基金项目的个数。项目都为国家级科研项目，包括国家自然科学基金项目、国家重点研发计划、国家社会科学基金项目、国家艺术基金项目。该指标能够反映学校教师在获得纵向科研项目上的能力发展水平，所获取的项目越多表明该校教师科研能力越强，学校在科研项目获取上的竞争力越强。指标值高说明学校较为重视科研激励制度的完善，积极为教师搭建各种科研交流平台，鼓励教师申报纵向科研项目；指标值低说明学校激励制度建设不完善，科研氛围不浓厚，教师申报项目的积极性不高。

专利获取数(C-3)。专利获取数为二级指标，该指标包含发明专利数(C-3-1)、实用新型专利数(C-3-2)、外观设计专利数(C-3-3)和国外专利数(C-3-4)4 个三级指标。该指标是指高职院校通过技术研发与创新获得的国家授权的专利数目。该指标反映了不同高职院校教师在应用技术研发上的能力水平，指标值越高表明该校教师知识创新能力越强。

发明专利数(C-3-1)。该指标是指学校当年获得的国家授权的发明专利数目。发明专利是指运用自然规律或本质去解决具体问题的技术方案，包含产品发明和方法发明。该指标能够反映学校教师在科研创新上的能力水平，所获得的发明专利越多表明该校教师的知识创新能力水平越高，同时也表明学校建立了良好的推进教师进行知识创新的制度环境。

实用新型专利数(C-3-2)。该指标是指学校当年获得的国家授权的实用新型专利的数目。实用新型专利是指对产品的形状、构造或者其结合提出的实用新技术方案。该指标能够反映学校教师在科研创新上的能力水平，所获得的实用新型专利越多表明该校教师的知识创新能力水平越高，同时也表明学校建立了良好的推进教师进行知识创新的制度环境。

外观设计专利数(C-3-3)。该指标是指学校当年获得的国家授权的外观设计专利的数目。外观设计专利是指对产品的形状、图案或其结合以及色彩与形状、图案的结合所做出的富有美感并适于工业应用的新设计。该指标能够反映学校教师在科研创新上的能力水平，所获得的外观设计专利越多表明该校教师的知识创新能力水平越高，同时也表明学校建立了良好的推进教师进行知识创新的制度环境。

国外专利数(C-3-4)。该指标是指学校当年获得的国外专利数目。该指标能够反映学校教师在科研创新上的能力以及国家科研合作能力，所获得的国外专利越多表明该校教师的知识创新能力水平越高，同时也表明学校建立了良好的推进教师进行知识创新的制度环境以及国家科研合作机制。

4）教师社会服务指数(D)

教师社会服务指数为一级指标，该指标表征高职院校教师通过培训、公益服务等活动服务社会的能力发展水平。该指标包含 2 个二级指标，分别为国内社会服务(D-1)和国际社会服务(D-2)。该指标能够体现不同高职院校师资队伍社会服务水平的差异，指标值的高低反映了不同高职院校教师服务发展水平的高低。

国内社会服务(D-1)。该指标是指高职院校教师在国内通过参与社会培训活动提升与区域社会发展的紧密关联度，旨在考查高职院校落实社会服务职能的水平。国内社会服务为二级指标，该指标包含了师均非学历培训到款额(D-1-1)和师均公益性培训服务到款额(D-1-2)2 个三级指标。该指标能够体现不同高职院校在提供高质量社会服务能力上的差异，指标值的高低反映了高职院校社会服务水平的高低。

师均非学历培训到款额(D-1-1)。该指标是指当年该校教师参与的非学历培训服务所获取的经费总额与该校专任教师总人数之比。该指标考查学校教师是否能够凭借自身所掌握的知识与技能来服务社会发展，培训到款额高表明该校教师能够积极地开展各种社会服务活动，在服务过程中提升自身服务能力。指标值高说明学校十分重视学校同所在区域的互动关系，通过提供高质量的服务加强同区域社会发展的关联度，提升教师自身的社会服务能力；指标值低则说明学校同所在区域之间的互动关联度较低，教师参与社会服务的意愿与能力都不高。

师均公益性培训服务到款额(D-1-2)。该指标是指当年该校教师参与的公益性培训服务所获取的经费总额与该校专任教师总人数之比。该指标考查学校教师是否能够凭借自身所掌握的知识与技能来服务社会发展，服务到款额高表明该校教师积极参与学校组织的各种社会服务活动，在服务过程中提升自身服务能力。指标值高说明学校十分重视学校同所在区域的互动关系，通过提供高质量的服务加强同区域社会发展的关联度，提升教师自身的社会服务能力；指标值低则说明学校同所在区域之间的互动关联度较低，教师参与社会服务的意愿与能力都不高。

国际社会服务(D-2)。该指标是指高职院校教师在国(境)外通过参与社会培训活动以及在国际性专业组织担任职务等途径提升高职教育国际化交流水平，落实高职院校国际交流的职能。国际社会服务为二级指标，该指标包含专任教师赴国（境）外指导和开展培训时间（D-2-1）和在国（境）外专业性组织担任职务的专任教师人数（D-2-2）2 个三级指标。该指标反映了不同高职院校在提供高质量的国际社会服务能力上的差异，指标值高低反映了高职院校在国际社会服务上水平的高低。

专任教师赴国（境）外指导和开展培训时间（D-2-1）。该指标是指该校教师赴国（境）外指导和开展培训的时间（人日）。该指标能够反映学校教师是否能够凭借自身所掌握的知识和技能以及国际化交流沟通能力来服务学校国际化事业的发展，赴国（境）外指导和开展培训时间多表明教师积极参与国际社会服务活动，在服务过程中不断拓展自身的国际化视野。指标值高说明学校十分重视学校国际化事业的发展，通过提供高质量的服务活动加强同其他国家或地区相关组织机构的沟通交流；指标值低则说明学校对国际化事业发展重视程度较低，学校教师缺乏参与国际化社会服务的机会，也无法提升自身的国际化沟通与交流能力。

在国（境）外专业性组织担任职务的专任教师人数（D-2-2）。该指标是指高职院校专任教师在国（境）外专业性组织担任职务的人数。该指标能够反映学校教师在国际交流与合作上能力的发展水平，在国（境）外专业性组织担任职务的教师人数多表明学校教师队伍自身的国际影响力大，能够充分体现并落实高职院校国际化交流与合作的职能。指标值高说明学校十分重视学校国际化事业的发展，通过提供高质量的服务活动加强同其他国家或地区相关组织机构的沟通交流；指标值低则说明学校对国际化事业发展重视程度较低，学校教师缺乏参与国际化社会服务的机会，也无法提升自身的国际化沟通与交流能力。

5）教师声望指数（E）

教师声望指数为一级指标，是测评高职院校教师发展水平最为显著和客观的指标，能够最为直观地反映该校教师发展的整体水平，代表了该校师资队伍的社会声望。该指标一共包含团队荣誉（E-1）、比赛获奖（E-2）和个人荣誉（E-3）3 个二级指标。该指标能够体现不同高职院校师资队伍发展水平的外显差异，指标值的高低反映了不同高职院校教师发展的社会声望的高低。

团队荣誉（E-1）。该指标考查高职院校推进师资团队的建设发展所获得的国家发展项目。该指标为二级指标，该指标包含国家级教师教学创新团队（E-1-1）、全国高校黄大年式团队（E-1-2）2 个三级指标。这些项目的实施可以有效提升学校教师团队建设的质量与水平。

国家级教师教学创新团队（E-1-1）。该指标是指学校获得的国家级职业教育教师教学创新团队建设项目的个数。该指标能够体现学校教师教学创新团队建设水平的差异，所获取的教师教学创新团队建设项目多，表明该校教师团队年龄、结构与素养互补状况好，能够有效地履行专业建设的职责，实现技术技能人才的高质量培养。指标值高说明该校在师资队伍建设中重视教师团队的建设，形成了较为体系化的师资团队培育计划；指标值低说明该校不重视教师团队的建设，无法通过师资队伍的互补搭配高效完成教育教学任务。

全国高校黄大年式团队(E-1-2)。该指标考查学校所获得的全国高校黄大年式团队的个数。该指标能够体现学校教师教学创新团队建设水平的差异，所获取的黄大年式团队建设项目多，表明该校教师团队年龄、结构与素养互补状况好，团队凝聚力强，能够有效地履行专业建设的职责，实现技术技能人才的高质量培养。指标值高说明该校在师资队伍建设中重视教师团队的建设，形成了较为体系化的师资团队培育计划；指标值低说明该校不重视教师团队的建设，无法通过师资队伍的互补搭配高效完成教育教学任务。

比赛获奖(E-2)。该指标表征高职院校为了推进师资队伍教育教学能力的提升，鼓励本校教师积极参与的各项教学比赛及获奖数目。该指标为二级指标，包含全国职业院校教师教学能力比赛获奖数(E-2-1)和全国高校思想政治理论课教学展示活动获奖数(E-2-2)2 个三级指标。通过积极参与各种级别的教学比赛，有效提升了本校师资队伍建设的质量与水平。

全国职业院校教师教学能力比赛获奖数(E-2-1)。该指标考查当年学校教师在全国职业院校教师教学能力比赛中获奖人数(获得三等奖以上的数目)。该指标能够直观反映该校教师的教学能力水平，比赛获奖数目多表明该校教师教学育人的水平高，无论是在教学理念上还是在教学方法的应用上都能够真实地反映当前职业教育教学改革的发展趋势。指标值高说明学校在日常的办学中注重教师教学能力的提升，通过培训、实践交流、团队学习等多种途径提升本校教师的课堂教学能力；指标值低则说明学校对教师教学能力提升的重视程度不够，没有为教师课堂教学能力的提升提供良好的环境氛围。

全国高校思想政治理论课教学展示活动获奖数(E-2-2)。该指标考查当年学校在全国高校思想政治理论课教学展示活动中获奖的教师总人数。该指标能够直观反映该校教师在思想政治理论课教学上的水平，比赛获奖数越多表明该校教师在思政教学上的能力水平越高。指标值高说明该校不仅重视学生职业技能的学习，也十分注重学生政治素养的提升，注重提升思政课教师教书育人的水平；指标值低则说明该校不重视思政课教师教育教学水平的提升，没有形成良好的环境氛围。

个人荣誉(E-3)。该指标考查该校教师获取的各级政府机构颁布的各种教师奖励数量，反映了该校师资队伍被政府以及社会认可的程度。该指标包含国家级教师荣誉获得数(E-3-1)1个三级指标。该指标能够反映不同高职院校教师社会声望的高低，指标值高反映政府以及社会对该校师资队伍建设质量与水平的认可度高。

国家级教师荣誉获得数(E-3-1)。该指标考查当年该校教师获得国家级教师荣誉的总人数，包括国家级教学名师、"万人计划"教学名师、全国"优秀教师"、全国模范教师、全国技术能手等荣誉。该指标能够反映学校教师被政府以及社会认可的程度，所获得的荣誉数越多表明该校教师在师资队伍建设上的成就越高，政府以及社会的认可度也越高。指标值高说明学校在师资队伍建设上取得了较为显著的成效，培植了尊师重教的文化氛围，最终一大批名师脱颖而出从而获得国家认可；指标值低则说明学校在师资队伍建设上尚未取得显著成效，尚未获得国家以及社会的认可。

4. 高职院校教师发展指数测评指标的测算处理

高职院校教师发展指数是一个由多个指标构成的综合性指数，由于各个指标性质差异较大，而且度量单位不同，不能够直接进行综合。在对高职院校教师发展水平展开正式测评之前，有必要对所有的指标进行无量纲化处理，消除计量单位的影响，从而能够进行有机综合。

1) 指标无量纲化处理

目前，关于数据无量纲化的处理方法主要有比重法、极值法、相对化处理法等。基于对各种方法优劣的比较分析，本研究决定采取极值法对原始数据展开无量纲化的处理。极值法是利用指标的极值(极大值或极小值)计算指标的无量纲值的一种数据标准化方法。计算公式为

$$X_i' = \frac{X_i - X_{\min}}{X_{\max} - X_{\min}} \times 100$$

式中，X_i' 为转换后的无量纲化数值，$X_{\max}$ 为该指标的最大样本值，$X_{\min}$ 为该指标的最小样本值，X_i 为该指标第 i 个学校的样本值。用极值法处理后的结果的取值范围在 0～100 之间。

2) 指标正向化处理

为了保证所有的指标值均具有相同的指向(正指向)，还需要对逆向指标进行正向化的处理。通过分析，发现逆向指标仅有一个，那就是生师比(A-1-1)，生师比越高意味着该校教师数量越难以满足学生发展的需求。对于逆向指标，无量纲化处理的计算公式为

$$X'_i = \frac{X_{max} - X_i}{X_{max} - X_{min}} \times 100$$

通过如上处理方式就保证了计算得出的数值都是正向的。

5. 指数测评指标体系权重确定与合成

基于高职院校教师发展评价模型初步构建了高职院校教师发展评价指标体系,但各个指标对高职院校教师发展的重要程度并不相同,这就需要开展权重分析。“权重的确定能够体现评价者对评价指标体系中单项指标重要性程度的认识,在编制指数的过程中具有举足轻重的作用。”①确定指标权重有两种方法:一种是主观赋权法,包括专家主观判断法、德尔菲法(也称为专家群组构权法)、层次分析法(AHP)等;一种是客观赋权法,采用数理统计技术确定指标权重,有秩和比法、相关系数法、主成分分析法、因子分析法、独立性权数法、信息量权数法等不同的方法。基于各种研究方法的优劣和本研究的目的,本书选择采用层次分析法来确定权重。

1) 指标权重确定

层次分析法首先将所要进行的决策问题置于一个大系统中,这个系统中存在相互影响的多种因素,要将这些问题层次化,形成一个多层的分析结构模型。之后运用数学方法与定性分析相结合,通过层层排序,根据各方案计算出的权重,来辅助决策。层次分析法确定权重的具体步骤包括四步:建立层次结构模型、构建两两比较判断矩阵、重要性排序与一致性检验、确定指标权重。在本研究中,主要借助SPSSAU在线分析软件对高职院校教师发展指数的指标权重进行确定。在专家选择上,本研究遴选了10位有丰富的高职院校教师发展指数评价经验的专家,并在征求专家同意的基础上,向其发放了高职院校教师发展指数测评的综合评价调查表。

(1) 层次结构模型的搭建。

本书搭建的高职院校教师发展指数测评指标体系的层次结构模型如图2所示。

(2) 两两比较判断矩阵的构建。

根据高职院校教师发展指数测评指标体系层次结构模型,判断矩阵一共包括1个一级矩阵,5个二级矩阵,以及13个三级矩阵。具体如表6至表24所示。

---

① 李凌艳,李希贵,陈慧娟.建构基于学生发展的学校自我诊断指数[J].教育研究,2014,35(2):88-95.

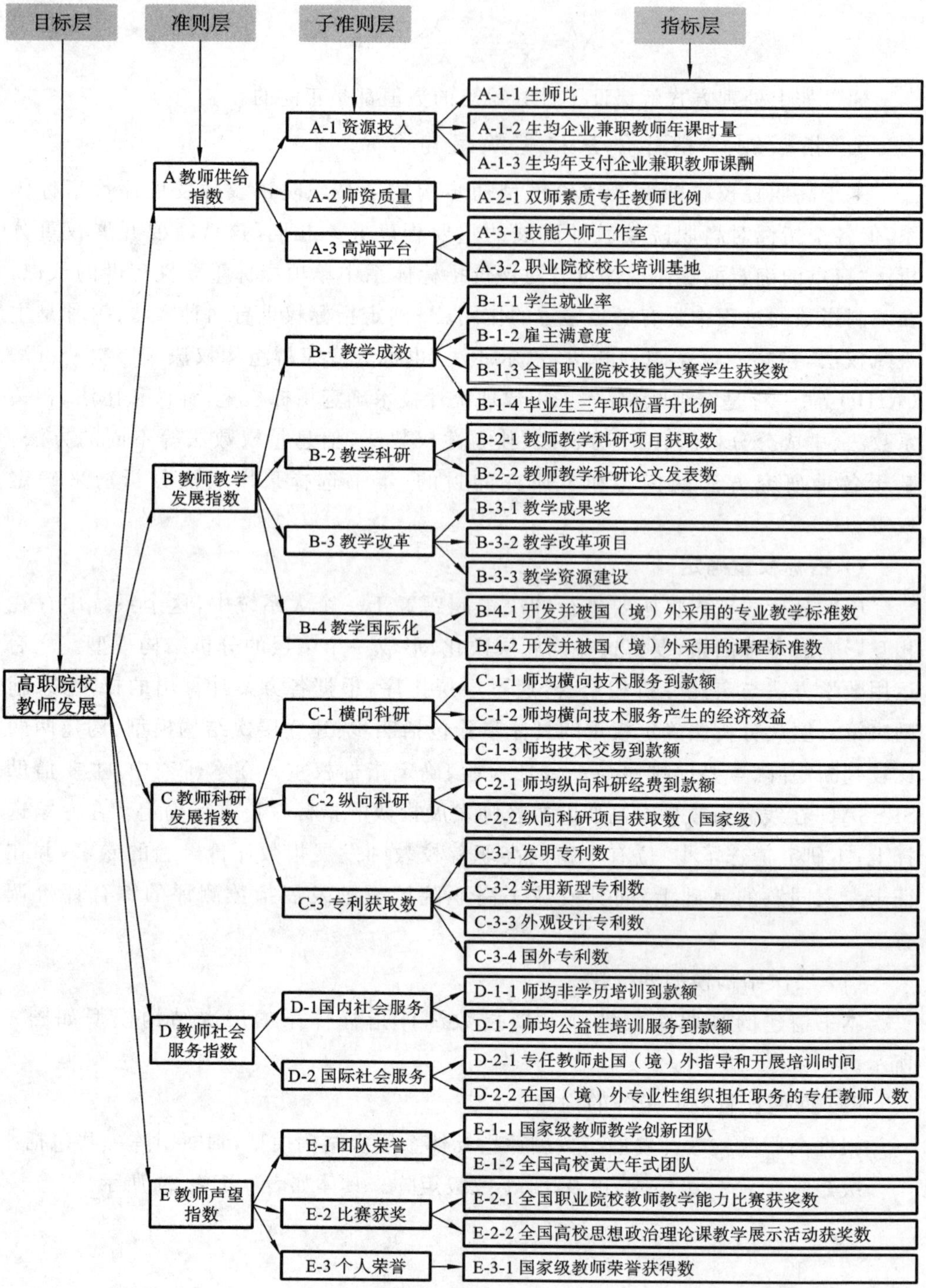

图 2　高职院校教师发展指数测评指标体系层次结构模型

表 6　高职院校教师发展指数测评一级矩阵

	教师供给	教师教学发展	教师科研发展	教师社会服务	教师声望
教师供给	1	3/5	9/8	12/7	5/3
教师教学发展	5/3	1	31/8	35/8	17/4
教师科研发展	8/9	8/31	1	14/5	5/2
教师社会服务	7/12	8/35	5/14	1	9/10
教师声望	3/5	4/17	2/5	10/9	1

表 7　高职院校教师供给指数二级矩阵-1

	资源投入	师资质量	高端平台
资源投入	1	8/7	15/7
师资质量	7/8	1	7/2
高端平台	7/15	2/7	1

表 8　高职院校教师教学发展指数二级矩阵-2

	教学成效	教学科研	教学改革	教学国际化
教学成效	1	45/8	19/4	45/8
教学科研	8/45	1	13/8	29/8
教学改革	4/19	8/13	1	41/8
教学国际化	8/45	8/29	8/41	1

表 9　高职院校教师科研发展指数二级矩阵-3

	横向科研	纵向科研	专利获取数
横向科研	1	19/8	9/4
纵向科研	8/19	1	13/6
专利获取数	4/9	6/13	1

表 10　高职院校教师社会服务指数二级矩阵-4

	国内社会服务	国际社会服务
国内社会服务	1	33/8
国际社会服务	8/33	1

表 11　高职院校教师声望指数二级矩阵-5

	团队荣誉	比赛获奖	个人荣誉
团队荣誉	1	7/3	15/8
比赛获奖	3/7	1	9/5
个人荣誉	8/15	5/9	1

表 12　高职院校资源投入三级矩阵-1

	生师比	生均企业兼职教师年课时量	生均年支付企业兼职教师课酬
生师比	1	13/4	4
生均企业兼职教师年课时量	4/13	1	11/6
生均年支付企业兼职教师课酬	1/4	6/11	1

表 13　高职院校高端平台三级矩阵-2

	技能大师工作室	职业院校校长培训基地
技能大师工作室	1	11/4
职业院校校长培训基地	4/11	1

表 14　高职院校教学成效三级矩阵-3

	学生就业率	雇主满意度	全国职业院校技能大赛学生获奖数	毕业生三年职位晋升比例
学生就业率	1	1/3	4/7	4/9
雇主满意度	3	1	22/9	13/4
全国职业院校技能大赛学生获奖数	7/4	9/22	1	7/9
毕业生三年职位晋升比例	9/4	4/13	9/7	1

表 15　高职院校教学科研三级矩阵-4

	教师教学科研项目获取数	教师教学科研论文发表数
教师教学科研项目获取数	1	21/8
教师教学科研论文发表数	8/21	1

表 16　高职院校教学改革三级矩阵-5

	教学成果奖	教学改革项目	教学资源建设
教学成果奖	1	3	5
教学改革项目	1/3	1	3
教学资源建设	1/5	1/3	1

表 17　高职院校教学国际化三级矩阵-6

	开发并被国(境)外采用的专业教学标准数	开发并被国(境)外采用的课程标准数
开发并被国(境)外采用的专业教学标准数	1	21/8
开发并被国(境)外采用的课程标准数	8/21	1

表 18　高职院校横向科研三级矩阵-7

	师均横向技术服务到款额	师均横向技术服务产生的经济效益	师均技术交易到款额
师均横向技术服务到款额	1	2/3	2/3
师均横向技术服务产生的经济效益	3/2	1	5/6
师均技术交易到款额	3/2	6/5	1

表 19　高职院校纵向科研三级矩阵-8

	师均纵向科研经费到款额	纵向科研项目获取数(国家级)
师均纵向科研经费到款额	1	16/9
纵向科研项目获取数(国家级)	9/16	1

表 20　高职院校专利获取数三级矩阵-9

	发明专利数	实用新型专利数	外观设计专利数	国外专利数
发明专利数	1	21/4	23/4	13/7
实用新型专利数	4/21	1	17/8	3/7
外观设计专利数	4/23	8/17	1	2/7
国外专利数	7/13	7/3	7/2	1

表 21　高职院校国内社会服务三级矩阵-10

	师均非学历培训到款额	师均公益性培训服务到款额
师均非学历培训到款额	1	23/8
师均公益性培训服务到款额	8/23	1

表 22　高职院校国际社会服务三级矩阵-11

	专任教师赴国（境）外指导和开展培训时间	在国（境）外专业性组织担任职务的专任教师人数
专任教师赴国（境）外指导和开展培训时间	1	19/9
在国（境）外专业性组织担任职务的专任教师人数	9/19	1

表 23　高职院校团队荣誉三级矩阵-12

	国家级教师教学创新团队	全国高校黄大年式团队
国家级教师教学创新团队	1	13/7
全国高校黄大年式团队	7/13	1

表 24　高职院校比赛获奖三级矩阵-13

	全国职业院校教师教学能力比赛获奖数	全国高校思想政治理论课教学展示活动获奖数
全国职业院校教师教学能力比赛获奖数	1	15/4
全国高校思想政治理论课教学展示活动获奖数	4/15	1

（3）重要性排序与一致性检验。

以专家A的矩阵判断结果为例。专家A的高职院校教师发展指数一级矩阵判断结果为，教师供给指数权重为0.3611，教师教学发展指数权重为0.2854，教师科研发展指数权重为0.0674，教师社会服务指数权重为0.1366，教师声望指数权重为0.1495；一致性检验结果为$\lambda_{max}=0.053$，CR=0.048[①]，CI=0.053。专家A的教师

① 通常情况下CR值越小，则说明判断矩阵一致性越好。一般情况下CR值小于0.1，则判断矩阵满足一致性检验；如果CR值大于0.1，则说明矩阵不具有一致性，应该对判断矩阵进行适当调整后再次进行分析。

供给指数二级矩阵判断结果为，资源投入权重为 0.7143，师资质量权重为 0.1429，高端平台权重为 0.1429；一致性检验结果为 $\lambda_{max}=3.000$，CR＝0.000，CI＝0.000。专家 A 的教师教学发展指数二级矩阵判断结果为，教学成效权重为 0.6438，教学科研权重为 0.1037，教学改革权重为 0.1986，教学国际化权重为 0.0538；一致性检验结果为 $\lambda_{max}=4.357$，CR＝0.134，CI＝0.119。专家 A 的教师科研发展指数二级矩阵判断结果为，横向科研权重为 0.2298，纵向科研权重为 0.6479，专利获取数权重为0.1222；一致性检验结果为 $\lambda_{max}=3.004$，CR＝0.004，CI＝0.002。专家 A 的教师社会服务指数二级矩阵判断结果为，国内社会服务权重为 0.875，国际社会服务权重为 0.125，$\lambda_{max}=2$。专家 A 的教师声望指数二级矩阵判断结果为，团队荣誉权重为 0.3333，比赛获奖权重为 0.3333，个人荣誉权重为 0.3333；一致性检验结果为 $\lambda_{max}=3.000$，CR＝0.000，CI＝0.0000。

（4）指标权重的确定。

通过上述分析，得到教师发展指数各测评指标的权重，如表 25 所示。

表 25　高职院校教师发展指数测评指标权重分析

一级指标	权重	二级指标	权重	三级指标	权重
A 教师供给指数	0.1906	A-1 资源投入	0.4067	A-1-1 生师比	0.6350
				A-1-2 生均企业兼职教师年课时量	0.2248
				A-1-3 生均年支付企业兼职教师课酬	0.1402
		A-2 师资质量	0.4374	A-2-1 双师素质专任教师比例	1
		A-3 高端平台	0.1558	A-3-1 技能大师工作室	0.7334
				A-3-2 职业院校校长培训基地	0.2666
B 教师教学发展指数	0.4331	B-1 教学成效	0.5951	B-1-1 学生就业率	0.1192
				B-1-2 雇主满意度	0.4794
				B-1-3 全国职业院校技能大赛学生获奖数	0.1873
				B-1-4 毕业生三年职位晋升比例	0.2142
		B-2 教学科研	0.1742	B-2-1 教师教学科研项目获取数	0.7241
				B-2-2 教师教学科研论文发表数	0.2759
		B-3 教学改革	0.1704	B-3-1 教学成果奖	0.6334
				B-3-2 教学改革项目	0.2605
				B-3-3 教学资源建设	0.1062

续表

一级指标	权重	二级指标	权重	三级指标	权重
B 教师教学发展指数	0.4331	B-4 教学国际化	0.0603	B-4-1 开发并被国(境)外采用的专业教学标准数	0.7241
				B-4-2 开发并被国(境)外采用的课程标准数	0.2759
C 教师科研发展指数	0.1887	C-1 横向科研	0.5234	C-1-1 师均横向技术服务到款额	0.2497
				C-1-2 师均横向技术服务产生的经济效益	0.3524
				C-1-3 师均技术交易到款额	0.3979
		C-2 纵向科研	0.2956	C-2-1 师均纵向科研经费到款额	0.6400
				C-2-2 纵向科研项目获取数(国家级)	0.3600
		C-3 专利获取数	0.1811	C-3-1 发明专利数	0.5225
				C-3-2 实用新型专利数	0.1256
				C-3-3 外观设计专利数	0.0760
				C-3-4 国外专利数	0.2759
D 教师社会服务指数	0.0905	D-1 国内社会服务	0.8049	D-1-1 师均非学历培训到款额	0.7420
				D-1-2 师均公益性培训服务到款额	0.2581
		D-2 国际社会服务	0.1951	D-2-1 专任教师赴国(境)外指导和开展培训时间	0.6786
				D-2-2 在国(境)外专业性组织担任职务的专任教师人数	0.3214
E 教师声望指数	0.0970	E-1 团队荣誉	0.5036	E-1-1 国家级教师教学创新团队	0.6500
				E-1-2 全国高校黄大年式团队	0.3500
		E-2 比赛获奖	0.2869	E-2-1 全国职业院校教师教学能力比赛获奖数	0.7895
				E-2-2 全国高校思想政治理论课教学展示活动获奖数	0.2106
		E-3 个人荣誉	0.2095	E-3-1 国家级教师荣誉获得数	1

2）指数合成

教师发展指数＝0.1906×A 教师供给指数＋0.4331×B 教师教学发展指数＋0.1887×C 教师科研发展指数＋0.0905×D 教师社会服务指数＋0.0970×E 教师声望指数

A 教师供给指数＝0.4067×A-1 资源投入＋0.4374×A-2 师资质量＋0.1558×A-3 高端平台

A-1 资源投入＝0.6350×A-1-1 生师比＋0.2248×A-1-2 生均企业兼职教师年课时量＋0.1402×A-1-3 生均年支付企业兼职教师课酬

A-2 师资质量＝1×A-2-1 双师素质专任教师比例

A-3 高端平台＝0.7334×A-3-1 技能大师工作室＋0.2666×A-3-2 职业院校校长培训基地

B 教师教学发展指数＝0.5951×B-1 教学成效＋0.1742×B-2 教学科研＋0.1704×B-3 教学改革＋0.0603×B-4 教学国际化

B-1 教学成效＝0.1192×B-1-1 学生就业率＋0.4794×B-1-2 雇主满意度＋0.1873×B-1-3 全国职业院校技能大赛学生获奖数＋0.2142×B-1-4 毕业生三年职位晋升比例

B-2 教学科研＝0.7241×B-2-1 教师教学科研项目获取数＋0.2759×B-2-2 教师教学科研论文发表数

B-3 教学改革＝0.6334×B-3-1 教学成果奖＋0.2605×B-3-2 教学改革项目＋0.1062×B-3-3 教学资源建设

B-4 教学国际化＝0.7241×B-4-1 开发并被国（境）外采用的专业教学标准数＋0.2759×B-4-2 开发并被国（境）外采用的课程标准数

C 教师科研发展指数＝0.5234×C-1 横向科研＋0.2956×C-2 纵向科研＋0.1811×C-3 专利获取数

C-1 横向科研＝0.2497×C-1-1 师均横向技术服务到款额＋0.3524×C-1-2 师均横向技术服务产生的经济效益＋0.3979×C-1-3 师均技术交易到款额

C-2 纵向科研＝0.6400×C-2-1 师均纵向科研经费到款额＋0.3600×C-2-2 纵向科研项目获取数（国家级）

C-3 专利获取数＝0.5225×C-3-1 发明专利数＋0.1256×C-3-2 实用新型专利数＋0.0760×C-3-3 外观设计专利数＋0.2759×C-3-4 国外专利数

D 教师社会服务指数＝0.8049×D-1 国内社会服务＋0.1951×D-2 国际社会服务

D-1 国内社会服务＝0.7420×D-1-1 师均非学历培训到款额＋0.2581×D-1-2 师均公益性培训服务到款额

D-2 国际社会服务＝0.6786×D-2-1 专任教师赴国(境)外指导和开展培训时间＋0.3214×D-2-2 在国(境)外专业性组织担任职务的专任教师人数

E 教师声望指数＝0.5036×E-1 团队荣誉＋0.2869×E-2 比赛获奖＋0.2095×E-3 个人荣誉

E-1 团队荣誉＝0.6500×E-1-1 国家级教师教学创新团队＋0.3500×E-1-2 全国高校黄大年式团队

E-2 比赛获奖＝0.7895×E-2-1 全国职业院校教师教学能力比赛获奖数＋0.2106×E-2-2 全国高校思想政治理论课教学展示活动获奖数

E-3 个人荣誉＝1×E-3-1 国家级教师荣誉获得数

3）数据来源

本报告中的数据主要源自 2019 年中国高等职业教育质量年报、教育部官网、人社部官网、相关课题评审部门官网、中国专利信息网、中国知识基础设施工程(CNKI)。

三　校际高职院校教师发展指数的测评与比较

21 世纪以来，尤其是 2019 年 1 月《国家职业教育改革实施方案》颁布实施以来，我国高等职业教育获得了长足的发展，取得了十分瞩目的办学成就，“双高计划”的实施更是加快了高职教育整体改革创新的步伐。师资队伍建设作为高职院校改革创新的关键抓手，是衡量高职院校办学质量与水平的主要依据。

为了能够较为详尽地反映我国高职院校师资队伍的建设情况并对不同院校师资队伍建设情况进行横向比较分析，本报告将在已构建的高职院校教师发展指数的基础上，以 2019 年数据为分析材料，对我国 30 个省份共 1001 所高职院校教师发展水平进行测评，呈现我国高职院校教师发展的真实情况，并对校际发展情况的差异进行分析。

本部分内容的结构如下：

第一，客观呈现 2019 年全国高职院校教师发展的整体情况，分区域、省域对高职院校教师发展现状进行全面分析。

第二，在全面比较分析的基础上，对高职院校在二级维度（教师供给指数、教师教学发展指数、教师科研发展指数、教师社会服务指数、教师声望指数）上的发展情况进行全面分析。

第三，客观分析高职院校教师发展水平的差异情况，并基于资源投入-产出两个维度将高职院校教师发展水平分成不同的类型。

第四，对研究结论进行概括归纳并做出适当的讨论。

（一）校际高职院校教师发展指数的测评

本部分研究内容主要试图对 2019 年全国高职院校的教师发展情况进行全面测评，在对全国高职院校教师发展水平进行整体比较的基础上，以省份为依据对各省内部高职院校教师发展情况展开全面测评。

1. 全国层面

本研究全面比较分析了全国 1001 所高职院校的教师发展指数，如表 26 所示。

表 26　高职院校教师发展指数全国层面比较分析表①

学校名称	“双高”建设档次②	教师发展指数	A 教师供给指数	B 教师教学发展指数	C 教师科研发展指数	D 教师社会服务指数	E 教师声望指数	排名情况
深圳职业技术学院	A1	128.91	52.49	254.16	28.05	1.19	55.97	1
金华职业技术学院	A1	128.71	57.36	258.24	17.83	1.64	53.59	2
福建信息职业技术学院	A4	100.59	52.03	215.23	2.29	0.89	1.41	3
重庆工程职业技术学院	B5	89.30	56.92	181.30	3.73	2.36	33.44	4
潍坊职业学院	B5	78.55	56.74	157.38	9.49	2.25	7.26	5
陕西工业职业技术学院	A1	76.26	53.80	150.25	1.38	2.12	41.93	6
重庆工业职业技术学院	B2	73.69	56.75	138.87	6.36	3.24	59.46	7
福建船政交通职业学院	C3	73.19	58.98	148.36	3.37	2.82	4.19	8
深圳信息职业技术学院	B2	72.79	58.45	130.35	20.83	3.65	36.22	9
邢台职业技术学院	A4	70.68	54.84	132.27	5.87	4.54	42.12	10
重庆城市管理职业学院	A4	67.82	57.45	131.61	13.24	3.82	8.49	11
安徽机电职业技术学院	A4	66.66	50.54	133.72	6.47	0.16	0.70	12
广州番禺职业技术学院	B2	65.48	45.06	123.65	7.29	0.64	43.20	13
西安航空职业技术学院	C3	62.60	49.23	118.08	0.17	0.12	42.03	14
长沙民政职业技术学院	B2	62.43	49.53	114.36	2.52	15.12	42.07	15
江西现代职业技术学院	0	61.83	49.36	124.90	0.81	0.03	0	16
无锡职业技术学院	A1	61.16	52.35	103.09	28.13	5.24	36.22	17
南京工业职业技术学院	0	61.04	61.13	104.10	12.93	6.26	55.40	18
无锡商业职业技术学院	C6	60.41	57.97	113.24	1.65	2.43	32.73	19
重庆电子工程职业学院	B2	60.33	61.19	107.09	16.59	1.15	39.81	20
柳州铁道职业技术学院	0	60.08	45.97	120.04	2.53	0.37	6.98	21
淮安信息职业技术学院	0	60.01	57.69	114.63	9.02	2.04	0	22

① 文中所有数据均来自质量年报、教育部、人社部等官方渠道，计算过程均沿用原始数据，为直观显示，表格中所列数据的有效数字仅保留至小数点后 2 位。全书表格数据有效数字处理方式同此，不再一一说明。

② A1 指高水平学校建设单位(A 档)，B2 指高水平学校建设单位(B 档)，C3 指高水平学校建设单位(C 档)，A4 指高水平专业群建设单位(A 档)，B5 指高水平专业群建设单位(B 档)，C6 指高水平专业群建设单位(C 档)，0 指非“双高”院校。后续表格释义同此，不再一一说明。

续表

学校名称	"双高"建设档次	教师发展指数	A 教师供给指数	B 教师教学发展指数	C 教师科研发展指数	D 教师社会服务指数	E 教师声望指数	排名情况
九江职业技术学院	C3	59.89	54.27	119.36	2.55	0.94	0.75	23
重庆三峡职业学院	C6	59.78	38.45	121.05	1.96	0.03	4.90	24
湖南汽车工程职业学院	A4	58.93	51.96	109.32	1.87	0.81	39.76	25
北京工业职业技术学院	B2	58.75	56.55	102.43	2.34	0.46	42.59	26
芜湖职业技术学院	C3	58.54	41.34	115.31	6.75	0.08	8.44	27
长沙航空职业技术学院	B5	58.12	56.01	100.62	9.52	0.44	53.68	28
山东商业职业技术学院	A1	57.54	53.06	101.22	5.76	2.77	58.24	29
河南工业职业技术学院	B5	57.18	53.46	103.95	5.66	4.17	33.44	30
黄河水利职业技术学院	A1	56.72	53.96	103.77	5.73	0.71	40.47	31
湖南工业职业技术学院	A4	54.87	56.48	96.90	11.20	2.26	32.73	32
北京信息职业技术学院	A4	53.87	58.39	92.76	0.81	0.79	32.73	33
江苏信息职业技术学院	0	53.75	56.80	103.77	1.71	0.83	3.77	34
江西环境工程职业学院	B5	53.55	46.61	105.59	0.24	0.28	2.26	35
义乌工商职业技术学院	0	53.36	55.73	100.48	7.52	4.33	0.70	36
重庆工商职业学院	B5	53.35	41.88	98.97	4.93	0.18	32.73	37
广东轻工职业技术学院	B2	53.22	52.72	95.45	7.95	0.70	36.22	38
合肥职业技术学院	0	52.81	41.08	103.50	5.60	0.09	2.12	39
烟台职业学院	B5	52.43	55.42	96.82	2.42	25.58	0	40
天津职业大学	A1	52.16	62.58	86.49	3.31	0.37	73.43	41
南京信息职业技术学院	B2	51.94	55.53	87.32	6.87	0.54	44.67	42
淄博职业学院	B2	51.56	59.75	88.71	2.71	4.34	39.71	43
许昌职业技术学院	B5	51.47	51.43	98.76	3.62	0.23	0	44
湖南化工职业技术学院	B5	51.46	55.64	99.09	3.39	1.22	5.66	45
浙江经济职业技术学院	B5	51.03	52.22	87.56	5.97	0.63	42.07	46
郑州铁路职业技术学院	B5	50.40	52.19	83.41	5.61	0.58	63.10	47
河南经贸职业学院	0	49.76	50.24	87.73	3.16	0.07	51.82	48
长春职业技术学院	A4	49.53	47.06	88.73	0.71	0.15	36.98	49

续表

学校名称	"双高"建设档次	教师发展指数	A教师供给指数	B教师教学发展指数	C教师科研发展指数	D教师社会服务指数	E教师声望指数	排名情况
山东职业学院	C6	49.29	54.48	95.45	3.56	0.30	0	50
山东交通职业学院	B5	48.76	49.75	84.53	7.46	1.03	32.73	51
江西应用技术职业学院	A4	48.72	53.93	91.85	10.34	0.51	3.49	52
莱芜职业技术学院	0	48.53	48.79	92.95	1.62	0.28	0	53
常州机电职业技术学院	C3	48.33	56.90	78.98	14.29	2.78	34.19	54
浙江商业职业技术学院	C6	48.30	53.76	93.36	2.46	1.90	2.12	55
河北工业职业技术学院	B2	47.82	55.74	83.33	3.85	1.56	34.85	56
广东机电职业技术学院	C6	47.67	56.49	82.41	3.06	1.86	36.22	57
湖南铁道职业技术学院	C3	47.08	49.76	81.93	2.95	0.29	39.76	58
宁波职业技术学院	B2	47.05	56.73	71.63	25.44	3.63	32.73	59
安徽工业经济职业技术学院	0	47.01	33.33	92.98	0.37	0.17	0	60
苏州工业职业技术学院	C6	46.84	58.61	79.13	1.40	0.33	32.73	61
顺德职业技术学院	B2	46.58	47.08	88.71	4.25	0.41	13.68	62
天津轻工职业技术学院	C3	45.62	49.27	81.27	0.59	0.47	32.73	63
武汉职业技术学院	A4	45.62	50.08	80.43	0.96	2.38	34.99	64
兰州资源环境职业技术学院	C3	45.50	49.49	84.99	1.31	0.16	2.12	65
湖北科技职业学院	0	45.01	46.49	86.03	4.64	0.87	0	66
江苏联合职业技术学院	0	44.93	47.96	80.31	10.81	4.96	0	67
上海电子信息职业技术学院	0	44.65	45.86	85.50	0.60	0.08	1.46	68
贵州电子信息职业技术学院	0	44.56	37.10	87.25	0.37	0.06	0	69
常州信息职业技术学院	B2	44.33	56.57	72.93	4.86	1.02	32.73	70
闽西职业技术学院	0	44.18	51.70	85.03	1.06	0.00	0	71
杭州职业技术学院	B2	43.69	57.25	71.10	5.95	0.92	36.22	72

续表

学校名称	“双高”建设档次	教师发展指数	A 教师供给指数	B 教师教学发展指数	C 教师科研发展指数	D 教师社会服务指数	E 教师声望指数	排名情况
陕西能源职业技术学院	C6	43.59	39.83	84.75	3.24	0.15	0	73
浙江机电职业技术学院	A1	43.03	61.46	72.45	7.18	1.02	24.60	74
辽宁机电职业技术学院	C6	42.96	37.31	74.90	1.40	0.36	33.48	75
河北交通职业技术学院	0	42.75	48.78	71.94	1.86	1.13	38.34	76
江苏建筑职业技术学院	A4	42.60	56.52	74.12	17.38	2.59	3.77	77
武汉船舶职业技术学院	C3	42.27	53.12	74.03	0.13	0.16	36.22	78
安徽电子信息职业技术学院	0	42.23	42.96	78.26	0.68	0.00	0.75	79
黎明职业大学	B5	42.03	57.77	73.41	10.38	5.25	0.70	80
湖北三峡职业技术学院	0	41.83	51.50	78.02	1.40	0.91	4.24	81
青岛职业技术学院	B5	41.78	51.03	75.89	1.39	1.24	11.18	82
厦门城市职业学院	0	41.50	50.95	77.71	1.07	0.56	3.49	83
湖北生态工程职业技术学院	0	41.50	45.77	78.41	1.62	1.86	0	84
扬州工业职业技术学院	0	41.21	56.46	75.32	2.93	2.22	0	85
南京交通职业技术学院	0	41.07	53.73	64.89	8.96	1.25	36.22	86
江苏海事职业技术学院	B5	41.04	61.25	70.79	6.19	1.72	0	87
安徽职业技术学院	0	40.82	54.53	77.58	3.54	0.01	2.87	88
青岛酒店管理职业技术学院	C6	40.73	57.82	76.57	0.49	3.24	0	89
山东科技职业学院	A4	40.28	57.13	65.51	2.39	3.50	32.73	90
黄冈职业技术学院	A4	39.84	53.39	71.88	2.36	0.13	0.75	91
江苏农林职业技术学院	A1	39.55	57.11	65.12	13.33	4.05	3.49	92
漳州职业技术学院	B5	39.45	47.30	73.58	1.44	0.19	0	93
杨凌职业技术学院	B2	39.44	43.53	73.82	6.31	0.36	0	94
苏州农业职业技术学院	B5	39.43	55.63	63.25	17.55	5.83	5.66	95
江苏经贸职业技术学院	C3	39.31	57.71	61.33	6.72	1.22	32.73	96

续表

学校名称	“双高”建设档次	教师发展指数	A 教师供给指数	B 教师教学发展指数	C 教师科研发展指数	D 教师社会服务指数	E 教师声望指数	排名情况
浙江交通职业技术学院	B5	39.25	57.32	67.37	10.08	1.11	0	97
陕西铁路工程职业技术学院	C3	39.02	39.19	64.11	1.90	1.84	35.56	98
山东理工职业学院	0	38.87	58.51	57.47	10.15	2.86	32.73	99
温州职业技术学院	C3	38.26	56.45	54.78	14.81	1.86	39.71	100
南宁职业技术学院	C3	37.92	52.99	65.75	6.25	0.47	6.98	101
湖南财经工业职业技术学院	0	37.90	43.79	71.77	0.57	0.20	0	102
辽宁省交通高等专科学校	B2	37.82	52.17	60.73	3.84	0.04	41.84	103
山东信息职业技术学院	0	37.78	47.41	69.64	0.25	0.09	0	104
安徽国际商务职业学院	0	37.76	34.31	72.08	1.03	0.00	0	105
湖南科技职业学院	0	37.57	53.21	66.95	1.61	0.50	3.49	106
日照职业技术学院	B2	37.39	64.33	54.07	5.15	2.04	43.20	107
北京财贸职业学院	C3	37.35	51.19	58.22	0.14	0.18	33.44	108
江西旅游商贸职业学院	0	37.22	49.87	71.24	0.29	0.01	0	109
厦门海洋职业技术学院	0	37.15	43.93	69.16	0.31	4.06	0	110
苏州经贸职业技术学院	0	37.14	55.81	63.43	9.67	0.14	3.49	111
浙江经贸职业技术学院	B5	37.08	54.30	60.09	1.18	0.60	32.73	112
河南建筑职业技术学院	0	37.03	25.03	70.48	0.49	0.11	0	113
四川交通职业技术学院	A4	37.02	52.07	59.83	3.13	3.42	39.71	114
兰州石化职业技术学院	A4	36.96	56.85	61.31	1.97	0.34	37.02	115
仙桃职业学院	0	36.88	50.29	67.80	0.15	0.14	0	116
襄阳职业技术学院	B5	36.88	57.69	65.76	3.16	0.45	0.70	117
安徽国防科技职业学院	0	36.74	37.78	68.55	0.83	0.11	0	118
浙江建设职业技术学院	A1	36.66	59.85	55.03	2.84	1.23	36.22	119
湖南商务职业技术学院	0	36.65	37.12	69.42	0.15	0.14	0.75	120

续表

学校名称	“双高”建设档次	教师发展指数	A 教师供给指数	B 教师教学发展指数	C 教师科研发展指数	D 教师社会服务指数	E 教师声望指数	排名情况
济宁职业技术学院	0	36.59	57.85	61.63	3.85	0.64	0	121
山西机电职业技术学院	B5	36.55	47.18	65.46	1.00	0.12	18.38	122
贵州交通职业技术学院	C3	36.38	53.07	61.86	1.06	0.06	36.98	123
大连职业技术学院	0	36.25	40.67	68.00	0.45	0.03	0.70	124
武汉软件工程职业学院	0	36.22	56.35	62.26	0.92	0.91	3.53	125
长春汽车工业高等专科学校	C3	36.21	52.91	55.99	0.27	6.49	38.39	126
济南职业学院	B5	35.81	56.55	59.53	8.46	0.55	3.53	127
山东商务职业学院	0	35.63	55.73	64.92	0.98	0.07	0	128
广东科学技术职业学院	B5	35.54	53.20	58.33	3.41	0.49	32.73	129
辽宁石化职业技术学院	0	35.01	48.19	55.85	0.28	0.15	33.44	130
西安铁路职业技术学院	0	34.99	44.83	64.40	0.78	0.29	0.70	131
广东理工职业学院	0	34.94	49.86	64.39	0.52	0.88	0	132
湖南铁路科技职业技术学院	0	34.93	54.69	57.57	3.49	3.98	6.98	133
威海职业学院	B5	34.89	57.03	60.47	6.00	0.96	0	134
天津现代职业技术学院	A4	34.73	50.86	57.35	0.81	0.06	32.73	135
湖南交通职业技术学院	C6	34.70	47.26	62.71	0.75	0.38	3.77	136
徐州工业职业技术学院	C6	34.40	54.43	56.86	9.50	1.62	0	137
扬州市职业大学	0	34.31	52.13	58.95	1.14	1.00	0	138
滨州职业学院	C3	34.20	50.16	50.03	3.35	0.54	38.49	139
佛山职业技术学院	0	34.15	51.21	54.44	11.50	0.31	0	140
济源职业技术学院	0	34.06	40.38	61.89	0.65	0.29	0	141
岳阳职业技术学院	C6	34.00	50.20	52.22	0.67	0.48	32.73	142
浙江金融职业学院	B2	33.94	57.94	44.80	9.69	0.39	43.25	143
重庆科创职业学院	0	33.91	36.38	58.17	1.14	0.02	0	144
河北机电职业技术学院	0	33.88	49.23	61.65	0.42	0.09	0	145

续表

学校名称	“双高”建设档次	教师发展指数	A教师供给指数	B教师教学发展指数	C教师科研发展指数	D教师社会服务指数	E教师声望指数	排名情况
安徽城市管理职业学院	0	33.78	27.56	62.96	1.52	0.06	0	146
山东外贸职业学院	0	33.71	49.55	59.79	0.53	1.65	0.70	147
东莞职业技术学院	C6	33.42	49.13	55.59	3.28	1.14	0	148
天津电子信息职业技术学院	A4	33.35	51.73	52.77	0.40	0.01	40.75	149
江苏农牧科技职业学院	B2	33.09	57.62	41.02	20.40	1.62	32.73	150
唐山工业职业技术学院	B5	33.09	56.17	48.16	2.66	0.95	36.27	151
陕西国防工业职业技术学院	B5	33.09	51.10	57.80	2.75	0.07	2.12	152
吉林铁道职业技术学院	C6	32.91	45.60	60.00	0.17	0.74	0	153
广东工贸职业技术学院	C6	32.70	53.57	53.23	0.83	1.32	0	154
东营职业学院	C6	32.64	59.12	53.07	1.79	0.64	3.49	155
泰州职业技术学院	0	32.62	55.60	54.18	5.21	0.68	0	156
江西交通职业技术学院	B5	32.61	46.85	49.92	1.28	0.12	34.19	157
江苏工程职业技术学院	B5	32.59	56.99	54.01	3.83	2.32	3.49	158
南通航运职业技术学院	B5	32.53	57.12	50.19	7.16	1.38	0	159
四川工程职业技术学院	C3	32.51	53.39	43.56	11.05	5.47	36.98	160
河源职业技术学院	0	32.47	52.25	58.52	1.37	0.03	0	161
重庆交通职业学院	0	32.30	33.23	56.79	2.33	0.00	0	162
长沙商贸旅游职业技术学院	C6	32.28	57.25	57.06	1.02	0.16	10.61	163
石家庄铁路职业技术学院	B5	32.23	52.61	54.75	7.22	1.76	3.49	164
黑龙江农业经济职业学院	A4	32.14	58.52	42.45	0.71	0.03	36.27	165
济南工程职业技术学院	0	32.12	52.34	55.94	0.94	1.87	4.38	166
山东电子职业技术学院	0	31.96	45.27	57.05	0.29	0.02	0	167

续表

学校名称	“双高”建设档次	教师发展指数	A教师供给指数	B教师教学发展指数	C教师科研发展指数	D教师社会服务指数	E教师声望指数	排名情况
贵州轻工职业技术学院	C6	31.82	44.65	57.96	0.52	1.31	3.49	168
吉林电子信息职业技术学院	0	31.77	31.92	58.99	0.11	0.22	0.75	169
河南农业职业学院	B5	31.74	50.92	50.95	9.67	0.19	6.98	170
山东工业职业学院	0	31.67	51.11	45.58	1.19	0.49	34.85	171
咸阳职业技术学院	C6	31.61	47.33	56.55	0.66	0.44	0	172
南京旅游职业学院	0	31.56	53.65	54.22	1.03	0.30	0	173
陕西艺术职业学院	0	31.30	39.36	47.49	0.46	0.05	0	174
运城职业技术学院	0	31.23	41.73	53.97	0.01	0.09	0	175
武汉城市职业学院	0	31.07	40.52	52.40	3.18	14.71	0	176
广东水利电力职业技术学院	B5	31.05	50.23	54.17	6.78	2.39	4.29	177
重庆水利电力职业技术学院	0	30.89	37.67	53.66	2.93	2.94	0	178
湖南电气职业技术学院	0	30.86	46.55	48.47	0.61	0.04	34.85	179
四川建筑职业技术学院	B5	30.81	47.58	47.19	1.54	0.42	35.70	180
南京铁道职业技术学院	C6	30.80	52.29	49.21	7.96	0.48	4.29	181
苏州卫生职业技术学院	0	30.79	55.25	42.96	4.33	0.56	32.73	182
江苏商贸职业学院	0	30.72	42.31	50.04	0.10	0.01	0	183
广西农业职业技术学院	0	30.69	43.75	55.19	2.95	0.24	5.61	184
聊城职业技术学院	0	30.68	49.52	46.59	2.91	0.60	34.99	185
铜仁职业技术学院	B5	30.68	63.91	44.77	20.10	0.51	5.61	186
长白山职业技术学院	0	30.68	43.81	49.96	0.00	0.05	0	187
泉州幼儿师范高等专科学校	0	30.55	53.67	45.58	0.04	0.19	34.85	188
黑龙江建筑职业技术学院	A4	30.49	54.24	44.10	0.13	0.11	36.93	189

续表

学校名称	“双高”建设档次	教师发展指数	A 教师供给指数	B 教师教学发展指数	C 教师科研发展指数	D 教师社会服务指数	E 教师声望指数	排名情况
苏州工艺美术职业技术学院	B5	30.48	60.75	47.28	2.30	0.72	0	190
湖南现代物流职业技术学院	0	30.37	43.31	46.27	1.57	0.55	35.70	191
马鞍山职业技术学院	0	30.34	39.15	53.54	0.60	0.13	0	192
南京科技职业学院	0	30.32	56.67	48.57	6.48	2.95	0	193
天津医学高等专科学校	B2	30.29	52.21	42.59	1.54	0.80	34.85	194
北京电子科技职业学院	A1	30.11	64.08	42.30	3.52	0.10	10.61	195
海南软件职业技术学院	0	30.07	46.95	48.94	0.48	0.02	0	196
杭州科技职业技术学院	0	30.01	52.07	48.13	1.52	0.86	10.47	197
长沙职业技术学院	0	29.99	48.48	52.51	1.58	0.18	0	198
商丘职业技术学院	0	29.98	50.08	44.80	19.47	0.09	0	199
江苏食品药品职业技术学院	B5	29.92	57.65	48.42	0.94	1.16	0	200
广东交通职业技术学院	0	29.86	51.64	41.83	3.84	1.17	34.99	201
上海工艺美术职业学院	C3	29.74	64.26	44.55	1.03	0.87	0	202
湖南工艺美术职业学院	A4	29.72	59.54	46.41	4.78	0.24	0	203
广西交通职业技术学院	0	29.69	50.87	51.93	1.17	0.13	0	204
广西经贸职业技术学院	0	29.60	46.68	46.32	0.10	0.28	33.48	205
浙江工贸职业技术学院	C6	29.59	59.33	46.27	6.29	1.78	0	206
吉林工业职业技术学院	0	29.55	48.08	42.90	0.21	0.22	32.73	207
合肥幼儿师范高等专科学校	0	29.50	40.73	40.62	1.50	0.26	32.73	208
北京农业职业学院	A4	29.48	52.65	44.92	1.77	0.36	5.61	209
湖北国土资源职业学院	0	29.43	45.13	52.61	0.36	0.00	0	210
广东农工商职业技术学院	0	29.33	52.46	46.59	6.31	3.46	0	211

续表

学校名称	"双高"建设档次	教师发展指数	A教师供给指数	B教师教学发展指数	C教师科研发展指数	D教师社会服务指数	E教师声望指数	排名情况
重庆电力高等专科学校	B5	29.29	51.83	39.01	8.25	0.03	32.73	212
广东食品药品职业学院	C6	29.22	45.09	40.58	2.85	1.80	32.73	213
广州工程技术职业学院	0	29.08	36.72	50.69	4.88	0.26	0	214
宁夏工商职业技术学院	B5	29.08	55.27	46.04	1.38	0.04	6.37	215
浙江旅游职业学院	B5	29.06	56.68	45.52	9.16	1.57	0	216
台州职业技术学院	0	28.81	54.86	44.89	6.70	0.34	0	217
北京劳动保障职业学院	B5	28.79	48.64	37.86	0.53	0.13	32.73	218
山西电力职业技术学院	0	28.72	40.27	39.85	1.31	0.44	2.12	219
重庆医药高等专科学校	C6	28.55	52.50	39.82	2.72	0.71	37.21	220
北京经济管理职业学院	0	28.54	54.64	45.75	0.74	1.48	2.97	221
南通职业大学	C6	28.47	56.80	45.01	2.13	2.15	3.53	222
锡林郭勒职业学院	0	28.43	46.87	46.35	3.30	2.10	2.12	223
山东电力高等专科学校	0	28.39	57.56	35.44	5.03	5.55	0	224
湖南民族职业学院	0	28.23	40.20	50.15	0.53	0.17	0	225
湖北城市建设职业技术学院	0	28.17	44.53	48.25	0.69	0.39	0	226
酒泉职业技术学院	B5	28.17	39.52	41.83	0.72	0.77	32.73	227
辽宁经济职业技术学院	C6	28.13	50.48	43.42	0.18	0.12	32.73	228
黑龙江职业学院	B5	28.09	51.67	48.17	0.72	0.40	0.75	229
德州职业技术学院	0	28.07	56.11	43.40	1.24	0.07	0	230
湖南环境生物职业技术学院	0	28.02	48.33	49.14	0.32	0.18	0.75	231
广州民航职业技术学院	C6	28.00	46.10	50.50	0.74	3.05	0.75	232
河北软件职业技术学院	0	28.00	51.20	48.15	2.31	1.02	2.12	233
广东碧桂园职业学院	0	27.99	43.44	44.60	0.04	0.31	0	234
遵义职业技术学院	0	27.98	32.94	50.28	0.15	0.36	0	235
阜阳科技职业学院	0	27.96	40.95	39.01	0.01	0.03	0	236

续表

学校名称	“双高”建设档次	教师发展指数	A 教师供给指数	B 教师教学发展指数	C 教师科研发展指数	D 教师社会服务指数	E 教师声望指数	排名情况
陕西交通职业技术学院	0	27.95	55.29	46.86	2.93	0.69	4.48	237
江西工业工程职业技术学院	0	27.94	32.91	45.55	0.11	0.00	2.83	238
山东中医药高等专科学校	0	27.89	55.34	47.00	2.71	0.61	0	239
山西工程职业学院	A4	27.87	39.37	39.46	0.43	0.07	33.44	240
广西职业技术学院	B5	27.86	50.20	38.34	4.12	0.11	40.42	241
黑龙江商业职业学院	0	27.85	38.13	45.41	0.00	0.00	0	242
四川航天职业技术学院	0	27.78	34.18	49.06	0.72	0.01	0	243
北京体育职业学院	0	27.72	35.84	35.05	0.08	0.33	0	244
湖南大众传媒职业技术学院	0	27.56	42.38	46.76	3.88	0.45	2.26	245
天津铁道职业技术学院	0	27.53	44.56	44.77	0.01	0.59	0	246
山东畜牧兽医职业学院	B5	27.53	56.43	38.22	13.06	0.99	3.49	247
沈阳职业技术学院	C6	27.45	40.45	45.73	0.06	0.06	0	248
上海东海职业技术学院	0	27.45	36.98	43.13	0.06	0.11	0	249
潍坊护理职业学院	0	27.44	49.71	45.62	0.99	0.03	0	250
上海城建职业学院	0	27.37	51.02	42.00	2.47	0.86	2.97	251
泰山职业技术学院	0	27.36	44.18	47.91	1.10	0.13	0.70	252
江西陶瓷工艺美术职业技术学院	0	27.35	32.12	45.50	0.34	0.16	3.49	253
温州科技职业学院	0	27.34	51.77	42.58	6.67	0.09	0	254
广东科贸职业学院	0	27.30	53.41	43.79	3.19	0.02	0	255
廊坊职业技术学院	0	27.29	47.50	43.35	0.26	0.14	2.87	256
成都农业科技职业学院	C6	27.26	40.46	48.94	0.32	0.57	0	257
湖南网络工程职业学院	0	27.16	50.94	44.46	0.14	0.17	7.03	258
乐山职业技术学院	0	27.15	48.98	40.31	0.78	1.25	33.48	259

续表

学校名称	"双高"建设档次	教师发展指数	A教师供给指数	B教师教学发展指数	C教师科研发展指数	D教师社会服务指数	E教师声望指数	排名情况
云南林业职业技术学院	0	27.10	34.19	47.54	0.86	0.01	0.70	260
广西理工职业技术学院	0	27.02	29.09	45.62	0.45	0.01	10.47	261
福建卫生职业技术学院	0	27.00	59.37	36.32	0.33	0.50	0	262
浙江工商职业技术学院	0	26.98	53.16	36.45	3.00	0.41	34.85	263
湖南城建职业技术学院	0	26.94	36.22	46.50	1.51	0.01	0.75	264
珠海城市职业技术学院	0	26.93	55.12	40.22	3.95	0.29	0	265
广东职业技术学院	0	26.90	48.97	42.26	3.12	0.32	6.37	266
哈尔滨职业技术学院	C3	26.90	62.47	39.00	1.58	2.43	2.83	267
四川中医药高等专科学校	0	26.84	38.87	37.78	18.60	0.00	0	268
江苏护理职业学院	0	26.81	50.98	39.04	0.05	0.23	0	269
四川财经职业学院	0	26.77	43.14	44.78	0.21	0.01	0.75	270
长沙环境保护职业技术学院	0	26.75	42.30	44.89	4.24	0.18	0	271
福建农业职业技术学院	0	26.73	45.97	45.93	1.29	0.32	0	272
广西水利电力职业技术学院	0	26.66	56.35	41.68	0.33	0.22	2.26	273
湖南机电职业技术学院	0	26.61	48.36	44.96	2.26	0.10	2.26	274
黑龙江信息技术职业学院	0	26.61	48.51	39.23	0.00	0.01	0.75	275
沧州医学高等专科学校	C6	26.55	45.39	43.33	0.12	0.02	1.41	276
武汉铁路职业技术学院	B5	26.53	54.10	43.07	5.10	1.25	0	277
重庆城市职业学院	0	26.53	39.72	44.46	1.12	0.00	0	278
湖北水利水电职业技术学院	0	26.51	46.04	38.86	1.23	0.06	33.48	279
山东城市建设职业学院	0	26.50	46.51	42.20	3.24	0.36	7.73	280
常州工业职业技术学院	0	26.49	57.91	36.41	10.46	4.39	0	281

续表

学校名称	"双高"建设档次	教师发展指数	A 教师供给指数	B 教师教学发展指数	C 教师科研发展指数	D 教师社会服务指数	E 教师声望指数	排名情况
黑龙江旅游职业技术学院	0	26.49	48.09	40.33	0.17	0.04	0	282
辽宁轻工职业学院	0	26.47	35.00	46.02	0.27	0.08	0	283
青岛港湾职业技术学院	0	26.47	58.73	39.89	0.40	3.24	0	284
烟台汽车工程职业学院	0	26.46	47.93	43.39	0.08	0.30	0	285
湖北工业职业技术学院	0	26.41	48.44	43.02	0.43	0.27	3.49	286
常州纺织服装职业技术学院	0	26.40	57.88	41.25	1.47	0.32	0	287
天津艺术职业学院	0	26.40	30.36	36.26	0.00	0.01	0	288
徐州幼儿师范高等专科学校	0	26.38	44.80	38.20	0.73	0.04	36.27	289
长江工程职业技术学院	0	26.35	33.88	46.02	0.95	0.25	0	290
重庆工贸职业技术学院	0	26.22	42.28	42.13	0.39	0.10	0	291
曲靖医学高等专科学校	0	26.21	38.73	41.74	1.62	0.74	3.77	292
广州铁路职业技术学院	B5	26.21	48.90	41.58	2.13	0.84	4.19	293
重庆财经职业学院	0	26.20	33.54	43.75	1.28	0.21	1.41	294
青海交通职业技术学院	0	26.15	48.15	39.98	3.15	0.08	3.49	295
甘肃工业职业技术学院	0	26.11	39.04	44.76	0.53	0.17	0.70	296
应天职业技术学院	0	26.07	43.33	33.03	1.55	0	0	297
山西戏剧职业学院	0	26.06	58.63	35.08	0.17	0.06	0.70	298
西安职业技术学院	0	26.05	35.95	40.59	0.22	0.22	0.70	299
宿迁职业技术学院	0	26.02	56.48	34.92	8.84	0	0	300
上海交通职业技术学院	0	26.00	42.47	37.56	0.12	0.35	32.73	301
嘉兴职业技术学院	0	25.99	55.36	40.32	1.82	0.10	5.75	302
北京社会管理职业学院	0	25.97	44.29	35.57	5.82	0.05	32.73	303
安徽电气工程职业技术学院	0	25.97	45.34	39.65	1.28	0.85	0	304

续表

学校名称	“双高”建设档次	教师发展指数	A 教师供给指数	B 教师教学发展指数	C 教师科研发展指数	D 教师社会服务指数	E 教师声望指数	排名情况
无锡工艺职业技术学院	0	25.96	52.59	39.43	0.60	0.22	3.49	305
江西工业贸易职业技术学院	0	25.96	45.93	44.71	0.03	0.03	0	306
黑龙江三江美术职业学院	0	25.95	53.47	35.03	0.06	0	0	307
黑龙江林业职业技术学院	0	25.93	49.05	39.34	0.07	0.02	0	308
太湖创意职业技术学院	0	25.93	29.37	35.19	0.83	0	0	309
潍坊工程职业学院	0	25.91	51.86	42.15	0.41	0.33	0	310
盐城工业职业技术学院	0	25.91	56.23	38.85	3.71	1.75	0	311
石家庄职业技术学院	C6	25.90	37.15	36.68	0.56	0.16	32.73	312
亳州职业技术学院	0	25.89	40.68	42.99	4.44	0.02	0	313
湖南生物机电职业技术学院	C6	25.87	49.83	43.51	2.95	0.86	0	314
长沙南方职业学院	0	25.84	35.27	44.40	0.35	0.01	0	315
渤海船舶职业学院	C6	25.81	45.29	38.85	0.02	0.06	0	316
上海思博职业技术学院	0	25.76	46.95	44.39	0.85	0.11	0	317
四川信息职业技术学院	0	25.76	34.51	42.40	0.73	0.01	0	318
湖北工程职业学院	0	25.75	35.70	43.23	0.10	0.18	0	319
保定职业技术学院	0	25.75	39.15	45.59	0.49	0.01	0	320
广州城市职业学院	0	25.74	50.22	43.36	1.52	0.17	0	321
内蒙古化工职业学院	B5	25.74	45.44	40.50	0.28	0.04	3.49	322
潞安职业技术学院	0	25.71	48.74	33.25	0.07	0.28	0	323
滁州职业技术学院	0	25.70	36.24	42.68	3.67	0.38	0.70	324
盘锦职业技术学院	0	25.69	53.19	44.66	0.16	0.01	0	325
七台河职业学院	0	25.68	38.38	34.92	0.07	0	0	326
长春金融高等专科学校	0	25.68	34.33	44.43	0.13	0.36	0	327

续表

学校名称	"双高"建设档次	教师发展指数	A 教师供给指数	B 教师教学发展指数	C 教师科研发展指数	D 教师社会服务指数	E 教师声望指数	排名情况
长春医学高等专科学校	0	25.67	34.58	35.36	0.16	0.00	32.73	328
浙江广厦建设职业技术大学	0	25.66	49.71	42.29	0.23	0.30	0	329
四川长江职业学院	0	25.63	34.31	42.05	0.02	0.13	0	330
内蒙古电子信息职业技术学院	0	25.63	36.39	43.39	0.59	0.02	0	331
济南幼儿师范高等专科学校	0	25.61	51.80	38.64	0.21	2.40	0	332
南通科技职业学院	0	25.59	52.26	36.37	6.85	0.35	0	333
四川化工职业技术学院	0	25.57	40.48	43.91	0.36	0.05	0	334
重庆能源职业学院	0	25.56	35.77	44.53	0.02	0.11	0	335
郑州幼儿师范高等专科学校	0	25.55	33.66	44.54	0.03	0.12	0	336
娄底职业技术学院	0	25.54	43.75	40.03	1.41	0.23	0	337
重庆文化艺术职业学院	0	25.53	52.90	40.30	0.09	0.08	0	338
黑龙江艺术职业学院	0	25.45	48.23	31.40	0.00	0.08	0	339
泉州工程职业技术学院	0	25.45	36.21	31.54	0	0.00	0	340
浙江同济科技职业学院	0	25.41	52.27	40.48	3.92	0.09	0	341
山西林业职业技术学院	0	25.39	49.20	40.35	0.18	0.01	0	342
江苏城乡建设职业学院	0	25.37	45.58	38.93	1.77	0.39	0	343
六安职业技术学院	0	25.36	47.82	39.61	0.67	0.24	0	344
内蒙古警察职业学院	0	25.35	50.45	38.32	0.21	0.78	0	345
上海济光职业技术学院	0	25.34	42.63	41.92	0.13	0.06	0	346
湖南中医药高等专科学校	0	25.31	37.31	35.17	21.73	0.02	0	347
佳木斯职业学院	0	25.31	55.08	33.14	0.39	0.53	0	348

续表

学校名称	"双高"建设档次	教师发展指数	A教师供给指数	B教师教学发展指数	C教师科研发展指数	D教师社会服务指数	E教师声望指数	排名情况
云南国防工业职业技术学院	0	25.28	38.59	37.19	1.01	0.00	0	349
海南职业技术学院	0	25.26	42.21	42.34	0.76	1.22	3.49	350
黑龙江交通职业技术学院	0	25.24	48.99	39.65	0.02	0.04	0	351
郑州电力高等专科学校	0	25.23	32.98	41.01	4.40	0.17	0	352
哈尔滨传媒职业学院	0	25.22	43.78	35.52	0	0.09	0	353
肇庆医学高等专科学校	0	25.22	45.17	40.85	0.26	0.13	0	354
阿克苏职业技术学院	0	25.20	40.49	37.47	0.12	0.01	0	355
广西电力职业技术学院	0	25.19	46.91	35.39	0.76	0.23	33.44	356
广东建设职业技术学院	0	25.19	44.23	41.34	0.29	2.24	0	357
大同煤炭职业技术学院	0	25.17	41.99	36.17	1.54	0.40	0	358
河南职业技术学院	B5	25.12	56.38	40.76	0.71	0.06	9.90	359
赤峰工业职业技术学院	0	25.08	38.83	34.77	0.05	0.07	0	360
浙江农业商贸职业学院	0	25.05	52.01	38.85	0.90	0.09	4.53	361
浙江育英职业技术学院	0	25.05	45.81	35.40	14.80	0.02	0	362
辽宁职业学院	0	25.04	53.67	39.99	0.32	0.09	0.70	363
枣庄职业学院	0	25.03	54.05	39.03	2.91	0.22	0	364
上海震旦职业学院	0	25.02	32.44	43.40	0.05	0.04	0	365
湖南信息职业技术学院	0	24.98	50.54	41.21	1.56	0.03	0	366
重庆电讯职业学院	0	24.95	43.15	39.63	0.24	0.05	0	367
江苏旅游职业学院	0	24.94	50.37	40.81	0.05	0.15	0	368
闽江师范高等专科学校	0	24.94	49.33	36.70	0.38	0.06	2.83	369
重庆航天职业技术学院	C6	24.94	55.88	38.64	4.10	0.11	0	370
伊春职业学院	0	24.94	50.07	34.78	0.08	0.00	0	371
武汉工程职业技术学院	0	24.91	45.90	41.76	0.03	0.17	0	372
广东舞蹈戏剧职业学院	0	24.91	42.87	35.22	0.64	5.17	0	373

续表

学校名称	“双高”建设档次	教师发展指数	A 教师供给指数	B 教师教学发展指数	C 教师科研发展指数	D 教师社会服务指数	E 教师声望指数	排名情况
包头职业技术学院	0	24.91	49.19	34.31	0.33	0.14	23.40	374
江苏财经职业技术学院	0	24.91	56.00	36.03	6.87	0.02	0	375
三门峡职业技术学院	0	24.89	38.63	38.76	8.40	0.37	0	376
石家庄幼儿师范高等专科学校	0	24.88	34.31	38.66	0.04	0.06	0	377
湖南理工职业技术学院	0	24.87	37.59	42.18	0.58	0.00	0	378
齐齐哈尔理工职业学院	0	24.85	43.95	33.57	0	0.01	0	379
浙江东方职业技术学院	0	24.85	43.36	39.16	4.70	0.01	0	380
浙江特殊教育职业学院	0	24.83	56.27	35.00	0.61	0.15	0	381
浙江警官职业学院	C6	24.83	58.58	36.65	1.08	0.50	0	382
广西工业职业技术学院	0	24.79	47.07	39.14	1.88	0.26	0.70	383
泉州医学高等专科学校	0	24.78	48.29	40.76	0.66	0.43	0	384
中山火炬职业技术学院	C6	24.76	53.07	38.29	2.40	0.10	0	385
辽宁轨道交通职业学院	0	24.74	47.06	39.84	0.01	0.35	0	386
黑龙江生态工程职业学院	0	24.73	53.95	36.92	0.01	0.03	0	387
石家庄邮电职业技术学院	0	24.73	47.17	36.28	3.62	2.14	3.49	388
天津石油职业技术学院	0	24.71	44.87	37.49	0.08	0.05	0	389
苏州信息职业技术学院	0	24.71	47.69	40.52	0.27	0.11	0	390
哈尔滨电力职业技术学院	0	24.68	39.39	34.57	0.28	0.62	0	391
安庆职业技术学院	0	24.68	42.75	34.88	0.60	0.08	32.73	392
北京培黎职业学院	0	24.65	43.15	33.00	0.02	0	0	393
皖西卫生职业学院	0	24.63	35.97	38.10	0.58	0.05	0	394
湖南高速铁路职业技术学院	0	24.62	53.05	36.04	4.56	0.39	3.49	395

续表

学校名称	“双高”建设档次	教师发展指数	A 教师供给指数	B 教师教学发展指数	C 教师科研发展指数	D 教师社会服务指数	E 教师声望指数	排名情况
包头铁道职业技术学院	0	24.62	41.34	39.54	0.09	0.29	0	396
安徽冶金科技职业学院(安徽马钢技师学院　马钢卫生学校)	0	24.58	48.99	32.37	0.01	0.15	0	397
内蒙古机电职业技术学院	C3	24.58	59.23	36.37	0.78	1.21	0	398
福建水利电力职业技术学院	0	24.58	39.93	41.27	0.67	0.06	0.75	399
云南农业职业技术学院	0	24.55	47.46	39.53	5.87	0.48	0	400
河南交通职业技术学院	0	24.54	42.69	40.86	2.06	0.01	0	401
上海工商职业技术学院	0	24.53	32.04	41.29	1.71	0.10	0	402
内蒙古美术职业学院	0	24.50	39.67	35.62	0	0.31	0	403
山东轻工职业学院	0	24.49	43.10	38.56	1.25	0.23	0	404
重庆房地产职业学院	0	24.48	43.35	35.17	0.51	0.13	0	405
黑龙江护理高等专科学校	0	24.45	49.90	36.46	0.07	0.26	0	406
苏州工业园区职业技术学院	0	24.43	44.10	39.37	4.28	0.06	3.49	407
山西职业技术学院	B5	24.42	58.10	35.22	0.02	0.00	0.75	408
山东特殊教育职业学院	0	24.41	47.90	31.45	0.06	0	2.12	409
淮南职业技术学院(安徽理工技师学院)	0	24.41	38.18	39.77	0.48	0.20	0	410
陕西工商职业学院	0	24.40	40.01	39.82	0.04	0.25	0	411
北京京北职业技术学院	0	24.39	34.02	40.56	0.00	0.02	0	412
黑龙江农业职业技术学院	0	24.39	53.95	35.94	0.21	0.28	3.49	413

续表

学校名称	"双高"建设档次	教师发展指数	A 教师供给指数	B 教师教学发展指数	C 教师科研发展指数	D 教师社会服务指数	E 教师声望指数	排名情况
浙江国际海运职业技术学院	0	24.36	52.32	38.61	0.90	0.34	0	414
上海行健职业学院	0	24.34	53.89	39.33	1.09	0.18	0.70	415
上海出版印刷高等专科学校	0	24.34	50.24	37.04	1.26	0.05	0.75	416
临沂职业学院	0	24.33	42.90	39.61	0.12	0.06	3.49	417
永州职业技术学院	0	24.32	47.76	40.08	0.50	0.42	3.49	418
河北省艺术职业学院	0	24.30	42.46	34.14	0.08	0.09	0	419
上海农林职业技术学院	0	24.26	48.19	36.77	0.38	0.13	1.41	420
荆州职业技术学院	0	24.26	42.71	40.17	0.40	0.41	0	421
天津城市职业学院	0	24.26	49.68	39.48	0.09	0.40	0	422
广西机电职业技术学院	0	24.22	39.92	41.12	0.39	0.14	0.75	423
鄂尔多斯生态环境职业学院	0	24.22	36.72	32.11	0.05	0.05	0	424
河北对外经贸职业学院	0	24.21	48.38	40.75	0.75	1.60	0	425
三峡电力职业学院	0	24.21	33.04	39.56	0.03	0.34	0	426
长垣烹饪职业技术学院	0	24.21	30.43	33.86	0.04	0.04	0	427
丽水职业技术学院	0	24.20	57.14	37.86	0.92	0.51	0	428
三峡旅游职业技术学院	0	24.19	30.74	37.67	0.02	0.03	0	429
太原城市职业技术学院	0	24.19	41.79	37.07	0.00	0.08	0.75	430
新疆石河子职业技术学院	0	24.16	38.98	39.10	0.11	0.16	4.24	431
江西艺术职业学院	0	24.15	27.52	34.11	0.01	0	0	432
徐州生物工程职业技术学院	0	24.15	54.99	35.10	1.75	0.32	0	433
阜新高等专科学校	0	24.10	43.77	35.03	1.30	0.00	0	434
广安职业技术学院	0	24.09	39.45	39.89	2.08	0.17	0	435

续表

学校名称	“双高”建设档次	教师发展指数	A 教师供给指数	B 教师教学发展指数	C 教师科研发展指数	D 教师社会服务指数	E 教师声望指数	排名情况
辽阳职业技术学院	0	24.09	43.76	37.28	0.01	0.00	4.24	436
呼和浩特职业学院	0	24.08	49.94	37.63	0.52	0.06	0	437
张家界航空工业职业技术学院	0	24.07	29.86	40.07	0.82	0.03	0	438
湖南石油化工职业技术学院	0	24.07	43.00	40.45	0.16	0.29	0	439
南阳农业职业学院	0	24.07	50.41	35.56	0.23	0.00	0	440
大庆医学高等专科学校	0	24.07	46.30	35.08	0.21	0.14	0	441
黑龙江农垦职业学院	0	24.06	49.03	38.28	0.37	0.01	2.26	442
秦皇岛职业技术学院	C6	24.04	52.38	39.22	0.01	0.07	0	443
贵州工商职业学院	0	24.02	17.52	41.12	0.00	0	0	444
重庆机电职业技术大学	0	24.01	38.29	35.16	7.71	0.00	0	445
天津国土资源和房屋职业学院	0	24.00	38.20	39.30	0.01	0.20	0	446
承德石油高等专科学校	C6	23.99	54.88	36.46	7.23	0.68	0	447
天津海运职业学院	0	23.98	37.19	40.85	0.15	0.58	0	448
陕西职业技术学院	B5	23.97	43.83	39.76	0.01	0.03	0	449
巴音郭楞职业技术学院	0	23.97	44.03	37.58	0.12	0.11	0	450
盐城幼儿师范高等专科学校	0	23.97	29.60	34.32	0.01	0.02	3.53	451
浙江纺织服装职业技术学院	0	23.97	52.56	38.15	2.07	0.48	0	452
山东医学高等专科学校	0	23.94	49.27	39.22	0.21	0.06	0	453
三明医学科技职业学院	0	23.94	43.61	40.10	0.08	0.02	0	454
河北轨道运输职业技术学院	0	23.94	32.07	39.97	0	0.26	3.49	455
西安电力高等专科学校	0	23.91	52.85	35.16	1.36	0.86	0	456

续表

学校名称	“双高”建设档次	教师发展指数	A 教师供给指数	B 教师教学发展指数	C 教师科研发展指数	D 教师社会服务指数	E 教师声望指数	排名情况
乌鲁木齐职业大学	0	23.91	48.05	34.55	5.78	0.10	0.75	457
广西城市职业大学	0	23.90	36.44	34.70	0.46	0.00	0	458
安阳职业技术学院	0	23.90	28.29	34.74	1.13	0.02	0	459
陕西经济管理职业技术学院	0	23.90	48.14	33.56	0.14	0	0	460
枣庄科技职业学院	0	23.88	35.68	37.36	0.19	0.07	0	461
大庆职业学院	0	23.88	53.49	31.52	0.39	0.50	0	462
山东化工职业学院	0	23.88	35.83	35.35	0.04	0.13	0	463
建东职业技术学院	0	23.88	52.51	34.23	6.11	0	0	464
新疆兵团警官高等专科学校	0	23.87	22.45	29.24	0.51	59.74	0	465
阜阳职业技术学院	0	23.85	42.59	35.01	0.85	0.01	0	466
池州职业技术学院	0	23.85	37.62	36.69	1.80	0.00	0	467
四川国际标榜职业学院	0	23.84	29.98	39.49	0.64	0.32	0	468
镇江高等专科学校	0	23.84	52.75	35.01	2.77	1.24	0	469
延安职业技术学院	0	23.83	40.32	35.99	0.17	0.07	4.38	470
河南应用技术职业学院	0	23.83	41.99	40.24	0.34	0.12	0.75	471
贵州职业技术学院	0	23.83	42.05	40.12	0.02	0.03	1.41	472
鄂州职业大学	0	23.82	53.44	38.31	1.09	0.20	0	473
天津机电职业技术学院	0	23.80	43.82	40.38	0.01	0.24	0	474
保定电力职业技术学院	0	23.79	48.95	34.82	0.00	0.25	0	475
湖南水利水电职业技术学院	0	23.75	39.73	38.26	1.73	0.06	0	476
山西轻工职业技术学院	0	23.75	22.73	37.53	0.00	0.01	0.75	477
乌海职业技术学院	0	23.74	41.79	38.73	0.16	0.43	0	478
辽宁农业职业技术学院	A4	23.72	51.83	36.66	0.78	0.27	4.90	479
江西工业职业技术学院	0	23.70	41.68	37.10	1.00	0.00	4.19	480

续表

学校名称	"双高"建设档次	教师发展指数	A 教师供给指数	B 教师教学发展指数	C 教师科研发展指数	D 教师社会服务指数	E 教师声望指数	排名情况
山东外国语职业技术大学	0	23.68	36.18	34.58	0.23	0.27	0	481
四川工商职业技术学院	0	23.68	31.09	35.64	1.97	0.23	6.51	482
福建生物工程职业技术学院	0	23.68	31.46	35.97	0.97	0.01	0	483
重庆安全技术职业学院	0	23.68	35.17	37.37	0.66	0.00	0	484
和田师范专科学校	0	23.67	31.07	32.87	0.27	0	32.73	485
福州科技职业技术学院	0	23.67	24.55	31.35	0	0	0	486
淮南联合大学	0	23.66	43.98	37.41	2.13	0.00	0	487
百色职业学院	0	23.64	36.91	33.59	0.15	0.16	0	488
安徽艺术职业学院	0	23.63	31.44	33.46	0	0.00	0	489
武汉海事职业学院	0	23.62	38.60	32.06	0	0	0	490
北京交通职业技术学院	0	23.60	46.06	36.13	0	0.17	0	491
眉山职业技术学院	0	23.59	36.17	39.70	0.09	0.05	2.12	492
上海电影艺术职业学院	0	23.59	54.23	30.94	0.38	0.14	0	493
黑龙江冰雪体育职业学院	0	23.58	48.16	34.98	0	0	0	494
苏州幼儿师范高等专科学校	0	23.56	43.37	38.57	0.01	0.05	0	495
福建体育职业技术学院	0	23.56	49.36	33.97	0.00	0.08	0	496
湖北职业技术学院	C6	23.55	40.88	36.24	1.31	0.29	0	497
甘肃建筑职业技术学院	0	23.54	40.00	39.87	0.50	0.10	0	498
安徽林业职业技术学院	0	23.53	29.64	38.96	0.12	0.00	0	499
贵阳护理职业学院	0	23.53	41.75	38.34	0.11	0.03	0	500
福建电力职业技术学院	0	23.53	46.81	35.62	0.25	0.57	0.75	501
安徽中医药高等专科学校	0	23.53	37.61	37.88	0.59	0.00	0	502

续表

学校名称	“双高”建设档次	教师发展指数	A 教师供给指数	B 教师教学发展指数	C 教师科研发展指数	D 教师社会服务指数	E 教师声望指数	排名情况
南京视觉艺术职业学院	0	23.52	28.91	34.74	1.15	0	0	503
四川城市职业学院	0	23.51	34.91	35.59	0.04	0.21	0	504
西安信息职业大学	0	23.51	40.93	34.89	1.85	0.00	0	505
湖南艺术职业学院	0	23.51	40.52	34.08	2.49	0.00	0	506
江南影视艺术职业学院	0	23.50	40.48	35.19	0.73	0.12	0	507
黑龙江农垦科技职业学院	0	23.50	48.73	37.24	0.16	0.00	0	508
克拉玛依职业技术学院	0	23.49	33.27	39.96	0.21	0.00	0	509
湄洲湾职业技术学院	0	23.49	40.48	38.05	0.56	0.06	0	510
鹤壁职业技术学院	0	23.48	39.09	36.13	2.50	0.07	0	511
蚌埠经济技术职业学院	0	23.47	39.75	33.14	0.06	0.00	0	512
上海海事职业技术学院	0	23.46	59.05	32.62	0.74	0.85	0	513
新疆建设职业技术学院	0	23.45	41.73	38.47	0.00	0.23	0	514
泉州海洋职业学院	0	23.43	43.73	34.74	0.63	1.46	0	515
青海高等职业技术学院	0	23.42	27.98	35.29	0	0.00	0	516
北京政法职业学院	0	23.42	52.21	35.97	0.04	0.02	0	517
安徽工贸职业技术学院	0	23.42	47.71	34.51	0.04	0	0	518
天津滨海职业学院	0	23.39	47.36	37.35	0.04	0.22	3.53	519
吉林省经济管理干部学院	0	23.38	45.42	34.39	0.16	0.00	0	520
沧州职业技术学院	0	23.38	46.26	35.97	0.24	0.01	3.49	521
兴安职业技术学院	0	23.36	44.47	34.58	0.25	0.12	0.70	522
广西卫生职业技术学院	0	23.35	40.15	36.27	0.27	0.02	3.49	523
哈尔滨铁道职业技术学院	C6	23.32	53.96	35.91	0.43	0.04	0	524
山西交通职业技术学院	0	23.31	33.93	41.20	0.30	0.04	0	525
牡丹江大学	0	23.30	42.50	34.34	0.21	0.24	0	526

续表

学校名称	“双高”建设档次	教师发展指数	A 教师供给指数	B 教师教学发展指数	C 教师科研发展指数	D 教师社会服务指数	E 教师声望指数	排名情况
榆林职业技术学院	0	23.30	37.32	34.76	0.20	0.11	0	527
辽宁特殊教育师范高等专科学校	0	23.30	34.32	33.37	0	0.14	0	528
北京青年政治学院	0	23.29	49.98	35.47	0.61	0.01	0	529
江西水利职业学院	0	23.29	31.71	38.74	0.58	0.43	0	530
湖南工程职业技术学院	0	23.29	49.92	39.13	0.31	0.15	0	531
安徽体育运动职业技术学院	0	23.26	39.43	34.92	0.07	0.02	0	532
汉中职业技术学院	0	23.25	46.79	34.03	0.33	0.57	0	533
晋城职业技术学院	0	23.25	47.12	33.75	0.02	0.03	0	534
山西信息职业技术学院	0	23.24	52.96	34.69	0.08	0.01	0	535
天门职业学院	0	23.23	27.58	34.48	0.00	0.00	0	536
清远职业技术学院	0	23.22	51.48	36.64	2.06	0.04	0	537
贵阳职业技术学院	0	23.22	48.32	37.69	0.16	0.76	0	538
天津渤海职业技术学院	C6	23.21	40.55	37.63	0.17	0.42	0.70	539
衢州职业技术学院	0	23.20	53.54	34.41	0.61	0.15	0	540
广东环境保护工程职业学院	0	23.20	43.04	39.43	4.09	0.03	0	541
北京科技职业学院	0	23.19	37.17	33.80	0	1.28	0	542
重庆资源与环境保护职业学院	0	23.19	39.48	35.05	0.05	0.05	0	543
哈尔滨城市职业学院	0	23.16	61.21	34.27	0.05	0	0	544
朝阳师范高等专科学校	0	23.16	37.38	33.26	0	0.00	0	545
宜宾职业技术学院	0	23.15	50.57	36.30	0.62	0.27	0	546
德宏师范高等专科学校	0	23.14	36.83	34.91	0.06	0.57	0.75	547
哈尔滨应用职业技术学院	0	23.14	41.46	34.61	0	0	0	548

续表

学校名称	“双高”建设档次	教师发展指数	A 教师供给指数	B 教师教学发展指数	C 教师科研发展指数	D 教师社会服务指数	E 教师声望指数	排名情况
江苏安全技术职业学院	0	23.13	35.58	34.33	0.12	0.11	0	549
宿州职业技术学院	0	23.12	42.27	34.78	0.18	0.00	0	550
青海建筑职业技术学院	0	23.11	37.57	37.40	0.51	0.48	0	551
重庆艺术工程职业学院	0	23.11	41.03	35.05	0.01	0.02	0	552
上海民远职业技术学院	0	23.09	42.34	34.85	0.00	0	0	553
河北女子职业技术学院	0	23.09	36.47	38.42	0.03	0.20	2.26	554
漯河医学高等专科学校	0	23.08	43.19	35.60	2.77	0.02	0	555
黑龙江幼儿师范高等专科学校	0	23.07	40.43	34.73	0.09	0.02	1.51	556
山西水利职业技术学院	0	23.06	35.63	36.86	0.14	0.01	0	557
无锡城市职业技术学院	0	23.02	50.03	33.98	1.05	0.13	0	558
常德职业技术学院	0	23.00	48.53	37.21	0.87	0.11	0	559
四川应用技术职业学院	0	23.00	30.16	33.87	0	0	0	560
黔西南民族职业技术学院	0	22.99	31.74	38.06	0.75	0.13	0.70	561
菏泽家政职业学院	0	22.97	41.18	34.91	0.11	0.17	0.75	562
西安医学高等专科学校	0	22.97	33.54	37.97	0.01	0.00	0	563
天津城市建设管理职业技术学院	0	22.97	40.07	36.36	0.88	0.06	4.48	564
新疆交通职业技术学院	0	22.93	39.31	34.78	0.06	0.85	3.49	565
江西航空职业技术学院	0	22.93	34.23	38.14	0.21	0.10	0	566
厦门东海职业技术学院	0	22.93	42.23	37.43	0.00	0.22	0	567
山西省财政税务专科学校	C3	22.93	35.89	37.07	0.56	0.09	3.49	568
柳州城市职业学院	0	22.93	23.37	36.87	0.25	1.29	0	569
宁波卫生职业技术学院	0	22.93	52.36	33.96	1.84	0.34	2.12	570
山东外事职业大学	0	22.92	32.42	33.31	0.33	0.14	0	571

续表

学校名称	“双高”建设档次	教师发展指数	A 教师供给指数	B 教师教学发展指数	C 教师科研发展指数	D 教师社会服务指数	E 教师声望指数	排名情况
湖南九嶷职业技术学院	0	22.92	35.64	32.40	0.43	0.00	0	572
重庆轻工职业学院	0	22.91	48.66	35.06	0.08	0.00	0	573
辽宁铁道职业技术学院	0	22.91	48.70	36.33	0.26	0.17	0	574
吉林交通职业技术学院	C6	22.91	47.28	35.55	0.18	0.17	0.75	575
包头轻工职业技术学院	0	22.91	54.84	35.20	0.15	0.02	0	576
天津冶金职业技术学院	0	22.89	40.79	35.48	0.00	0.04	0	577
贵阳幼儿师范高等专科学校	0	22.89	31.88	38.70	0.06	0.17	0	578
四川铁道职业学院	0	22.89	38.34	35.00	0.13	0.48	0	579
宝鸡职业技术学院	0	22.87	44.98	37.02	0.03	0.38	0	580
衡水职业技术学院	0	22.87	36.21	33.90	0.71	0.13	0	581
鹤岗师范高等专科学校	0	22.85	49.79	33.05	0.00	0.60	0	582
山东旅游职业学院	0	22.85	49.94	37.59	0.28	0.14	0	583
许昌电气职业学院	0	22.84	50.30	36.11	0.09	0.03	0	584
甘肃交通职业技术学院	0	22.80	37.67	35.94	4.28	0.10	1.46	585
珠海艺术职业学院	0	22.80	29.12	33.68	0.02	0.00	0	586
安徽医学高等专科学校	C6	22.80	38.69	36.17	1.48	0.04	0	587
四川电力职业技术学院	0	22.78	31.35	33.87	1.25	0	0	588
江西工程职业学院	0	22.78	42.21	33.35	0.01	0.00	0	589
江西工商职业技术学院	0	22.77	39.92	34.87	0.00	2.07	0	590
张家口职业技术学院	0	22.75	46.46	33.53	1.62	0	0	591
安徽公安职业学院	0	22.75	39.18	34.27	0.20	0.14	0	592
广东邮电职业技术学院	0	22.75	49.63	35.46	1.22	1.62	0	593
四川现代职业学院	0	22.74	37.09	37.12	0.88	0.00	0	594
漳州卫生职业学院	0	22.74	47.93	33.93	2.22	2.57	0	595
烟台工程职业技术学院	0	22.74	44.72	35.53	0.15	0.04	0	596
山东药品食品职业学院	0	22.74	38.96	35.40	1.40	0.16	0	597

续表

学校名称	"双高"建设档次	教师发展指数	A 教师供给指数	B 教师教学发展指数	C 教师科研发展指数	D 教师社会服务指数	E 教师声望指数	排名情况
湖北幼儿师范高等专科学校	0	22.73	33.80	34.87	0.00	0.34	0	598
台州科技职业学院	0	22.73	51.51	34.57	1.39	0.27	0	599
平顶山工业职业技术学院	0	22.73	29.78	36.76	0.61	0.64	0	600
唐山职业技术学院	0	22.70	45.97	35.67	0.17	0.17	0	601
菏泽医学专科学校	0	22.70	42.29	35.26	0.69	0.31	4.48	602
山东圣翰财贸职业学院	0	22.66	28.39	34.11	0.37	0	0	603
九江职业大学	0	22.65	33.51	37.68	1.27	0.00	0	604
黔南民族职业技术学院	0	22.65	39.16	35.17	2.10	0.14	0.70	605
毕节幼儿师范高等专科学校	0	22.65	32.00	33.08	0.38	0.00	0	606
安徽扬子职业技术学院	0	22.65	32.29	35.40	0.01	0.08	0	607
武夷山职业学院	0	22.65	48.57	34.61	0	0.00	0	608
浙江工业职业技术学院	0	22.63	52.72	34.90	3.02	0.36	0	609
楚雄医药高等专科学校	0	22.62	30.43	35.47	0.55	0.36	0	610
陇南师范高等专科学校	0	22.62	28.91	36.74	0.36	0.00	0	611
山西经贸职业学院	0	22.61	29.66	37.46	0.31	0.07	0.75	612
抚州职业技术学院	0	22.61	37.36	35.51	0.02	0.05	0	613
内蒙古丰州职业学院	0	22.61	32.94	34.80	0.54	0	0	614
哈尔滨科学技术职业学院	0	22.61	51.92	35.35	0.08	0.01	0	615
辽宁广告职业学院	0	22.60	25.94	32.12	1.01	0	0	616
上海旅游高等专科学校	0	22.60	48.61	36.16	0.60	0.03	0	617
郑州黄河护理职业学院	0	22.60	27.32	34.79	0.82	0	0	618
金肯职业技术学院	0	22.59	37.02	34.25	2.61	0.10	0	619
青岛远洋船员职业学院	0	22.58	52.45	35.14	0.51	0.17	0	620

续表

学校名称	“双高”建设档次	教师发展指数	A 教师供给指数	B 教师教学发展指数	C 教师科研发展指数	D 教师社会服务指数	E 教师声望指数	排名情况
云南体育运动职业技术学院	0	22.58	46.53	34.83	0.07	0.01	0	621
邯郸职业技术学院	0	22.58	45.06	36.16	2.17	0.17	0	622
泉州纺织服装职业学院	0	22.57	29.21	35.31	0.00	0.01	0	623
云南城市建设职业学院	0	22.56	35.20	36.74	0.00	0.03	0	624
湖南工商职业学院	0	22.55	19.96	32.51	0.38	0.00	0	625
保山中医药高等专科学校	0	22.55	46.93	35.45	0.26	0.12	0	626
杭州万向职业技术学院	0	22.54	49.02	34.76	0.52	0.09	0	627
德宏职业学院	0	22.52	37.69	35.64	0.18	0.49	0	628
黄山职业技术学院	0	22.52	32.10	35.25	0.58	0.03	0	629
渭南职业技术学院	0	22.51	38.95	36.90	0.06	0.09	0	630
首钢工学院(首钢技师学院)	0	22.51	45.55	34.40	0.37	0.52	0	631
广州华立科技职业学院	0	22.49	36.89	38.03	0.97	0.07	0	632
长春师范高等专科学校	0	22.48	34.39	35.05	0.01	0	0	633
浙江长征职业技术学院	0	22.48	49.89	34.17	0.64	0.14	0	634
天津商务职业学院	0	22.47	35.80	41.13	0.08	0.84	0.70	635
湖南三一工业职业技术学院	0	22.46	41.30	35.20	0.06	0.39	0	636
广西演艺职业学院	0	22.46	20.31	33.28	0.00	0	0	637
滁州城市职业学院	0	22.46	31.07	35.04	0.09	0.00	0	638
济南护理职业学院	0	22.45	32.87	35.25	0.06	0.03	0.75	639
大连汽车职业技术学院	0	22.42	31.27	37.44	0.03	0	0	640
四川文化产业职业学院	0	22.42	35.00	36.21	0.01	0.00	0	641
通辽职业学院	0	22.41	36.12	34.84	0.25	0.15	0	642
山东铝业职业学院	0	22.40	27.07	35.39	0.14	0.01	0	643

续表

学校名称	"双高"建设档次	教师发展指数	A 教师供给指数	B 教师教学发展指数	C 教师科研发展指数	D 教师社会服务指数	E 教师声望指数	排名情况
甘肃畜牧工程职业技术学院	0	22.39	35.88	35.33	0.40	0.00	0	644
湖南有色金属职业技术学院	0	22.39	39.89	35.79	0.51	0.22	0	645
四川护理职业学院	0	22.39	36.27	35.31	0.79	0.03	0	646
长沙卫生职业学院	0	22.38	48.42	34.89	1.67	0.28	0	647
铜陵职业技术学院	0	22.38	49.60	36.64	0.77	0.02	0	648
安庆医药高等专科学校	0	22.36	34.07	34.88	0.73	0	0	649
重庆经贸职业学院	0	22.35	44.88	34.44	0.04	0.05	0	650
福州墨尔本理工职业学院	0	22.35	39.78	35.34	0.01	0.00	0	651
黑龙江生物科技职业学院	0	22.34	45.16	34.64	0.29	0.33	0	652
长治职业技术学院	0	22.31	31.40	30.08	0.01	0.06	0	653
商洛职业技术学院	0	22.31	47.99	33.53	0.00	0.63	3.49	654
昆明工业职业技术学院	C6	22.30	46.81	35.52	0.12	6.98	0	655
云南商务职业学院	0	22.29	19.13	33.16	0.01	0	0	656
阿拉善职业技术学院	0	22.29	42.54	26.95	0.01	0.05	0	657
重庆青年职业技术学院	0	22.28	29.10	36.55	0.61	0.03	0	658
昆明艺术职业学院	0	22.27	27.99	30.74	0.05	0.00	0	659
甘肃有色冶金职业技术学院	0	22.26	34.95	35.22	0.54	0.00	0	660
重庆信息技术职业学院	0	22.25	40.69	33.58	0	0.00	0	661
东营科技职业学院	0	22.25	29.00	35.05	2.64	0.30	0	662
湖北开放职业学院	0	22.25	33.53	32.50	0	0	0	663
宜春职业技术学院	0	22.24	40.45	36.50	0.19	0.00	0	664
江汉艺术职业学院	0	22.24	31.02	34.77	0.11	0.16	0	665

续表

学校名称	“双高”建设档次	教师发展指数	A 教师供给指数	B 教师教学发展指数	C 教师科研发展指数	D 教师社会服务指数	E 教师声望指数	排名情况
宁德职业技术学院	0	22.23	44.08	36.03	0.15	0.13	0	666
山西管理职业学院	0	22.22	37.02	33.05	0.04	0	0	667
青海畜牧兽医职业技术学院	0	22.22	41.63	33.76	0.62	0.02	0	668
石家庄人民医学高等专科学校	0	22.21	29.42	29.97	0.01	0	0	669
漳州城市职业学院	0	22.20	37.65	35.78	0.16	0.08	0	670
石家庄信息工程职业学院	0	22.18	41.24	35.66	0.23	0.40	0	671
黔东南民族职业技术学院	0	22.17	43.44	34.01	0.40	0.04	0	672
山西旅游职业学院	0	22.17	42.57	35.64	0.00	0.13	0	673
辽宁地质工程职业学院	0	22.16	45.48	33.06	0.34	0.09	3.53	674
忻州职业技术学院	0	22.14	31.21	33.54	0.00	0.02	0	675
嘉兴南洋职业技术学院	0	22.14	50.46	34.10	1.55	0.13	0	676
阳江职业技术学院	0	22.14	34.39	35.15	0.97	0.00	0	677
南阳医学高等专科学校	0	22.14	40.14	34.47	1.27	0.11	0	678
四平职业大学	0	22.14	46.49	30.88	0.18	0	0	679
石家庄医学高等专科学校	0	22.13	32.74	34.86	0.00	0	0	680
包头钢铁职业技术学院	0	22.13	38.74	34.64	0.00	0.13	0	681
湖南吉利汽车职业技术学院	0	22.13	46.48	34.55	0.08	0.09	0	682
河北旅游职业学院	0	22.13	42.74	33.77	0.93	2.82	0	683
白城医学高等专科学校	0	22.12	38.68	35.18	0.02	0.01	0	684
信阳涉外职业技术学院	0	22.11	19.22	34.77	0.33	0.00	0	685

续表

学校名称	“双高”建设档次	教师发展指数	A 教师供给指数	B 教师教学发展指数	C 教师科研发展指数	D 教师社会服务指数	E 教师声望指数	排名情况
辽宁现代服务职业技术学院	0	22.11	51.12	35.48	0.00	0.06	0.70	686
玉溪农业职业技术学院	0	22.09	44.75	33.17	0.14	0.07	0	687
惠州城市职业学院	0	22.09	35.55	34.58	1.35	0.01	0	688
武汉外语外事职业学院	0	22.08	24.56	35.07	0.00	0.05	0	689
辽宁理工职业学院	0	22.08	33.24	34.29	0.01	0	0	690
广西幼儿师范高等专科学校	0	22.08	30.56	36.58	0.52	0.09	0	691
陕西旅游烹饪职业学院	0	22.07	27.50	35.19	0.04	0.00	0	692
安顺职业技术学院	0	22.07	35.86	34.74	0.55	0.22	0	693
陕西电子信息职业技术学院	0	22.07	27.61	33.03	0.01	0	0	694
山西老区职业技术学院	0	22.03	44.94	30.61	0.02	0.00	0	695
安徽审计职业学院	0	22.03	32.40	35.04	0.90	0.02	0	696
上海中侨职业技术学院	0	21.99	32.74	36.04	0.84	0.02	0	697
威海海洋职业学院	0	21.99	42.56	34.48	0.88	0.20	0	698
湖州职业技术学院	0	21.98	52.67	34.25	0.74	0.08	0	699
金山职业技术学院	0	21.98	47.20	34.54	0.48	0.01	0	700
河南推拿职业学院	0	21.98	27.03	34.94	0.22	0.10	0	701
福州软件职业技术学院	0	21.97	43.28	34.89	0.01	0.16	0	702
天津工艺美术职业学院	0	21.97	38.41	32.20	0.01	0	0	703
河北建材职业技术学院	0	21.97	43.34	36.28	0.16	0.00	0	704
重庆幼儿师范高等专科学校	0	21.95	39.55	36.66	0.86	0.02	0	705
安徽警官职业学院	0	21.93	32.38	34.88	1.96	0.03	0.70	706
上海工商外国语职业学院	0	21.92	35.59	36.41	0.19	0.24	0	707

续表

学校名称	“双高”建设档次	教师发展指数	A 教师供给指数	B 教师教学发展指数	C 教师科研发展指数	D 教师社会服务指数	E 教师声望指数	排名情况
广东松山职业技术学院	0	21.91	44.61	34.75	0.12	0.01	3.49	708
永城职业学院	0	21.90	36.98	34.47	0.18	0.03	0	709
广西国际商务职业技术学院	0	21.89	32.06	35.57	0.13	0.03	2.87	710
泉州经贸职业技术学院	0	21.89	55.91	33.51	0.17	0.11	0	711
郑州职业技术学院	0	21.89	50.46	35.05	0.14	0.58	0	712
吉林城市职业技术学院	0	21.88	25.43	33.52	0.01	0	0	713
河南质量工程职业学院	0	21.88	38.06	34.02	0.11	0.09	0	714
安徽邮电职业技术学院	0	21.87	38.84	35.25	0.06	0.03	0	715
重庆旅游职业学院	0	21.87	48.23	33.58	0.20	0.00	0	716
德州科技职业学院	0	21.84	41.30	34.73	0.03	0.00	0	717
广西英华国际职业学院	0	21.84	18.63	36.17	0	0.02	0	718
四川华新现代职业学院	0	21.83	33.48	35.84	0	0.06	0	719
共青科技职业学院	0	21.83	36.18	35.59	0.09	0.00	0	720
山东力明科技职业学院（山东中西医结合大学）	0	21.82	39.77	34.75	0	0.10	0	721
宁夏民族职业技术学院	0	21.82	28.08	32.16	0.03	0.03	3.49	722
河南护理职业学院	0	21.81	44.14	34.66	0.18	0.00	0	723
上海民航职业技术学院	0	21.81	34.23	35.89	1.03	0.17	0	724
北京经贸职业学院	0	21.80	40.63	33.50	0	0.00	0	725
襄阳汽车职业技术学院	0	21.80	32.23	34.38	0.00	0.00	0.75	726
河南机电职业学院	0	21.80	37.66	36.16	0.41	0.01	0	727
石家庄科技职业学院	0	21.80	32.69	33.06	0.00	0.58	0	728
江苏财会职业学院	0	21.78	46.00	35.59	0.26	0.11	0	729
山东工程职业技术大学	0	21.78	32.56	35.41	0.02	0.09	0	730
安徽新闻出版职业技术学院	0	21.77	31.12	35.45	0.08	0.00	0	731

续表

学校名称	“双高”建设档次	教师发展指数	A 教师供给指数	B 教师教学发展指数	C 教师科研发展指数	D 教师社会服务指数	E 教师声望指数	排名情况
哈尔滨幼儿师范高等专科学校	0	21.77	39.79	35.40	0.01	0	4.53	732
江西泰豪动漫职业学院	0	21.75	32.68	35.42	0	0.00	0	733
新疆轻工职业技术学院	C6	21.75	44.26	33.77	0.04	0.02	0	734
乌兰察布职业学院	0	21.74	40.09	32.86	0.03	0.03	0	735
唐山科技职业技术学院	0	21.73	46.84	34.36	0.00	0.07	0	736
四川三河职业学院	0	21.73	41.90	33.88	0.02	0.00	0	737
淮北职业技术学院	0	21.72	36.03	35.31	0.14	0.17	0	738
湖南幼儿师范高等专科学校	0	21.72	17.58	35.24	0.20	0.08	0	739
邵阳职业技术学院	0	21.72	25.82	36.17	0.08	0.31	2.12	740
河北能源职业技术学院	0	21.71	41.11	35.17	0.37	0.19	0	741
大兴安岭职业学院	0	21.70	40.78	31.73	0.06	0.01	0	742
四川汽车职业技术学院	0	21.70	34.34	34.89	0.01	0.00	0	743
内蒙古交通职业技术学院	0	21.68	36.25	34.74	0.04	0.06	0	744
上海邦德职业技术学院	0	21.66	38.32	35.62	0.15	0.05	0	745
正德职业技术学院	0	21.66	48.92	34.30	0.01	0.01	0	746
云南工程职业学院	0	21.65	37.38	34.68	0.90	0	0	747
安徽汽车职业技术学院（安徽汽车工业技师学院）	0	21.65	40.19	33.87	0.05	0.02	0	748
辽宁金融职业学院	0	21.65	35.35	35.58	0.23	0.00	0	749
湖南国防工业职业技术学院	0	21.64	40.23	33.80	0.19	0.18	0	750
濮阳职业技术学院	0	21.63	28.93	36.19	0.55	0	0	751
商丘医学高等专科学校	0	21.62	43.58	34.03	0.13	0.02	0	752

续表

学校名称	"双高"建设档次	教师发展指数	A 教师供给指数	B 教师教学发展指数	C 教师科研发展指数	D 教师社会服务指数	E 教师声望指数	排名情况
长江职业学院	0	21.62	41.11	34.84	0.96	0.00	0	753
湖南邮电职业技术学院	0	21.61	50.04	34.59	1.06	0.53	0	754
安徽涉外经济职业学院	0	21.61	15.54	35.03	0	0.00	0	755
湖南食品药品职业学院	0	21.60	39.07	32.97	0.75	0.10	0	756
四川天一学院	0	21.59	28.77	34.53	3.65	0.02	0	757
四川机电职业技术学院	0	21.59	39.63	34.21	0.11	0.55	0	758
黑龙江司法警官职业学院	0	21.59	38.20	34.58	0.03	0.22	0	759
洛阳科技职业学院	0	21.58	30.96	34.48	0.01	0	0	760
安徽卫生健康职业学院	0	21.58	33.28	34.51	0.02	0.00	0	761
西宁城市职业技术学院	0	21.58	29.03	34.09	0.16	0.02	0	762
潇湘职业学院	0	21.57	30.45	34.97	1.33	0	0	763
广东岭南职业技术学院	0	21.55	49.64	34.77	0.56	0.00	0	764
湖南司法警官职业学院	0	21.54	45.81	33.90	1.73	0.45	0	765
闽北职业技术学院	0	21.54	33.44	35.36	0.01	0.04	0	766
运城幼儿师范高等专科学校	0	21.51	39.36	35.15	0.05	0.01	0	767
铁岭卫生职业学院	0	21.49	26.40	34.85	0.00	0	0	768
山东服装职业学院	0	21.49	37.52	35.00	0.07	0.00	0	769
广西工程职业学院	0	21.48	22.17	35.62	0.03	0.00	0	770
贵州航天职业技术学院	0	21.48	38.11	34.48	1.60	0.08	0	771
巴中职业技术学院	0	21.48	34.04	35.31	0.08	0.39	0	772
重庆海联职业技术学院	0	21.47	32.37	34.26	0.00	0	0	773
天津生物工程职业技术学院	0	21.47	36.48	34.92	0	0.07	0	774
周口职业技术学院	0	21.46	34.27	33.93	1.02	0.04	0.70	775
大理农林职业技术学院	0	21.45	31.86	34.91	0.25	0.01	0	776

续表

学校名称	“双高”建设档次	教师发展指数	A教师供给指数	B教师教学发展指数	C教师科研发展指数	D教师社会服务指数	E教师声望指数	排名情况
硅湖职业技术学院	0	21.45	46.41	33.87	1.22	0.00	0	777
广东创新科技职业学院	0	21.45	33.42	35.08	0.27	0.00	0	778
山东司法警官职业学院	0	21.44	30.48	34.66	0.22	0.38	0	779
江西新能源科技职业学院	0	21.44	37.95	34.78	0.11	0.00	0	780
郑州电子信息职业技术学院	0	21.44	25.90	34.77	0.43	0.01	0	781
南京机电职业技术学院	0	21.44	44.91	32.70	1.08	0.27	0	782
昆山登云科技职业学院	0	21.44	42.45	34.58	0.00	0.02	0	783
河北司法警官职业学院	0	21.44	39.79	35.25	0.03	0.00	0	784
江西软件职业技术大学	0	21.43	40.80	32.74	0.90	0.00	0	785
武汉信息传播职业技术学院	0	21.43	23.18	35.02	0.01	0.01	0	786
厦门华天涉外职业技术学院	0	21.42	43.36	33.85	0.34	0.03	0	787
青岛求实职业技术学院	0	21.42	26.76	34.59	0.62	0.10	0	788
北海职业学院	0	21.41	34.09	34.42	0.91	0.03	0	789
许昌陶瓷职业学院	0	21.41	32.19	34.51	0.07	0	0	790
石家庄工商职业学院	0	21.39	41.14	35.21	0.00	0	0	791
云南新兴职业学院	0	21.38	32.94	34.34	0.03	0.00	0	792
六盘水职业技术学院	0	21.38	34.28	33.63	2.25	0.00	0	793
益阳职业技术学院	0	21.38	29.52	31.72	8.06	0.03	0	794
广东文理职业学院	0	21.38	40.82	34.29	0.31	0.04	0	795
河北公安警察职业学院	0	21.37	31.67	34.19	0.02	0.08	0	796
合肥通用职业技术学院	0	21.37	35.26	32.15	0.07	0.00	0	797
营口职业技术学院	0	21.36	48.63	31.25	0.02	0.00	0	798
四川卫生康复职业学院	0	21.36	39.76	33.96	0.02	0.07	0	799

续表

学校名称	“双高”建设档次	教师发展指数	A 教师供给指数	B 教师教学发展指数	C 教师科研发展指数	D 教师社会服务指数	E 教师声望指数	排名情况
郑州电力职业技术学院	0	21.35	27.74	33.84	0.41	0.01	0	800
白银矿冶职业技术学院	0	21.35	24.33	34.36	0.07	0.02	0	801
辽源职业技术学院	0	21.35	36.70	33.08	0	0.01	0	802
郑州城市职业学院	0	21.35	23.42	34.97	0.12	0	0	803
西安汽车职业大学	0	21.34	38.39	31.82	0.02	0.00	0	804
绵阳职业技术学院	0	21.31	33.66	35.19	1.83	0.32	0	805
广东青年职业学院	0	21.30	34.52	35.45	0.02	0.23	0	806
黄冈科技职业学院	0	21.30	22.77	33.91	0.00	0.01	0	807
甘肃能源化工职业学院	0	21.30	39.93	30.34	0.27	0.00	0	808
漯河食品职业学院	0	21.29	47.18	34.51	0.81	0.00	0.75	809
宣化科技职业学院	0	21.28	25.27	35.75	0.04	0.00	0	810
河北工艺美术职业学院	0	21.28	42.40	32.68	0	0	0	811
安徽工业职业技术学院（安徽有色金属技师学院）	0	21.28	34.78	35.01	0.07	0.18	0	812
湘潭医卫职业技术学院	0	21.27	31.53	33.91	0.17	0.03	0	813
云南国土资源职业学院	0	21.27	29.03	33.98	0.35	0.00	3.49	814
汕尾职业技术学院	0	21.25	33.29	34.95	0.04	0	0	815
南昌职业大学	0	21.24	34.81	34.48	0	0	0	816
合肥滨湖职业技术学院	0	21.23	29.56	34.50	0	0	0	817
合肥财经职业学院	0	21.22	34.56	34.25	0.05	0.17	0	818
潮汕职业技术学院	0	21.22	24.45	34.22	0.22	0.01	0	819
景德镇陶瓷职业技术学院	0	21.21	28.61	34.10	0.00	0.00	0	820
赣西科技职业学院	0	21.20	26.70	34.37	0.03	0.00	0	821
新疆维吾尔医学专科学校	0	21.19	31.98	34.85	0.04	0.01	0	822

续表

学校名称	“双高”建设档次	教师发展指数	A 教师供给指数	B 教师教学发展指数	C 教师科研发展指数	D 教师社会服务指数	E 教师声望指数	排名情况
陕西青年职业学院	0	21.19	45.24	35.04	0.05	0.05	0	823
河南工业贸易职业学院	0	21.19	32.76	33.45	0.21	0.12	3.49	824
菏泽职业学院	0	21.17	26.06	31.90	0.03	0.20	0	825
平顶山职业技术学院	0	21.16	22.26	34.71	0	0.01	0	826
石家庄理工职业学院	0	21.16	29.42	34.12	0	0.00	0	827
甘肃财贸职业学院	0	21.15	27.94	31.51	0.08	0.00	0	828
武威职业学院	0	21.15	41.13	32.21	0.17	0.12	0	829
梧州职业学院	0	21.14	22.17	35.15	0.11	0.34	0	830
浙江安防职业技术学院	0	21.14	36.20	34.53	0.03	0.14	0	831
石家庄科技信息职业学院	0	21.14	21.62	33.60	0.50	0.00	0	832
合肥经济技术职业学院	0	21.13	27.12	33.98	0	0.00	0	833
山东海事职业学院	0	21.13	32.17	33.99	0.85	0.29	0	834
甘肃钢铁职业技术学院	0	21.12	50.45	30.77	0.23	0.77	0	835
湖南外贸职业学院	0	21.11	48.63	33.68	0.80	1.99	0	836
广州华夏职业学院	0	21.11	38.43	34.07	0.13	0	0	837
郑州信息工程职业学院	0	21.11	30.75	33.77	0.01	0	0	838
山西运城农业职业技术学院	0	21.09	34.28	30.24	0.01	0.17	0	839
黑龙江能源职业学院	0	21.08	45.31	34.66	0	0.07	0	840
晋中师范高等专科学校	0	21.07	47.06	32.51	0.01	0	0	841
驻马店职业技术学院	0	21.07	32.61	34.43	0.06	0.16	0	842
武昌职业学院	0	21.07	32.58	34.64	0.33	0	0	843
辽宁医药职业学院	0	21.06	43.45	34.98	0.07	0.00	0	844
宁夏建设职业技术学院	0	21.06	26.49	36.26	0.09	0.01	0	845
广西培贤国际职业学院	0	21.05	16.02	34.34	0	0	0	846
万博科技职业学院	0	21.05	22.24	32.81	0.01	0	0	847

续表

学校名称	“双高”建设档次	教师发展指数	A 教师供给指数	B 教师教学发展指数	C 教师科研发展指数	D 教师社会服务指数	E 教师声望指数	排名情况
新疆天山职业技术学院	0	21.03	48.94	34.31	0.14	0.00	0	848
西安健康工程职业学院	0	21.03	27.34	33.79	0.04	0	0	849
青海柴达木职业技术学院	0	21.02	30.51	30.14	0.05	0.02	0	850
贵州电子商务职业技术学院	0	21.01	22.16	34.03	0.01	0.00	0	851
郑州商贸旅游职业学院	0	21.01	20.43	34.36	0.04	0	0	852
宿迁泽达职业技术学院	0	21.01	36.36	33.55	0.87	0.00	0	853
长春信息技术职业学院	0	21.01	28.64	33.51	0.02	0.00	0	854
贵州盛华职业学院	0	21.00	16.02	38.86	0.05	0.00	0	855
沈阳北软信息职业技术学院	0	20.99	34.74	33.17	0.86	0	0	856
黔南民族医学高等专科学校	0	20.99	24.56	32.67	0.54	0.00	0	857
辽宁装备制造职业技术学院	0	20.99	37.79	34.02	0.11	0.01	0	858
西安高新科技职业学院	0	20.97	13.04	34.30	0	0	0	859
新疆能源职业技术学院	0	20.96	20.16	34.48	0.00	0	0	860
益阳医学高等专科学校	0	20.96	30.45	35.64	0.10	0.18	2.26	861
石家庄科技工程职业学院	0	20.94	44.52	30.84	0.02	0.13	0	862
湖南高尔夫旅游职业学院	0	20.93	26.87	34.29	0.04	0.00	0	863
湖南外国语职业学院	0	20.92	25.20	31.64	0.13	1.77	0	864
惠州卫生职业技术学院	0	20.91	36.91	34.75	0.30	0.07	0	865
安阳幼儿师范高等专科学校	0	20.90	20.78	35.61	0.10	0.03	0	866

续表

学校名称	"双高"建设档次	教师发展指数	A 教师供给指数	B 教师教学发展指数	C 教师科研发展指数	D 教师社会服务指数	E 教师声望指数	排名情况
山西同文职业技术学院	0	20.90	28.74	31.16	0.36	0.96	0	867
海南工商职业学院	0	20.89	38.56	33.91	0.11	0.01	0	868
厦门演艺职业学院	0	20.89	38.01	29.73	0	0	0	869
北京汇佳职业学院	0	20.88	45.98	32.69	0	0	0	870
云南科技信息职业学院	0	20.88	30.27	33.98	0.04	0	0	871
赣州师范高等专科学校	0	20.86	16.21	33.95	0.30	0	0	872
洛阳职业技术学院	0	20.81	33.24	32.91	0.73	0.00	0	873
安徽现代信息工程职业学院	0	20.80	26.40	33.79	0.04	0.00	0	874
私立华联学院	0	20.79	24.36	36.21	0.01	0.00	0	875
郴州职业技术学院	0	20.79	40.58	34.80	0.96	0.05	0	876
广西经济职业学院	0	20.77	15.07	34.42	0	0.00	0	877
伊犁职业技术学院	0	20.77	40.09	33.34	0.08	0.03	0	878
云南锡业职业技术学院	0	20.76	35.55	35.54	0.05	0.00	0.75	879
宜春幼儿师范高等专科学校	0	20.75	22.04	33.59	0.72	0.00	0	880
罗定职业技术学院	0	20.75	38.19	32.94	0.47	0.08	0	881
广东茂名健康职业学院	0	20.74	32.93	35.08	0.35	0.00	0	882
毕节医学高等专科学校	0	20.74	34.92	34.95	0.08	0.00	0	883
山东经贸职业学院	0	20.73	41.70	35.56	1.09	0.01	0	884
宁夏警官职业学院	0	20.72	34.94	32.05	0.36	6.92	0.75	885
山西体育职业学院	0	20.71	32.78	33.53	0.02	0.01	0	886
雅安职业技术学院	0	20.70	33.86	34.98	0.16	0.00	0	887
达州职业技术学院	0	20.66	33.39	33.47	0.04	0.01	0	888
陕西警官职业学院	0	20.65	44.19	32.88	0.02	0.16	0	889
云南能源职业技术学院	0	20.65	31.70	32.78	0.19	0.08	0	890

续表

学校名称	“双高”建设档次	教师发展指数	A 教师供给指数	B 教师教学发展指数	C 教师科研发展指数	D 教师社会服务指数	E 教师声望指数	排名情况
湘南幼儿师范高等专科学校	0	20.63	34.43	32.38	0.05	0.00	0	891
上海科学技术职业学院	0	20.63	42.64	32.79	1.65	0.06	0	892
湖南电子科技职业学院	0	20.62	34.36	34.82	0.28	0.07	0	893
保定幼儿师范高等专科学校	0	20.60	22.66	31.43	0	0.00	0	894
郑州财税金融职业学院	0	20.59	26.54	33.37	0.04	0.05	0	895
山东传媒职业学院	0	20.59	36.68	34.29	0.07	0.06	2.12	896
合肥科技职业学院	0	20.58	29.42	32.37	0.45	0.00	0	897
宁夏葡萄酒与防沙治沙职业技术学院	0	20.57	31.01	29.24	0.03	0	3.49	898
临汾职业技术学院	0	20.56	29.24	32.03	0.21	0.15	0.70	899
炎黄职业技术学院	0	20.50	30.55	33.77	3.93	0	0	900
石家庄经济职业学院	0	20.48	28.25	32.99	0	0	0	901
吉林科技职业技术学院	0	20.44	41.84	29.95	0.00	0.00	0	902
广西蓝天航天职业学院	0	20.44	11.80	34.90	0	0	0	903
北京交通运输职业学院	C6	20.43	56.27	25.19	0.11	0.13	2.12	904
安徽中澳科技职业学院	0	20.41	35.08	32.24	1.61	0.00	0	905
重庆护理职业学院	0	20.40	40.93	31.14	0.00	0.08	0	906
甘肃警察职业学院	0	20.40	40.65	34.20	0.03	0.04	0	907
江西青年职业学院	0	20.38	35.69	32.58	0.01	0.05	0	908
河南林业职业学院	0	20.36	30.62	32.59	0.51	0.01	0	909
浙江汽车职业技术学院	0	20.33	34.08	31.53	0.01	0.08	0	910
贵州城市职业学院	0	20.26	31.51	32.21	0.49	0.07	0	911
厦门南洋职业学院	0	20.26	41.31	32.18	0.55	0.03	0	912
马鞍山师范高等专科学校	0	20.26	33.80	34.78	0.26	0.87	0	913

续表

学校名称	"双高"建设档次	教师发展指数	A 教师供给指数	B 教师教学发展指数	C 教师科研发展指数	D 教师社会服务指数	E 教师声望指数	排名情况
桐城师范高等专科学校	0	20.24	34.72	33.04	0.10	0.00	0	914
湖南劳动人事职业学院	0	20.22	30.36	32.57	0.02	0	0	915
广州东华职业学院	0	20.22	30.96	33.20	0.00	0.00	0	916
吕梁职业技术学院	0	20.20	31.46	29.11	0.00	0.21	0	917
合肥共达职业技术学院	0	20.19	28.36	32.33	0	0	0	918
渤海理工职业学院	0	20.19	34.50	32.24	0	0	0	919
广东工商职业技术大学	0	20.17	31.96	32.28	0.06	0.06	0	920
贵州工业职业技术学院	0	20.17	40.70	31.11	0.23	0.01	0	921
山西金融职业学院	0	20.12	30.04	28.61	0.03	0.00	0	922
运城师范高等专科学校	0	20.10	34.13	32.20	0.01	0.00	0	923
甘肃机电职业技术学院	0	20.09	28.60	28.42	0.77	0.06	0	924
厦门安防科技职业学院	0	20.06	24.79	31.85	0.00	0	0	925
广西科技职业学院	0	20.06	19.78	32.38	0	0	0	926
武汉商贸职业学院	0	20.05	41.70	31.42	0.01	0	0	927
湛江幼儿师范专科学校	0	20.02	13.15	33.55	0.79	0.00	0	928
辽宁生态工程职业学院	0	20.02	40.96	34.38	0.44	0.14	0	929
石家庄工程职业学院	0	20.00	32.87	31.57	0	0	0	930
江西科技职业学院	0	19.94	20.43	32.07	0	0	0	931
广州涉外经济职业技术学院	0	19.94	47.02	33.53	0	0.08	0	932
西安海棠职业学院	0	19.87	44.56	30.40	0.01	0.58	0	933
武汉光谷职业学院	0	19.86	26.30	29.94	0	0	0	934
定西师范高等专科学校	0	19.82	29.47	28.11	0.21	0.24	0	935
保险职业学院	0	19.80	44.55	30.64	0.35	0.48	0	936
郑州工业安全职业学院	0	19.80	25.07	31.06	0.25	0	0	937
河南检察职业学院	0	19.78	29.04	30.41	0.19	0	0	938
江西传媒职业学院	0	19.77	29.54	32.53	0.00	0.05	0	939

续表

学校名称	"双高"建设档次	教师发展指数	A 教师供给指数	B 教师教学发展指数	C 教师科研发展指数	D 教师社会服务指数	E 教师声望指数	排名情况
四川文化传媒职业学院	0	19.62	12.85	34.22	0.04	0	0	940
三亚理工职业学院	0	19.60	36.21	30.55	0.03	0.05	0	941
河南医学高等专科学校	0	19.59	41.34	29.40	0.32	0.16	0	942
潍坊工商职业学院	0	19.58	35.99	31.29	1.59	0.03	0	943
新疆职业大学	0	19.57	51.43	33.03	0.13	0.06	0	944
江西司法警官职业学院	0	19.54	27.30	35.66	0.20	0.00	0	945
安徽广播影视职业技术学院	0	19.46	38.12	33.16	0.18	0	0	946
山西华澳商贸职业学院	0	19.44	38.23	33.42	0.02	0.00	0	947
湖南安全技术职业学院	0	19.43	48.73	32.62	1.09	0.14	0	948
重庆传媒职业学院	0	19.38	42.71	29.13	2.15	0.01	0	949
湘西民族职业技术学院	0	19.34	31.19	33.03	0.48	0.00	0	950
吉林司法警官职业学院	0	19.33	34.86	30.77	0.03	0.03	0	951
山西青年职业学院	0	19.31	24.14	30.04	0.02	0.00	0	952
宁夏幼儿师范高等专科学校	0	19.26	15.41	33.03	0.03	0.00	0.70	953
云南三鑫职业技术学院	0	19.25	35.96	32.51	0.06	0	0	954
宣城职业技术学院	0	19.25	28.47	31.65	0.29	0.16	2.26	955
内蒙古商贸职业学院	0	19.01	43.35	27.15	0.54	0.00	0	956
焦作工贸职业学院	0	18.99	19.46	28.54	0	0	0	957
新疆科技职业技术学院	0	18.95	8.56	34.50	0	0	0	958
泰山护理职业学院	0	18.80	35.58	34.22	0.03	0.32	0	959
河南司法警官职业学院	0	18.59	21.45	31.58	0.70	0.11	0	960
贵州应用技术职业学院	0	18.54	27.17	30.50	0.02	0.00	0	961
河北政法职业学院	0	18.50	43.02	31.36	0.08	0.00	0	962

续表

学校名称	“双高”建设档次	教师发展指数	A 教师供给指数	B 教师教学发展指数	C 教师科研发展指数	D 教师社会服务指数	E 教师声望指数	排名情况
廊坊燕京职业技术学院	0	18.45	30.78	31.24	0	0	0	963
湖北体育职业学院	0	18.44	36.39	26.88	0.03	0.00	0	964
山西国际商务职业学院	0	18.37	13.73	33.60	0.00	0	0	965
桂林山水职业学院	0	18.24	15.08	30.46	0.00	0.00	0	966
江西医学高等专科学校	0	18.17	27.27	32.61	0.00	0.00	0	967
宁夏艺术职业学院	0	18.15	49.45	17.12	0	0	0	968
贵州水利水电职业技术学院	0	17.09	30.23	29.36	0.00	0.04	0	969
泊头职业学院	0	16.86	25.14	23.10	0.01	0.00	0	970
广东茂名幼儿师范专科学校	0	16.50	22.79	33.59	0.09	1.39	0	971
重庆应用技术职业学院	0	16.32	24.85	25.02	0.51	0	0	972
新疆工业职业技术学院	0	16.15	27.71	31.75	0	0.00	0	973
贵州电力职业技术学院	0	15.36	11.85	35.32	0.37	0.01	0	974
江西卫生职业学院	0	12.95	42.76	13.06	0.06	0	2.12	975
哈尔滨北方航空职业技术学院	0	12.52	37.77	0	0.00	0.01	0	976
铁门关职业技术学院	0	12.06	56.09	0	0	0.37	0	977
三亚城市职业学院	0	11.36	33.23	10.43	0.04	0	0	978
海南健康管理职业技术学院	0	11.03	38.87	0	0.01	0.23	0	979
广州康大职业技术学院	0	10.96	43.88	0	0	0	0	980
新疆现代职业技术学院	0	10.96	30.43	0.34	0	0	0	981
三门峡社会管理职业学院	0	10.63	30.20	0	0	0.00	0	982
漳州理工职业学院	0	10.36	41.72	7.09	0.08	0.03	0	983

续表

学校名称	“双高”建设档次	教师发展指数	A 教师供给指数	B 教师教学发展指数	C 教师科研发展指数	D 教师社会服务指数	E 教师声望指数	排名情况
濮阳医学高等专科学校	0	9.78	51.64	0	0.02	0	0	984
阿坝职业学院	0	9.76	37.41	0	0	0	0	985
河南地矿职业学院	0	9.72	58.33	0	0	0	0	986
山东艺术设计职业学院	0	9.57	21.70	0.35	1.07	0	0	987
日照航海工程职业学院	0	9.37	37.87	0	0	2.51	0	988
平凉职业技术学院	0	8.91	30.38	0.33	0.01	0.01	0	989
天府新区通用航空职业学院	0	8.89	23.78	0	0.00	0.08	0	990
驻马店幼儿师范高等专科学校	0	8.72	27.00	0	0	0	0	991
贵州护理职业技术学院	0	8.56	47.18	0	0.00	0	3.49	992
云南医药健康职业学院	0	8.50	43.03	0	0.00	0.08	0	993
武汉警官职业学院	0	8.14	33.42	5.91	0.00	0.13	0	994
广西安全工程职业技术学院	0	7.99	22.14	0	0.01	15.20	0	995
德阳科贸职业学院	0	7.86	26.88	0	0	0	0	996
天津体育职业学院	0	7.28	30.81	0	0	0.05	0	997
西昌民族幼儿师范高等专科学校	0	6.51	28.34	0	0	0.00	0	998
六盘水幼儿师范高等专科学校	0	6.09	31.79	0	0	0	0	999
石河子工程职业技术学院	0	3.87	40.90	0	0	0	0	1000
云南工贸职业技术学院	0	3.68	37.08	0	0.21	0	0	1001

2. 省域层面

本研究在省域层面对30个省份的高职院校的教师发展指数做了对比分析，见表27至表56。

表27 安徽省高职院校教师发展指数的测评

院校名称	学校所在地	"双高"建设档次	教师发展指数	A教师供给指数	B教师教学发展指数	C教师科研发展指数	D教师社会服务指数	E教师声望指数	排名
安徽机电职业技术学院	芜湖市	A4	66.66	50.54	133.72	6.47	0.16	0.70	1
芜湖职业技术学院	芜湖市	C3	58.54	41.34	115.31	6.75	0.08	8.44	2
合肥职业技术学院	合肥市	0	52.81	41.08	103.50	5.60	0.09	2.12	3
安徽工业经济职业技术学院	合肥市	0	47.01	33.33	92.98	0.37	0.17	0	4
安徽电子信息职业技术学院	蚌埠市	0	42.23	42.96	78.26	0.68	0.00	0.75	5
安徽职业技术学院	合肥市	0	40.82	54.53	77.58	3.54	0.01	2.87	6
安徽国际商务职业学院	合肥市	0	37.76	34.31	72.08	1.03	0.00	0	7
安徽国防科技职业学院	六安市	0	36.74	37.78	68.55	0.83	0.11	0	8
安徽城市管理职业学院	合肥市	0	33.78	27.56	62.96	1.52	0.06	0	9
马鞍山职业技术学院	马鞍山市	0	30.34	39.15	53.54	0.60	0.13	0	10
合肥幼儿师范高等专科学校	合肥市	0	29.50	40.73	40.62	1.50	0.26	32.73	11
阜阳科技职业学院	阜阳市	0	27.96	40.95	39.01	0.01	0.03	0	12
安徽电气工程职业技术学院	合肥市	0	25.97	45.34	39.65	1.28	0.85	0	13
亳州职业技术学院	亳州市	0	25.89	40.68	42.99	4.44	0.02	0	14
滁州职业技术学院	滁州市	0	25.70	36.24	42.68	3.67	0.38	0.70	15

续表

院校名称	学校所在地	“双高”建设档次	教师发展指数	A 教师供给指数	B 教师教学发展指数	C 教师科研发展指数	D 教师社会服务指数	E 教师声望指数	排名
六安职业技术学院	六安市	0	25.36	47.82	39.61	0.67	0.24	0	16
安庆职业技术学院	安庆市	0	24.68	42.75	34.88	0.60	0.08	32.73	17
皖西卫生职业学院	六安市	0	24.63	35.97	38.10	0.58	0.05	0	18
安徽冶金科技职业学院（安徽马钢技师学院　马钢卫生学校）	马鞍山市	0	24.58	48.99	32.37	0.01	0.15	0	19
淮南职业技术学院（安徽理工技师学院）	淮南市	0	24.41	38.18	39.77	0.48	0.20	0	20
阜阳职业技术学院	阜阳市	0	23.85	42.59	35.01	0.85	0.01	0	21
池州职业技术学院	池州市	0	23.85	37.62	36.69	1.80	0.00	0	22
淮南联合大学	淮南市	0	23.66	43.98	37.41	2.13	0.00	0	23
安徽艺术职业学院	合肥市	0	23.63	31.44	33.46	0	0.00	0	24
安徽林业职业技术学院	合肥市	0	23.53	29.64	38.96	0.12	0.00	0	25
安徽中医药高等专科学校	芜湖市	0	23.53	37.61	37.88	0.59	0.00	0	26
蚌埠经济技术职业学院	蚌埠市	0	23.47	39.75	33.14	0.06	0.00	0	27
安徽工贸职业技术学院	淮南市	0	23.42	47.71	34.51	0.04	0	0	28
安徽体育运动职业技术学院	合肥市	0	23.26	39.43	34.92	0.07	0.02	0	29
宿州职业技术学院	宿州市	0	23.12	42.27	34.78	0.18	0.00	0	30
安徽医学高等专科学校	合肥市	C6	22.80	38.69	36.17	1.48	0.04	0	31

续表

院校名称	学校所在地	“双高”建设档次	教师发展指数	A 教师供给指数	B 教师教学发展指数	C 教师科研发展指数	D 教师社会服务指数	E 教师声望指数	排名
安徽公安职业学院	合肥市	0	22.75	39.18	34.27	0.20	0.14	0	32
安徽扬子职业技术学院	芜湖市	0	22.65	32.29	35.40	0.01	0.08	0	33
黄山职业技术学院	黄山市	0	22.52	32.10	35.25	0.58	0.03	0	34
滁州城市职业学院	滁州市	0	22.46	31.07	35.04	0.09	0.00	0	35
铜陵职业技术学院	铜陵市	0	22.38	49.60	36.64	0.77	0.02	0	36
安庆医药高等专科学校	安庆市	0	22.36	34.07	34.88	0.73	0	0	37
安徽审计职业学院	合肥市	0	22.03	32.40	35.04	0.90	0.02	0	38
安徽警官职业学院	合肥市	0	21.93	32.38	34.88	1.96	0.03	0.70	39
安徽邮电职业技术学院	合肥市	0	21.87	38.84	35.25	0.06	0.03	0	40
安徽新闻出版职业技术学院	合肥市	0	21.77	31.12	35.45	0.08	0.00	0	41
淮北职业技术学院	淮北市	0	21.72	36.03	35.31	0.14	0.17	0	42
安徽汽车职业技术学院（安徽汽车工业技师学院）	合肥市	0	21.65	40.19	33.87	0.05	0.02	0	43
安徽涉外经济职业学院	合肥市	0	21.61	15.54	35.03	0	0.00	0	44
安徽卫生健康职业学院	池州市	0	21.58	33.28	34.51	0.02	0.00	0	45
合肥通用职业技术学院	合肥市	0	21.37	35.26	32.15	0.07	0.00	0	46
安徽工业职业技术学院（安徽有色金属技师学院）	铜陵市	0	21.28	34.78	35.01	0.07	0.18	0	47

续表

院校名称	学校所在地	“双高”建设档次	教师发展指数	A教师供给指数	B教师教学发展指数	C教师科研发展指数	D教师社会服务指数	E教师声望指数	排名
合肥滨湖职业技术学院	合肥市	0	21.23	29.56	34.50	0	0	0	48
合肥财经职业学院	合肥市	0	21.22	34.56	34.25	0.05	0.17	0	49
合肥经济技术职业学院	合肥市	0	21.13	27.12	33.98	0	0.00	0	50
万博科技职业学院	合肥市	0	21.05	22.24	32.81	0.01	0	0	51
安徽现代信息工程职业学院	淮南市寿县	0	20.80	26.40	33.79	0.04	0.00	0	52
合肥科技职业学院	合肥市	0	20.58	29.42	32.37	0.45	0.00	0	53
安徽中澳科技职业学院	合肥市	0	20.41	35.08	32.24	1.61	0.00	0	54
马鞍山师范高等专科学校	马鞍山市	0	20.26	33.80	34.78	0.26	0.87	0	55
桐城师范高等专科学校	安庆市桐城市	0	20.24	34.72	33.04	0.10	0.00	0	56
合肥共达职业技术学院	合肥市	0	20.19	28.36	32.33	0	0	0	57
安徽广播影视职业技术学院	合肥市	0	19.46	38.12	33.16	0.18	0	0	58
宣城职业技术学院	宣城市	0	19.25	28.47	31.65	0.29	0.16	2.26	59

表28　北京市高职院校教师发展指数的测评

院校名称	学校所在地	“双高”建设档次	教师发展指数	A教师供给指数	B教师教学发展指数	C教师科研发展指数	D教师社会服务指数	E教师声望指数	排名
北京工业职业技术学院	北京市	B2	58.75	56.55	102.43	2.34	0.46	42.59	1

续表

院校名称	学校所在地	“双高”建设档次	教师发展指数	A 教师供给指数	B 教师教学发展指数	C 教师科研发展指数	D 教师社会服务指数	E 教师声望指数	排名
北京信息职业技术学院	北京市	A4	53.87	58.39	92.76	0.81	0.79	32.73	2
北京财贸职业学院	北京市	C3	37.35	51.19	58.22	0.14	0.18	33.44	3
北京电子科技职业学院	北京市	A1	30.11	64.08	42.30	3.52	0.10	10.61	4
北京农业职业学院	北京市	A4	29.48	52.65	44.92	1.77	0.36	5.61	5
北京劳动保障职业学院	北京市	B5	28.79	48.64	37.86	0.53	0.13	32.73	6
北京经济管理职业学院	北京市	0	28.54	54.64	45.75	0.74	1.48	2.97	7
北京体育职业学院	北京市	0	27.72	35.84	35.05	0.08	0.33	0	8
北京社会管理职业学院	北京市	0	25.97	44.29	35.57	5.82	0.05	32.73	9
北京培黎职业学院	北京市	0	24.65	43.15	33.00	0.02	0	0	10
北京京北职业技术学院	北京市	0	24.39	34.02	40.56	0.00	0.02	0	11
北京交通职业技术学院	北京市	0	23.60	46.06	36.13	0	0.17	0	12
北京政法职业学院	北京市	0	23.42	52.21	35.97	0.04	0.02	0	13
北京青年政治学院	北京市	0	23.29	49.98	35.47	0.61	0.01	0	14
北京科技职业学院	北京市	0	23.19	37.17	33.80	0	1.28	0	15
首钢工学院（首钢技师学院）	北京市	0	22.51	45.55	34.40	0.37	0.52	0	16
北京经贸职业学院	北京市	0	21.80	40.63	33.50	0	0.00	0	17
北京汇佳职业学院	北京市	0	20.88	45.98	32.69	0	0	0	18
北京交通运输职业学院	北京市	C6	20.43	56.27	25.19	0.11	0.13	2.12	19

表 29　福建省高职院校教师发展指数的测评

院校名称	学校所在地	“双高”建设档次	教师发展指数	A 教师供给指数	B 教师教学发展指数	C 教师科研发展指数	D 教师社会服务指数	E 教师声望指数	排名
福建信息职业技术学院	福州市	A4	100.59	52.03	215.23	2.29	0.89	1.41	1
福建船政交通职业学院	福州市	C3	73.19	58.98	148.36	3.37	2.82	4.19	2
闽西职业技术学院	龙岩市	0	44.18	51.70	85.03	1.06	0.00	0	3
黎明职业大学	泉州市	B5	42.03	57.77	73.41	10.38	5.25	0.70	4
厦门城市职业学院	厦门市	0	41.50	50.95	77.71	1.07	0.56	3.49	5
漳州职业技术学院	漳州市	B5	39.45	47.30	73.58	1.44	0.19	0	6
厦门海洋职业技术学院	厦门市	0	37.15	43.93	69.16	0.31	4.06	0	7
泉州幼儿师范高等专科学校	泉州市	0	30.55	53.67	45.58	0.04	0.19	34.85	8
福建卫生职业技术学院	福州市闽侯县	0	27.00	59.37	36.32	0.33	0.50	0	9
福建农业职业技术学院	福州市	0	26.73	45.97	45.93	1.29	0.32	0	10
泉州工程职业技术学院	泉州市南安市	0	25.45	36.21	31.54	0	0.00	0	11
闽江师范高等专科学校	福州市	0	24.94	49.33	36.70	0.38	0.06	2.83	12
泉州医学高等专科学校	泉州市	0	24.78	48.29	40.76	0.66	0.43	0	13
福建水利电力职业技术学院	三明市永安市	0	24.58	39.93	41.27	0.67	0.06	0.75	14
三明医学科技职业学院	三明市	0	23.94	43.61	40.10	0.08	0.02	0	15

续表

院校名称	学校所在地	“双高”建设档次	教师发展指数	A教师供给指数	B教师教学发展指数	C教师科研发展指数	D教师社会服务指数	E教师声望指数	排名
福建生物工程职业技术学院	福州市	0	23.68	31.46	35.97	0.97	0.01	0	16
福州科技职业技术学院	福州市	0	23.67	24.55	31.35	0	0	0	17
福建体育职业技术学院	福州市	0	23.56	49.36	33.97	0.00	0.08	0	18
福建电力职业技术学院	泉州市	0	23.53	46.81	35.62	0.25	0.57	0.75	19
湄洲湾职业技术学院	莆田市	0	23.49	40.48	38.05	0.56	0.06	0	20
泉州海洋职业学院	泉州市 石狮市	0	23.43	43.73	34.74	0.63	1.46	0	21
厦门东海职业技术学院	厦门市	0	22.93	42.23	37.43	0.00	0.22	0	22
漳州卫生职业学院	漳州市	0	22.74	47.93	33.93	2.22	2.57	0	23
武夷山职业学院	南平市 武夷山市	0	22.65	48.57	34.61	0	0.00	0	24
泉州纺织服装职业学院	泉州市 石狮市	0	22.57	29.21	35.31	0.00	0.01	0	25
福州墨尔本理工职业学院	福州市 闽侯县	0	22.35	39.78	35.34	0.01	0.00	0	26
宁德职业技术学院	宁德市	0	22.23	44.08	36.03	0.15	0.13	0	27
漳州城市职业学院	漳州市	0	22.20	37.65	35.78	0.16	0.08	0	28
福州软件职业技术学院	福州市	0	21.97	43.28	34.89	0.01	0.16	0	29
泉州经贸职业技术学院	泉州市	0	21.89	55.91	33.51	0.17	0.11	0	30

续表

院校名称	学校所在地	“双高”建设档次	教师发展指数	A 教师供给指数	B 教师教学发展指数	C 教师科研发展指数	D 教师社会服务指数	E 教师声望指数	排名
闽北职业技术学院	南平市	0	21.54	33.44	35.36	0.01	0.04	0	31
厦门华天涉外职业技术学院	厦门市	0	21.42	43.36	33.85	0.34	0.03	0	32
厦门演艺职业学院	厦门市	0	20.89	38.01	29.73	0	0	0	33
厦门南洋职业学院	厦门市	0	20.26	41.31	32.18	0.55	0.03	0	34
厦门安防科技职业学院	厦门市	0	20.06	24.79	31.85	0.00	0	0	35
漳州理工职业学院	漳州市	0	10.36	41.72	7.09	0.08	0.03	0	36

表 30　甘肃省高职院校教师发展指数的测评

院校名称	学校所在地	“双高”建设档次	教师发展指数	A 教师供给指数	B 教师教学发展指数	C 教师科研发展指数	D 教师社会服务指数	E 教师声望指数	排名
兰州资源环境职业技术学院	兰州市	C3	45.50	49.49	84.99	1.31	0.16	2.12	1
兰州石化职业技术学院	兰州市	A4	36.96	56.85	61.31	1.97	0.34	37.02	2
酒泉职业技术学院	酒泉市	B5	28.17	39.52	41.83	0.72	0.77	32.73	3
甘肃工业职业技术学院	天水市	0	26.11	39.04	44.76	0.53	0.17	0.70	4
甘肃建筑职业技术学院	兰州市	0	23.54	40.00	39.87	0.50	0.10	0	5
甘肃交通职业技术学院	兰州市	0	22.80	37.67	35.94	4.28	0.10	1.46	6
陇南师范高等专科学校	陇南市	0	22.62	28.91	36.74	0.36	0.00	0	7

续表

院校名称	学校所在地	“双高”建设档次	教师发展指数	A教师供给指数	B教师教学发展指数	C教师科研发展指数	D教师社会服务指数	E教师声望指数	排名
甘肃畜牧工程职业技术学院	武威市	0	22.39	35.88	35.33	0.40	0.00	0	8
甘肃有色冶金职业技术学院	金昌市	0	22.26	34.95	35.22	0.54	0.00	0	9
白银矿冶职业技术学院	白银市	0	21.35	24.33	34.36	0.07	0.02	0	10
甘肃能源化工职业学院	兰州市	0	21.30	39.93	30.34	0.27	0.00	0	11
甘肃财贸职业学院	兰州市	0	21.15	27.94	31.51	0.08	0.00	0	12
武威职业学院	武威市	0	21.15	41.13	32.21	0.17	0.12	0	13
甘肃钢铁职业技术学院	嘉峪关市	0	21.12	50.45	30.77	0.23	0.77	0	14
甘肃警察职业学院	兰州市	0	20.40	40.65	34.20	0.03	0.04	0	15
甘肃机电职业技术学院	天水市	0	20.09	28.60	28.42	0.77	0.06	0	16
定西师范高等专科学校	定西市	0	19.82	29.47	28.11	0.21	0.24	0	17
平凉职业技术学院	平凉市	0	8.91	30.38	0.33	0.01	0.01	0	18

表31　广东省高职院校教师发展指数的测评

院校名称	学校所在地	“双高”建设档次	教师发展指数	A教师供给指数	B教师教学发展指数	C教师科研发展指数	D教师社会服务指数	E教师声望指数	排名
深圳职业技术学院	深圳市	A1	128.91	52.49	254.16	28.05	1.19	55.97	1
深圳信息职业技术学院	深圳市	B2	72.79	58.45	130.35	20.83	3.65	36.22	2

续表

院校名称	学校所在地	“双高”建设档次	教师发展指数	A 教师供给指数	B 教师教学发展指数	C 教师科研发展指数	D 教师社会服务指数	E 教师声望指数	排名
广州番禺职业技术学院	广州市	B2	65.48	45.06	123.65	7.29	0.64	43.20	3
广东轻工职业技术学院	广州市	B2	53.22	52.72	95.45	7.95	0.70	36.22	4
广东机电职业技术学院	广州市	C6	47.67	56.49	82.41	3.06	1.86	36.22	5
顺德职业技术学院	佛山市	B2	46.58	47.08	88.71	4.25	0.41	13.68	6
广东科学技术职业学院	珠海市	B5	35.54	53.20	58.33	3.41	0.49	32.73	7
广东理工职业学院	中山市	0	34.94	49.86	64.39	0.52	0.88	0	8
佛山职业技术学院	佛山市	0	34.15	51.21	54.44	11.50	0.31	0	9
东莞职业技术学院	东莞市	C6	33.42	49.13	55.59	3.28	1.14	0	10
广东工贸职业技术学院	广州市	C6	32.70	53.57	53.23	0.83	1.32	0	11
河源职业技术学院	河源市	0	32.47	52.25	58.52	1.37	0.03	0	12
广东水利电力职业技术学院	广州市	B5	31.05	50.23	54.17	6.78	2.39	4.29	13
广东交通职业技术学院	广州市	0	29.86	51.64	41.83	3.84	1.17	34.99	14
广东农工商职业技术学院	广州市	0	29.33	52.46	46.59	6.31	3.46	0	15
广东食品药品职业学院	广州市	C6	29.22	45.09	40.58	2.85	1.80	32.73	16
广州工程技术职业学院	广州市	0	29.08	36.72	50.69	4.88	0.26	0	17
广州民航职业技术学院	广州市	C6	28.00	46.10	50.50	0.74	3.05	0.75	18

续表

院校名称	学校所在地	“双高”建设档次	教师发展指数	A 教师供给指数	B 教师教学发展指数	C 教师科研发展指数	D 教师社会服务指数	E 教师声望指数	排名
广东碧桂园职业学院	清远市	0	27.99	43.44	44.60	0.04	0.31	0	19
广东科贸职业学院	广州市	0	27.30	53.41	43.79	3.19	0.02	0	20
珠海城市职业技术学院	珠海市	0	26.93	55.12	40.22	3.95	0.29	0	21
广东职业技术学院	佛山市	0	26.90	48.97	42.26	3.12	0.32	6.37	22
广州铁路职业技术学院	广州市	B5	26.21	48.90	41.58	2.13	0.84	4.19	23
广州城市职业学院	广州市	0	25.74	50.22	43.36	1.52	0.17	0	24
肇庆医学高等专科学校	肇庆市	0	25.22	45.17	40.85	0.26	0.13	0	25
广东建设职业技术学院	广州市	0	25.19	44.23	41.34	0.29	2.24	0	26
广东舞蹈戏剧职业学院	佛山市	0	24.91	42.87	35.22	0.64	5.17	0	27
中山火炬职业技术学院	中山市	C6	24.76	53.07	38.29	2.40	0.10	0	28
清远职业技术学院	清远市	0	23.22	51.48	36.64	2.06	0.04	0	29
广东环境保护工程职业学院	广州市	0	23.20	43.04	39.43	4.09	0.03	0	30
珠海艺术职业学院	珠海市	0	22.80	29.12	33.68	0.02	0.00	0	31
广东邮电职业技术学院	广州市	0	22.75	49.63	35.46	1.22	1.62	0	32
广州华立科技职业学院	广州市	0	22.49	36.89	38.03	0.97	0.07	0	33
阳江职业技术学院	阳江市	0	22.14	34.39	35.15	0.97	0.00	0	34
惠州城市职业学院	惠州市	0	22.09	35.55	34.58	1.35	0.01	0	35

续表

院校名称	学校所在地	“双高”建设档次	教师发展指数	A 教师供给指数	B 教师教学发展指数	C 教师科研发展指数	D 教师社会服务指数	E 教师声望指数	排名
广东松山职业技术学院	韶关市	0	21.91	44.61	34.75	0.12	0.01	3.49	36
广东岭南职业技术学院	广州市	0	21.55	49.64	34.77	0.56	0.00	0	37
广东创新科技职业学院	广州市	0	21.45	33.42	35.08	0.27	0.00	0	38
广东文理职业学院	湛江市	0	21.38	40.82	34.29	0.31	0.04	0	39
广东青年职业学院	广州市	0	21.30	34.52	35.45	0.02	0.23	0	40
汕尾职业技术学院	汕尾市	0	21.25	33.29	34.95	0.04	0	0	41
潮汕职业技术学院	普宁市	0	21.22	24.45	34.22	0.22	0.01	0	42
广州华夏职业学院	广州市	0	21.11	38.43	34.07	0.13	0	0	43
惠州卫生职业技术学院	惠州市	0	20.91	36.91	34.75	0.30	0.07	0	44
私立华联学院	广州市	0	20.79	24.36	36.21	0.01	0.00	0	45
罗定职业技术学院	云浮市	0	20.75	38.19	32.94	0.47	0.08	0	46
广东茂名健康职业学院	茂名市	0	20.74	32.93	35.08	0.35	0.00	0	47
广州东华职业学院	广州市	0	20.22	30.96	33.20	0.00	0.00	0	48
广东工商职业技术大学	肇庆市	0	20.17	31.96	32.28	0.06	0.06	0	49
广州涉外经济职业技术学院	广州市	0	19.94	47.02	33.53	0	0.08	0	50
广东茂名幼儿师范专科学校	茂名市	0	16.50	22.79	33.59	0.09	1.39	0	51
广州康大职业技术学院	广州市	0	10.96	43.88	0	0	0	0	52

表 32　广西壮族自治区高职院校教师发展指数的测评

院校名称	学校所在地	"双高"建设档次	教师发展指数	A 教师供给指数	B 教师教学发展指数	C 教师科研发展指数	D 教师社会服务指数	E 教师声望指数	排名
柳州铁道职业技术学院	柳州市	0	60.08	45.97	120.04	2.53	0.37	6.98	1
南宁职业技术学院	南宁市	C3	37.92	52.99	65.75	6.25	0.47	6.98	2
广西农业职业技术学院	南宁市	0	30.69	43.75	55.19	2.95	0.24	5.61	3
广西交通职业技术学院	南宁市	0	29.69	50.87	51.93	1.17	0.13	0	4
广西经贸职业技术学院	南宁市	0	29.60	46.68	46.32	0.10	0.28	33.48	5
广西职业技术学院	南宁市	B5	27.86	50.20	38.34	4.12	0.11	40.42	6
广西理工职业技术学院	崇左市	0	27.02	29.09	45.62	0.45	0.01	10.47	7
广西水利电力职业技术学院	南宁市	0	26.66	56.35	41.68	0.33	0.22	2.26	8
广西电力职业技术学院	南宁市	0	25.19	46.91	35.39	0.76	0.23	33.44	9
广西工业职业技术学院	南宁市	0	24.79	47.07	39.14	1.88	0.26	0.70	10
广西机电职业技术学院	南宁市	0	24.22	39.92	41.12	0.39	0.14	0.75	11
广西城市职业大学	崇左市	0	23.90	36.44	34.70	0.46	0.00	0	12
百色职业学院	百色市	0	23.64	36.91	33.59	0.15	0.16	0	13
广西卫生职业技术学院	南宁市	0	23.35	40.15	36.27	0.27	0.02	3.49	14
柳州城市职业学院	柳州市	0	22.93	23.37	36.87	0.25	1.29	0	15
广西演艺职业学院	南宁市	0	22.46	20.31	33.28	0.00	0	0	16

续表

院校名称	学校所在地	“双高”建设档次	教师发展指数	A 教师供给指数	B 教师教学发展指数	C 教师科研发展指数	D 教师社会服务指数	E 教师声望指数	排名
广西幼儿师范高等专科学校	南宁市	0	22.08	30.56	36.58	0.52	0.09	0	17
广西国际商务职业技术学院	南宁市	0	21.89	32.06	35.57	0.13	0.03	2.87	18
广西英华国际职业学院	钦州市	0	21.84	18.63	36.17	0	0.02	0	19
广西工程职业学院	南宁市	0	21.48	22.17	35.62	0.03	0.00	0	20
北海职业学院	北海市	0	21.41	34.09	34.42	0.91	0.03	0	21
梧州职业学院	梧州市	0	21.14	22.17	35.15	0.11	0.34	0	22
广西培贤国际职业学院	百色市	0	21.05	16.02	34.34	0	0	0	23
广西经济职业学院	南宁市	0	20.77	15.07	34.42	0	0.00	0	24
广西蓝天航空职业学院	来宾市	0	20.44	11.80	34.90	0	0	0	25
广西科技职业学院	南宁市	0	20.06	19.78	32.38	0	0	0	26
湛江幼儿师范专科学校	湛江市	0	20.02	13.15	33.55	0.79	0.00	0	27
桂林山水职业学院	桂林市	0	18.24	15.08	30.46	0.00	0.00	0	28
广西安全工程职业技术学院	南宁市	0	7.99	22.14	0	0.01	15.20	0	29

表 33　海南省高职院校教师发展指数的测评

院校名称	学校所在地	“双高”建设档次	教师发展指数	A 教师供给指数	B 教师教学发展指数	C 教师科研发展指数	D 教师社会服务指数	E 教师声望指数	排名
海南职业技术学院	海口市	0	25.26	42.21	42.34	0.76	1.22	3.49	1

续表

院校名称	学校所在地	“双高”建设档次	教师发展指数	A 教师供给指数	B 教师教学发展指数	C 教师科研发展指数	D 教师社会服务指数	E 教师声望指数	排名
三亚城市职业学院	三亚市	0	11.36	33.23	10.43	0.04	0	0	2
海南软件职业技术学院	琼海市	0	30.07	46.95	48.94	0.48	0.02	0	3
海南工商职业学院	海口市	0	20.89	38.56	33.91	0.11	0.01	0	4
三亚理工职业学院	三亚市	0	19.60	36.21	30.55	0.03	0.05	0	5
海南健康管理职业技术学院	海口市	0	11.03	38.87	0	0.01	0.23	0	6

表 34　河北省高职院校教师发展指数的测评

院校名称	学校所在地	“双高”建设档次	教师发展指数	A 教师供给指数	B 教师教学发展指数	C 教师科研发展指数	D 教师社会服务指数	E 教师声望指数	排名
邢台职业技术学院	邢台市	A4	70.68	54.84	132.27	5.87	4.54	42.12	1
河北工业职业技术学院	石家庄市	B2	47.82	55.74	83.33	3.85	1.56	34.85	2
河北交通职业技术学院	石家庄市	0	42.75	48.78	71.94	1.86	1.13	38.34	3
河北机电职业技术学院	邢台市	0	33.88	49.23	61.65	0.42	0.09	0	4
唐山工业职业技术学院	唐山市	B5	33.09	56.17	48.16	2.66	0.95	36.27	5
石家庄铁路职业技术学院	石家庄市	B5	32.23	52.61	54.75	7.22	1.76	3.49	6
河北软件职业技术学院	保定市	0	28.00	51.20	48.15	2.31	1.02	2.12	7
廊坊职业技术学院	廊坊市	0	27.29	47.50	43.35	0.26	0.14	2.87	8

续表

院校名称	学校所在地	“双高”建设档次	教师发展指数	A 教师供给指数	B 教师教学发展指数	C 教师科研发展指数	D 教师社会服务指数	E 教师声望指数	排名
沧州医学高等专科学校	沧州市	C6	26.55	45.39	43.33	0.12	0.02	1.41	9
石家庄职业技术学院	石家庄市	C6	25.90	37.15	36.68	0.56	0.16	32.73	10
保定职业技术学院	保定市	0	25.75	39.15	45.59	0.49	0.01	0	11
石家庄幼儿师范高等专科学校	石家庄市	0	24.88	34.31	38.66	0.04	0.06	0	12
石家庄邮电职业技术学院	石家庄市	0	24.73	47.17	36.28	3.62	2.14	3.49	13
河北省艺术职业学院	石家庄市	0	24.30	42.46	34.14	0.08	0.09	0	14
河北对外经贸职业学院	秦皇岛市	0	24.21	48.38	40.75	0.75	1.60	0	15
秦皇岛职业技术学院	秦皇岛市	C6	24.04	52.38	39.22	0.01	0.07	0	16
承德石油高等专科学校	承德市	C6	23.99	54.88	36.46	7.23	0.68	0	17
河北轨道运输职业技术学院	石家庄市	0	23.94	32.07	39.97	0	0.26	3.49	18
保定电力职业技术学院	保定市	0	23.79	48.95	34.82	0.00	0.25	0	19
沧州职业技术学院	沧州市	0	23.38	46.26	35.97	0.24	0.01	3.49	20
河北女子职业技术学院	石家庄市	0	23.09	36.47	38.42	0.03	0.20	2.26	21
衡水职业技术学院	衡水市	0	22.87	36.21	33.90	0.71	0.13	0	22
张家口职业技术学院	张家口市	0	22.75	46.46	33.53	1.62	0	0	23

续表

院校名称	学校所在地	"双高"建设档次	教师发展指数	A 教师供给指数	B 教师教学发展指数	C 教师科研发展指数	D 教师社会服务指数	E 教师声望指数	排名
唐山职业技术学院	唐山市	0	22.70	45.97	35.67	0.17	0.17	0	24
邯郸职业技术学院	邯郸市	0	22.58	45.06	36.16	2.17	0.17	0	25
石家庄人民医学高等专科学校	石家庄市	0	22.21	29.42	29.97	0.01	0	0	26
石家庄信息工程职业学院	石家庄市	0	22.18	41.24	35.66	0.23	0.40	0	27
石家庄医学高等专科学校	石家庄市	0	22.13	32.74	34.86	0.00	0	0	28
河北旅游职业学院	承德市	0	22.13	42.74	33.77	0.93	2.82	0	29
河北建材职业技术学院	秦皇岛市	0	21.97	43.34	36.28	0.16	0.00	0	30
石家庄科技职业学院	石家庄市	0	21.80	32.69	33.06	0.00	0.58	0	31
唐山科技职业技术学院	唐山市	0	21.73	46.84	34.36	0.00	0.07	0	32
河北能源职业技术学院	唐山市	0	21.71	41.11	35.17	0.37	0.19	0	33
河北司法警官职业学院	石家庄市	0	21.44	39.79	35.25	0.03	0.00	0	34
石家庄工商职业学院	石家庄市	0	21.39	41.14	35.21	0.00	0	0	35
河北公安警察职业学院	石家庄市	0	21.37	31.67	34.19	0.02	0.08	0	36
宣化科技职业学院	张家口市	0	21.28	25.27	35.75	0.04	0.00	0	37
河北工艺美术职业学院	保定市	0	21.28	42.40	32.68	0	0	0	38

续表

院校名称	学校所在地	"双高"建设档次	教师发展指数	A 教师供给指数	B 教师教学发展指数	C 教师科研发展指数	D 教师社会服务指数	E 教师声望指数	排名
石家庄理工职业学院	石家庄市	0	21.16	29.42	34.12	0	0.00	0	39
石家庄科技信息职业学院	石家庄市	0	21.14	21.62	33.60	0.50	0.00	0	40
石家庄科技工程职业学院	石家庄市	0	20.94	44.52	30.84	0.02	0.13	0	41
保定幼儿师范高等专科学校	保定市	0	20.60	22.66	31.43	0	0.00	0	42
石家庄经济职业学院	石家庄市	0	20.48	28.25	32.99	0	0	0	43
渤海理工职业学院	沧州市黄骅市	0	20.19	34.50	32.24	0	0	0	44
石家庄工程职业学院	石家庄市	0	20.00	32.87	31.57	0	0	0	45
河北政法职业学院	石家庄市	0	18.50	43.02	31.36	0.08	0.00	0	46
廊坊燕京职业技术学院	三河市	0	18.45	30.78	31.24	0	0	0	47
泊头职业学院	沧州市泊头市	0	16.86	25.14	23.10	0.01	0.00	0	48

表 35　河南省高职院校教师发展指数的测评

院校名称	学校所在地	"双高"建设档次	教师发展指数	A 教师供给指数	B 教师教学发展指数	C 教师科研发展指数	D 教师社会服务指数	E 教师声望指数	排名
河南工业职业技术学院	南阳市	B5	57.18	53.46	103.95	5.66	4.17	33.44	1

续表

院校名称	学校所在地	“双高”建设档次	教师发展指数	A教师供给指数	B教师教学发展指数	C教师科研发展指数	D教师社会服务指数	E教师声望指数	排名
黄河水利职业技术学院	开封市	A1	56.72	53.96	103.77	5.73	0.71	40.47	2
许昌职业技术学院	许昌市	B5	51.47	51.43	98.76	3.62	0.23	0	3
郑州铁路职业技术学院	郑州市	B5	50.40	52.19	83.41	5.61	0.58	63.10	4
河南经贸职业学院	郑州市	0	49.76	50.24	87.73	3.16	0.07	51.82	5
河南建筑职业技术学院	郑州市	0	37.03	25.03	70.48	0.49	0.11	0	6
济源职业技术学院	济源市	0	34.06	40.38	61.89	0.65	0.29	0	7
河南农业职业学院	郑州市	B5	31.74	50.92	50.95	9.67	0.19	6.98	8
商丘职业技术学院	商丘市	0	29.98	50.08	44.80	19.47	0.09	0	9
郑州幼儿师范高等专科学校	郑州市	0	25.55	33.66	44.54	0.03	0.12	0	10
郑州电力高等专科学校	郑州市	0	25.23	32.98	41.01	4.40	0.17	0	11
河南职业技术学院	郑州市	B5	25.12	56.38	40.76	0.71	0.06	9.90	12
三门峡职业技术学院	三门峡市	0	24.89	38.63	38.76	8.40	0.37	0	13
河南交通职业技术学院	郑州市	0	24.54	42.69	40.86	2.06	0.01	0	14
长垣烹饪职业技术学院	新乡市	0	24.21	30.43	33.86	0.04	0.04	0	15
南阳农业职业学院	南阳市	0	24.07	50.41	35.56	0.23	0.00	0	16
安阳职业技术学院	安阳市	0	23.90	28.29	34.74	1.13	0.02	0	17
河南应用技术职业学院	郑州市	0	23.83	41.99	40.24	0.34	0.12	0.75	18
鹤壁职业技术学院	鹤壁市	0	23.48	39.09	36.13	2.50	0.07	0	19

续表

院校名称	学校所在地	“双高”建设档次	教师发展指数	A 教师供给指数	B 教师教学发展指数	C 教师科研发展指数	D 教师社会服务指数	E 教师声望指数	排名
漯河医学高等专科学校	漯河市	0	23.08	43.19	35.60	2.77	0.02	0	20
许昌电气职业学院	许昌市	0	22.84	50.30	36.11	0.09	0.03	0	21
平顶山工业职业技术学院	平顶山市	0	22.73	29.78	36.76	0.61	0.64	0	22
郑州黄河护理职业学院	郑州市	0	22.60	27.32	34.79	0.82	0	0	23
南阳医学高等专科学校	南阳市	0	22.14	40.14	34.47	1.27	0.11	0	24
信阳涉外职业技术学院	信阳市	0	22.11	19.22	34.77	0.33	0.00	0	25
河南推拿职业学院	洛阳市	0	21.98	27.03	34.94	0.22	0.10	0	26
永城职业学院	商丘市永城市	0	21.90	36.98	34.47	0.18	0.03	0	27
郑州职业技术学院	郑州市	0	21.89	50.46	35.05	0.14	0.58	0	28
河南质量工程职业学院	平顶山市	0	21.88	38.06	34.02	0.11	0.09	0	29
河南护理职业学院	安阳市	0	21.81	44.14	34.66	0.18	0.00	0	30
河南机电职业学院	郑州市	0	21.80	37.66	36.16	0.41	0.01	0	31
濮阳职业技术学院	濮阳市	0	21.63	28.93	36.19	0.55	0	0	32
商丘医学高等专科学校	商丘市	0	21.62	43.58	34.03	0.13	0.02	0	33
洛阳科技职业学院	洛阳市	0	21.58	30.96	34.48	0.01	0	0	34
周口职业技术学院	周口市	0	21.46	34.27	33.93	1.02	0.04	0.70	35
郑州电子信息职业技术学院	郑州市	0	21.44	25.90	34.77	0.43	0.01	0	36
许昌陶瓷职业学院	许昌市	0	21.41	32.19	34.51	0.07	0	0	37

续表

院校名称	学校所在地	“双高”建设档次	教师发展指数	A 教师供给指数	B 教师教学发展指数	C 教师科研发展指数	D 教师社会服务指数	E 教师声望指数	排名
郑州电力职业技术学院	郑州市	0	21.35	27.74	33.84	0.41	0.01	0	38
郑州城市职业学院	郑州市新密市	0	21.35	23.42	34.97	0.12	0	0	39
漯河食品职业学院	漯河市	0	21.29	47.18	34.51	0.81	0.00	0.75	40
河南工业贸易职业学院	郑州市	0	21.19	32.76	33.45	0.21	0.12	3.49	41
平顶山职业技术学院	平顶山市	0	21.16	22.26	34.71	0	0.01	0	42
郑州信息工程职业学院	郑州市	0	21.11	30.75	33.77	0.01	0	0	43
驻马店职业技术学院	驻马店市	0	21.07	32.61	34.43	0.06	0.16	0	44
郑州商贸旅游职业学院	郑州市	0	21.01	20.43	34.36	0.04	0	0	45
安阳幼儿师范高等专科学校	安阳市	0	20.90	20.78	35.61	0.10	0.03	0	46
洛阳职业技术学院	洛阳市	0	20.81	33.24	32.91	0.73	0.00	0	47
郑州财税金融职业学院	郑州市	0	20.59	26.54	33.37	0.04	0.05	0	48
河南林业职业学院	洛阳市	0	20.36	30.62	32.59	0.51	0.01	0	49
郑州工业安全职业学院	郑州市	0	19.80	25.07	31.06	0.25	0	0	50
河南检察职业学院	郑州市	0	19.78	29.04	30.41	0.19	0	0	51
河南医学高等专科学校	郑州市	0	19.59	41.34	29.40	0.32	0.16	0	52
焦作工贸职业学院	焦作市	0	18.99	19.46	28.54	0	0	0	53

续表

院校名称	学校所在地	“双高”建设档次	教师发展指数	A 教师供给指数	B 教师教学发展指数	C 教师科研发展指数	D 教师社会服务指数	E 教师声望指数	排名
河南司法警官职业学院	郑州市	0	18.59	21.45	31.58	0.70	0.11	0	54
三门峡社会管理职业学院	三门峡市	0	10.63	30.20	0	0	0.00	0	55
濮阳医学高等专科学校	濮阳市	0	9.78	51.64	0	0.02	0	0	56
河南地矿职业学院	郑州市	0	9.72	58.33	0	0	0	0	57
驻马店幼儿师范高等专科学校	驻马店市	0	8.72	27.00	0	0	0	0	58

表 36　黑龙江省高职院校教师发展指数的测评

院校名称	学校所在地	“双高”建设档次	教师发展指数	A 教师供给指数	B 教师教学发展指数	C 教师科研发展指数	D 教师社会服务指数	E 教师声望指数	排名
黑龙江农业经济职业学院	牡丹江市	A4	32.14	58.52	42.45	0.71	0.03	36.27	1
黑龙江建筑职业技术学院	哈尔滨市	A4	30.49	54.24	44.10	0.13	0.11	36.93	2
黑龙江职业学院	哈尔滨市	B5	28.09	51.67	48.17	0.72	0.40	0.75	3
黑龙江商业职业学院	牡丹江市	0	27.85	38.13	45.41	0.00	0.00	0	4
哈尔滨职业技术学院	哈尔滨市	C3	26.90	62.47	39.00	1.58	2.43	2.83	5
黑龙江信息技术职业学院	哈尔滨市	0	26.61	48.51	39.23	0.00	0.01	0.75	6

续表

院校名称	学校所在地	“双高”建设档次	教师发展指数	A 教师供给指数	B 教师教学发展指数	C 教师科研发展指数	D 教师社会服务指数	E 教师声望指数	排名
黑龙江旅游职业技术学院	哈尔滨市	0	26.49	48.09	40.33	0.17	0.04	0	7
黑龙江三江美术职业学院	哈尔滨市	0	25.95	53.47	35.03	0.06	0	0	8
黑龙江林业职业技术学院	牡丹江市	0	25.93	49.05	39.34	0.07	0.02	0	9
七台河职业学院	七台河市	0	25.68	38.38	34.92	0.07	0	0	10
黑龙江艺术职业学院	哈尔滨市	0	25.45	48.23	31.40	0.00	0.08	0	11
佳木斯职业学院	佳木斯市	0	25.31	55.08	33.14	0.39	0.53	0	12
黑龙江交通职业技术学院	哈尔滨市	0	25.24	48.99	39.65	0.02	0.04	0	13
哈尔滨传媒职业学院	哈尔滨市	0	25.22	43.78	35.52	0	0.09	0	14
伊春职业学院	伊春市	0	24.94	50.07	34.78	0.08	0.00	0	15
齐齐哈尔理工职业学院	齐齐哈尔市	0	24.85	43.95	33.57	0	0.01	0	16
黑龙江生态工程职业学院	哈尔滨市	0	24.73	53.95	36.92	0.01	0.03	0	17
哈尔滨电力职业技术学院	哈尔滨市	0	24.68	39.39	34.57	0.28	0.62	0	18
黑龙江护理高等专科学校	哈尔滨市	0	24.45	49.90	36.46	0.07	0.26	0	19
黑龙江农业职业技术学院	佳木斯市	0	24.39	53.95	35.94	0.21	0.28	3.49	20
大庆医学高等专科学校	大庆市	0	24.07	46.30	35.08	0.21	0.14	0	21

续表

院校名称	学校所在地	“双高”建设档次	教师发展指数	A教师供给指数	B教师教学发展指数	C教师科研发展指数	D教师社会服务指数	E教师声望指数	排名
黑龙江农垦职业学院	哈尔滨市	0	24.06	49.03	38.28	0.37	0.01	2.26	22
大庆职业学院	大庆市	0	23.88	53.49	31.52	0.39	0.50	0	23
黑龙江冰雪体育职业学院	哈尔滨市	0	23.58	48.16	34.98	0	0	0	24
黑龙江农垦科技职业学院	哈尔滨市	0	23.50	48.73	37.24	0.16	0.00	0	25
哈尔滨铁道职业技术学院	哈尔滨市	C6	23.32	53.96	35.91	0.43	0.04	0	26
牡丹江大学	牡丹江市	0	23.30	42.50	34.34	0.21	0.24	0	27
哈尔滨城市职业学院	哈尔滨市	0	23.16	61.21	34.27	0.05	0	0	28
哈尔滨应用职业技术学院	哈尔滨市	0	23.14	41.46	34.61	0	0	0	29
黑龙江幼儿师范高等专科学校	牡丹江市	0	23.07	40.43	34.73	0.09	0.02	1.51	30
鹤岗师范高等专科学校	鹤岗市	0	22.85	49.79	33.05	0.00	0.60	0	31
哈尔滨科学技术职业学院	哈尔滨市	0	22.61	51.92	35.35	0.08	0.01	0	32
黑龙江生物科技职业学院	哈尔滨市	0	22.34	45.16	34.64	0.29	0.33	0	33
哈尔滨幼儿师范高等专科学校	哈尔滨市	0	21.77	39.79	35.40	0.01	0	4.53	34
大兴安岭职业学院	大兴安岭地区	0	21.70	40.78	31.73	0.06	0.01	0	35

续表

院校名称	学校所在地	"双高"建设档次	教师发展指数	A教师供给指数	B教师教学发展指数	C教师科研发展指数	D教师社会服务指数	E教师声望指数	排名
黑龙江司法警官职业学院	哈尔滨市	0	21.59	38.20	34.58	0.03	0.22	0	36
黑龙江能源职业学院	双鸭山市	0	21.08	45.31	34.66	0	0.07	0	37
哈尔滨北方航空职业技术学院	哈尔滨市	0	12.52	37.77	0	0.00	0.01	0	38

表37　湖北省高职院校教师发展指数的测评

院校名称	学校所在地	"双高"建设档次	教师发展指数	A教师供给指数	B教师教学发展指数	C教师科研发展指数	D教师社会服务指数	E教师声望指数	排名
武汉职业技术学院	武汉市	A4	45.62	50.08	80.43	0.96	2.38	34.99	1
湖北科技职业学院	武汉市	0	45.01	46.49	86.03	4.64	0.87	0	2
武汉船舶职业技术学院	武汉市	C3	42.27	53.12	74.03	0.13	0.16	36.22	3
湖北三峡职业技术学院	宜昌市	0	41.83	51.50	78.02	1.40	0.91	4.24	4
湖北生态工程职业技术学院	武汉市	0	41.50	45.77	78.41	1.62	1.86	0	5
黄冈职业技术学院	黄冈市	A4	39.84	53.39	71.88	2.36	0.13	0.75	6
仙桃职业学院	桃仙市	0	36.88	50.29	67.80	0.15	0.14	0	7
襄阳职业技术学院	襄阳市	B5	36.88	57.69	65.76	3.16	0.45	0.70	8
武汉软件工程职业学院	武汉市	0	36.22	56.35	62.26	0.92	0.91	3.53	9
武汉城市职业学院	武汉市	0	31.07	40.52	52.40	3.18	14.71	0	10

续表

院校名称	学校所在地	“双高”建设档次	教师发展指数	A 教师供给指数	B 教师教学发展指数	C 教师科研发展指数	D 教师社会服务指数	E 教师声望指数	排名
湖北国土资源职业学院	武汉市	0	29.43	45.13	52.61	0.36	0.00	0	11
湖北城市建设职业技术学院	武汉市	0	28.17	44.53	48.25	0.69	0.39	0	12
武汉铁路职业技术学院	武汉市	B5	26.53	54.10	43.07	5.10	1.25	0	13
湖北水利水电职业技术学院	武汉市	0	26.51	46.04	38.86	1.23	0.06	33.48	14
湖北工业职业技术学院	十堰市	0	26.41	48.44	43.02	0.43	0.27	3.49	15
长江工程职业技术学院	武汉市	0	26.35	33.88	46.02	0.95	0.25	0	16
湖北工程职业学院	黄石市	0	25.75	35.70	43.23	0.10	0.18	0	17
武汉工程职业技术学院	武汉市	0	24.91	45.90	41.76	0.03	0.17	0	18
荆州职业技术学院	荆州市	0	24.26	42.71	40.17	0.40	0.41	0	19
三峡电力职业学院	宜昌市	0	24.21	33.04	39.56	0.03	0.34	0	20
三峡旅游职业技术学院	宜昌市	0	24.19	30.74	37.67	0.02	0.03	0	21
鄂州职业大学	鄂州市	0	23.82	53.44	38.31	1.09	0.20	0	22
武汉海事职业学院	武汉市	0	23.62	38.60	32.06	0	0	0	23
湖北职业技术学院	孝感市	C6	23.55	40.88	36.24	1.31	0.29	0	24
天门职业学院	天门市	0	23.23	27.58	34.48	0.00	0.00	0	25
湖北幼儿师范高等专科学校	武汉市	0	22.73	33.80	34.87	0.00	0.34	0	26
湖北开放职业学院	武汉市	0	22.25	33.53	32.50	0	0	0	27
江汉艺术职业学院	潜江市	0	22.24	31.02	34.77	0.11	0.16	0	28

续表

院校名称	学校所在地	“双高”建设档次	教师发展指数	A 教师供给指数	B 教师教学发展指数	C 教师科研发展指数	D 教师社会服务指数	E 教师声望指数	排名
武汉外语外事职业学院	武汉市	0	22.08	24.56	35.07	0.00	0.05	0	29
襄阳汽车职业技术学院	襄阳市	0	21.80	32.23	34.38	0.00	0.00	0.75	30
长江职业学院	武汉市	0	21.62	41.11	34.84	0.96	0.00	0	31
武汉信息传播职业技术学院	武汉市	0	21.43	23.18	35.02	0.01	0.01	0	32
黄冈科技职业学院	黄冈市	0	21.30	22.77	33.91	0.00	0.01	0	33
武昌职业学院	武汉市	0	21.07	32.58	34.64	0.33	0	0	34
武汉商贸职业学院	武汉市	0	20.05	41.70	31.42	0.01	0	0	35
武汉光谷职业学院	武汉市	0	19.86	26.30	29.94	0	0	0	36
湖北体育职业学院	武汉市	0	18.44	36.39	26.88	0.03	0.00	0	37
武汉警官职业学院	武汉市	0	8.14	33.42	5.91	0.00	0.13	0	38

表 38　湖南省高职院校教师发展指数的测评

院校名称	学校所在地	“双高”建设档次	教师发展指数	A 教师供给指数	B 教师教学发展指数	C 教师科研发展指数	D 教师社会服务指数	E 教师声望指数	排名
长沙民政职业技术学院	长沙市	B2	62.43	49.53	114.36	2.52	15.12	42.07	1
湖南汽车工程职业学院	株洲市	A4	58.93	51.96	109.32	1.87	0.81	39.76	2
长沙航空职业技术学院	长沙市	B5	58.12	56.01	100.62	9.52	0.44	53.68	3
湖南工业职业技术学院	长沙市	A4	54.87	56.48	96.90	11.20	2.26	32.73	4

续表

院校名称	学校所在地	“双高”建设档次	教师发展指数	A 教师供给指数	B 教师教学发展指数	C 教师科研发展指数	D 教师社会服务指数	E 教师声望指数	排名
湖南化工职业技术学院	株洲市	B5	51.46	55.64	99.09	3.39	1.22	5.66	5
湖南铁道职业技术学院	株洲市	C3	47.08	49.76	81.93	2.95	0.29	39.76	6
湖南财经工业职业技术学院	衡阳市	0	37.90	43.79	71.77	0.57	0.20	0	7
湖南科技职业学院	长沙市	0	37.57	53.21	66.95	1.61	0.50	3.49	8
湖南商务职业技术学院	长沙市	0	36.65	37.12	69.42	0.15	0.14	0.75	9
湖南铁路科技职业技术学院	株洲市	0	34.93	54.69	57.57	3.49	3.98	6.98	10
湖南交通职业技术学院	长沙市	C6	34.70	47.26	62.71	0.75	0.38	3.77	11
岳阳职业技术学院	岳阳市	C6	34.00	50.20	52.22	0.67	0.48	32.73	12
长沙商贸旅游职业技术学院	长沙市	C6	32.28	57.25	57.06	1.02	0.16	10.61	13
湖南电气职业技术学院	湘潭市	0	30.86	46.55	48.47	0.61	0.04	34.85	14
湖南现代物流职业技术学院	长沙市	0	30.37	43.31	46.27	1.57	0.55	35.70	15
长沙职业技术学院	长沙市	0	29.99	48.48	52.51	1.58	0.18	0	16
湖南工艺美术职业学院	益阳市	A4	29.72	59.54	46.41	4.78	0.24	0	17
湖南民族职业学院	岳阳市	0	28.23	40.20	50.15	0.53	0.17	0	18
湖南环境生物职业技术学院	衡阳市	0	28.02	48.33	49.14	0.32	0.18	0.75	19

续表

院校名称	学校所在地	“双高”建设档次	教师发展指数	A教师供给指数	B教师教学发展指数	C教师科研发展指数	D教师社会服务指数	E教师声望指数	排名
湖南大众传媒职业技术学院	长沙市	0	27.56	42.38	46.76	3.88	0.45	2.26	20
湖南网络工程职业学院	长沙市	0	27.16	50.94	44.46	0.14	0.17	7.03	21
湖南城建职业技术学院	湘潭市	0	26.94	36.22	46.50	1.51	0.01	0.75	22
长沙环境保护职业技术学院	长沙市	0	26.75	42.30	44.89	4.24	0.18	0	23
湖南机电职业技术学院	长沙市	0	26.61	48.36	44.96	2.26	0.10	2.26	24
湖南生物机电职业技术学院	长沙市	C6	25.87	49.83	43.51	2.95	0.86	0	25
长沙南方职业学院	长沙市	0	25.84	35.27	44.40	0.35	0.01	0	26
娄底职业技术学院	娄底市	0	25.54	43.75	40.03	1.41	0.23	0	27
湖南中医药高等专科学校	株洲市	0	25.31	37.31	35.17	21.73	0.02	0	28
湖南信息职业技术学院	长沙市	0	24.98	50.54	41.21	1.56	0.03	0	29
湖南理工职业技术学院	湘潭市	0	24.87	37.59	42.18	0.58	0.00	0	30
湖南高速铁路职业技术学院	衡阳市	0	24.62	53.05	36.04	4.56	0.39	3.49	31
永州职业技术学院	永州市	0	24.32	47.76	40.08	0.50	0.42	3.49	32
张家界航空工业职业技术学院	张家界市	0	24.07	29.86	40.07	0.82	0.03	0	33
湖南石油化工职业技术学院	岳阳市	0	24.07	43.00	40.45	0.16	0.29	0	34

续表

院校名称	学校所在地	“双高”建设档次	教师发展指数	A 教师供给指数	B 教师教学发展指数	C 教师科研发展指数	D 教师社会服务指数	E 教师声望指数	排名
湖南水利水电职业技术学院	长沙市	0	23.75	39.73	38.26	1.73	0.06	0	35
湖南艺术职业学院	长沙市	0	23.51	40.52	34.08	2.49	0.00	0	36
湖南工程职业技术学院	长沙市	0	23.29	49.92	39.13	0.31	0.15	0	37
常德职业技术学院	常德市	0	23.00	48.53	37.21	0.87	0.11	0	38
湖南九嶷职业技术学院	永州市	0	22.92	35.64	32.40	0.43	0.00	0	39
湖南工商职业学院	衡阳市	0	22.55	19.96	32.51	0.38	0.00	0	40
湖南三一工业职业技术学院	长沙市	0	22.46	41.30	35.20	0.06	0.39	0	41
湖南有色金属职业技术学院	株洲市	0	22.39	39.89	35.79	0.51	0.22	0	42
长沙卫生职业学院	长沙市	0	22.38	48.42	34.89	1.67	0.28	0	43
湖南吉利汽车职业技术学院	湘潭市	0	22.13	46.48	34.55	0.08	0.09	0	44
湖南幼儿师范高等专科学校	常德市	0	21.72	17.58	35.24	0.20	0.08	0	45
邵阳职业技术学院	邵阳市	0	21.72	25.82	36.17	0.08	0.31	2.12	46
湖南国防工业职业技术学院	湘潭市	0	21.64	40.23	33.80	0.19	0.18	0	47
湖南邮电职业技术学院	长沙市	0	21.61	50.04	34.59	1.06	0.53	0	48
湖南食品药品职业学院	长沙市	0	21.60	39.07	32.97	0.75	0.10	0	49
潇湘职业学院	娄底市	0	21.57	30.45	34.97	1.33	0	0	50

续表

院校名称	学校所在地	“双高”建设档次	教师发展指数	A教师供给指数	B教师教学发展指数	C教师科研发展指数	D教师社会服务指数	E教师声望指数	排名
湖南司法警官职业学院	邵阳市	0	21.54	45.81	33.90	1.73	0.45	0	51
益阳职业技术学院	益阳市	0	21.38	29.52	31.72	8.06	0.03	0	52
湘潭医卫职业技术学院	湘潭市	0	21.27	31.53	33.91	0.17	0.03	0	53
湖南外贸职业学院	长沙市	0	21.11	48.63	33.68	0.80	1.99	0	54
益阳医学高等专科学校	益阳市	0	20.96	30.45	35.64	0.10	0.18	2.26	55
湖南高尔夫旅游职业学院	常德市	0	20.93	26.87	34.29	0.04	0.00	0	56
湖南外国语职业学院	长沙市	0	20.92	25.20	31.64	0.13	1.77	0	57
郴州职业技术学院	郴州市	0	20.79	40.58	34.80	0.96	0.05	0	58
湘南幼儿师范高等专科学校	郴州市	0	20.63	34.43	32.38	0.05	0.00	0	59
湖南电子科技职业学院	长沙市	0	20.62	34.36	34.82	0.28	0.07	0	60
湖南劳动人事职业学院	长沙市	0	20.22	30.36	32.57	0.02	0	0	61
保险职业学院	长沙市	0	19.80	44.55	30.64	0.35	0.48	0	62
湖南安全技术职业学院	长沙市	0	19.43	48.73	32.62	1.09	0.14	0	63
湘西民族职业技术学院	湘西经济开发区	0	19.34	31.19	33.03	0.48	0.00	0	64

表 39　吉林省高职院校教师发展指数的测评

院校名称	学校所在地	"双高"建设档次	教师发展指数	A 教师供给指数	B 教师教学发展指数	C 教师科研发展指数	D 教师社会服务指数	E 教师声望指数	排名
长春职业技术学院	长春市	A4	49.53	47.06	88.73	0.71	0.15	36.98	1
长春汽车工业高等专科学校	长春市	C3	36.21	52.91	55.99	0.27	6.49	38.39	2
吉林铁道职业技术学院	吉林市	C6	32.91	45.60	60.00	0.17	0.74	0	3
吉林电子信息职业技术学院	吉林市	0	31.77	31.92	58.99	0.11	0.22	0.75	4
长白山职业技术学院	白山市	0	30.68	43.81	49.96	0.00	0.05	0	5
吉林工业职业技术学院	吉林市	0	29.55	48.08	42.90	0.21	0.22	32.73	6
长春金融高等专科学校	长春市	0	25.68	34.33	44.43	0.13	0.36	0	7
长春医学高等专科学校	长春市	0	25.67	34.58	35.36	0.16	0.00	32.73	8
吉林省经济管理干部学院	长春市	0	23.38	45.42	34.39	0.16	0.00	0	9
吉林交通职业技术学院	长春市	C6	22.91	47.28	35.55	0.18	0.17	0.75	10
长春师范高等专科学校	长春市	0	22.48	34.39	35.05	0.01	0	0	11
四平职业大学	四平市	0	22.14	46.49	30.88	0.18	0	0	12
白城医学高等专科学校	白城市	0	22.12	38.68	35.18	0.02	0.01	0	13
吉林城市职业技术学院	长春市	0	21.88	25.43	33.52	0.01	0	0	14
辽源职业技术学院	辽源市	0	21.35	36.70	33.08	0	0.01	0	15

续表

院校名称	学校所在地	“双高”建设档次	教师发展指数	A 教师供给指数	B 教师教学发展指数	C 教师科研发展指数	D 教师社会服务指数	E 教师声望指数	排名
长春信息技术职业学院	长春市	0	21.01	28.64	33.51	0.02	0.00	0	16
吉林科技职业技术学院	长春市	0	20.44	41.84	29.95	0.00	0.00	0	17
吉林司法警官职业学院	长春市	0	19.33	34.86	30.77	0.03	0.03	0	18

表 40 江苏省高职院校教师发展指数的测评

院校名称	学校所在地	“双高”建设档次	教师发展指数	A 教师供给指数	B 教师教学发展指数	C 教师科研发展指数	D 教师社会服务指数	E 教师声望指数	排名
无锡职业技术学院	无锡市	A1	61.16	52.35	103.09	28.13	5.24	36.22	1
南京工业职业技术学院	南京市	0	61.04	61.13	104.10	12.93	6.26	55.40	2
无锡商业职业技术学院	无锡市	C6	60.41	57.97	113.24	1.65	2.43	32.73	3
淮安信息职业技术学院	淮安市	0	60.01	57.69	114.63	9.02	2.04	0	4
江苏信息职业技术学院	无锡市	0	53.75	56.80	103.77	1.71	0.83	3.77	5
南京信息职业技术学院	南京市	B2	51.94	55.53	87.32	6.87	0.54	44.67	6
常州机电职业技术学院	常州市	C3	48.33	56.90	78.98	14.29	2.78	34.19	7
苏州工业职业技术学院	苏州市	C6	46.84	58.61	79.13	1.40	0.33	32.73	8

续表

院校名称	学校所在地	“双高”建设档次	教师发展指数	A 教师供给指数	B 教师教学发展指数	C 教师科研发展指数	D 教师社会服务指数	E 教师声望指数	排名
江苏联合职业技术学院	南京市	0	44.93	47.96	80.31	10.81	4.96	0	9
常州信息职业技术学院	常州市	B2	44.33	56.57	72.93	4.86	1.02	32.73	10
江苏建筑职业技术学院	徐州市	A4	42.60	56.52	74.12	17.38	2.59	3.77	11
扬州工业职业技术学院	扬州市	0	41.21	56.46	75.32	2.93	2.22	0	12
南京交通职业技术学院	南京市	0	41.07	53.73	64.89	8.96	1.25	36.22	13
江苏海事职业技术学院	南京市	B5	41.04	61.25	70.79	6.19	1.72	0	14
江苏农林职业技术学院	镇江市句容市	A1	39.55	57.11	65.12	13.33	4.05	3.49	15
苏州农业职业技术学院	苏州市	B5	39.43	55.63	63.25	17.55	5.83	5.66	16
江苏经贸职业技术学院	南京市	C3	39.31	57.71	61.33	6.72	1.22	32.73	17
苏州经贸职业技术学院	苏州市	0	37.14	55.81	63.43	9.67	0.14	3.49	18
徐州工业职业技术学院	徐州市	C6	34.40	54.43	56.86	9.50	1.62	0	19
扬州市职业大学	扬州市	0	34.31	52.13	58.95	1.14	1.00	0	20
江苏农牧科技职业学院	泰州市	B2	33.09	57.62	41.02	20.40	1.62	32.73	21
泰州职业技术学院	泰州市	0	32.62	55.60	54.18	5.21	0.68	0	22

续表

院校名称	学校所在地	“双高”建设档次	教师发展指数	A 教师供给指数	B 教师教学发展指数	C 教师科研发展指数	D 教师社会服务指数	E 教师声望指数	排名
江苏工程职业技术学院	南通市	B5	32.59	56.99	54.01	3.83	2.32	3.49	23
南通航运职业技术学院	南通市	B5	32.53	57.12	50.19	7.16	1.38	0	24
南京旅游职业学院	南京市	0	31.56	53.65	54.22	1.03	0.30	0	25
南京铁道职业技术学院	南京市	C6	30.80	52.29	49.21	7.96	0.48	4.29	26
苏州卫生职业技术学院	苏州市	0	30.79	55.25	42.96	4.33	0.56	32.73	27
江苏商贸职业学院	南通市	0	30.72	42.31	50.04	0.10	0.01	0	28
苏州工艺美术职业技术学院	苏州市	B5	30.48	60.75	47.28	2.30	0.72	0	29
南京科技职业学院	南京市	0	30.32	56.67	48.57	6.48	2.95	0	30
江苏食品药品职业技术学院	淮安市	B5	29.92	57.65	48.42	0.94	1.16	0	31
南通职业大学	南通市	C6	28.47	56.80	45.01	2.13	2.15	3.53	32
江苏护理职业学院	淮安市	0	26.81	50.98	39.04	0.05	0.23	0	33
常州工业职业技术学院	常州市	0	26.49	57.91	36.41	10.46	4.39	0	34
常州纺织服装职业技术学院	常州市	0	26.40	57.88	41.25	1.47	0.32	0	35
徐州幼儿师范高等专科学校	徐州市	0	26.38	44.80	38.20	0.73	0.04	36.27	36
应天职业技术学院	南京市	0	26.07	43.33	33.03	1.55	0	0	37
宿迁职业技术学院	宿迁市	0	26.02	56.48	34.92	8.84	0	0	38
无锡工艺职业技术学院	无锡市	0	25.96	52.59	39.43	0.60	0.22	3.49	39

续表

院校名称	学校所在地	“双高”建设档次	教师发展指数	A 教师供给指数	B 教师教学发展指数	C 教师科研发展指数	D 教师社会服务指数	E 教师声望指数	排名
太湖创意职业技术学院	无锡市	0	25.93	29.37	35.19	0.83	0	0	40
盐城工业职业技术学院	盐城市	0	25.91	56.23	38.85	3.71	1.75	0	41
南通科技职业学院	南通市	0	25.59	52.26	36.37	6.85	0.35	0	42
江苏城乡建设职业学院	常州市	0	25.37	45.58	38.93	1.77	0.39	0	43
江苏旅游职业学院	扬州市	0	24.94	50.37	40.81	0.05	0.15	0	44
江苏财经职业技术学院	淮安市	0	24.91	56.00	36.03	6.87	0.02	0	45
苏州信息职业技术学院	苏州市	0	24.71	47.69	40.52	0.27	0.11	0	46
苏州工业园区职业技术学院	苏州市	0	24.43	44.10	39.37	4.28	0.06	3.49	47
徐州生物工程职业技术学院	徐州市	0	24.15	54.99	35.10	1.75	0.32	0	48
盐城幼儿师范高等专科学校	盐城市	0	23.97	29.60	34.32	0.01	0.02	3.53	49
建东职业技术学院	常州市	0	23.88	52.51	34.23	6.11	0	0	50
镇江高等专科学校	镇江市	0	23.84	52.75	35.01	2.77	1.24	0	51
苏州幼儿师范高等专科学校	苏州市	0	23.56	43.37	38.57	0.01	0.05	0	52
南京视觉艺术职业学院	南京市	0	23.52	28.91	34.74	1.15	0	0	53
江南影视艺术职业学院	无锡市	0	23.50	40.48	35.19	0.73	0.12	0	54

续表

院校名称	学校所在地	"双高"建设档次	教师发展指数	A 教师供给指数	B 教师教学发展指数	C 教师科研发展指数	D 教师社会服务指数	E 教师声望指数	排名
江苏安全技术职业学院	徐州市	0	23.13	35.58	34.33	0.12	0.11	0	55
无锡城市职业技术学院	无锡市	0	23.02	50.03	33.98	1.05	0.13	0	56
金肯职业技术学院	南京市	0	22.59	37.02	34.25	2.61	0.10	0	57
金山职业技术学院	镇江市	0	21.98	47.20	34.54	0.48	0.01	0	58
江苏财会职业学院	连云港市	0	21.78	46.00	35.59	0.26	0.11	0	59
正德职业技术学院	南京市	0	21.66	48.92	34.30	0.01	0.01	0	60
硅湖职业技术学院	苏州市昆山市	0	21.45	46.41	33.87	1.22	0.00	0	61
南京机电职业技术学院	南京市	0	21.44	44.91	32.70	1.08	0.27	0	62
昆山登云科技职业学院	苏州市昆山市	0	21.44	42.45	34.58	0.00	0.02	0	63
宿迁泽达职业技术学院	宿迁市	0	21.01	36.36	33.55	0.87	0.00	0	64
炎黄职业技术学院	淮安市	0	20.50	30.55	33.77	3.93	0	0	65

表 41　江西省高职院校教师发展指数的测评

院校名称	学校所在地	"双高"建设档次	教师发展指数	A 教师供给指数	B 教师教学发展指数	C 教师科研发展指数	D 教师社会服务指数	E 教师声望指数	排名
江西现代职业技术学院	南昌市	0	61.83	49.36	124.90	0.81	0.03	0	1
九江职业技术学院	九江市	C3	59.89	54.27	119.36	2.55	0.94	0.75	2

续表

院校名称	学校所在地	“双高”建设档次	教师发展指数	A 教师供给指数	B 教师教学发展指数	C 教师科研发展指数	D 教师社会服务指数	E 教师声望指数	排名
江西环境工程职业学院	赣州市	B5	53.55	46.61	105.59	0.24	0.28	2.26	3
江西应用技术职业学院	赣州市	A4	48.72	53.93	91.85	10.34	0.51	3.49	4
江西旅游商贸职业学院	南昌市	0	37.22	49.87	71.24	0.29	0.01	0	5
江西交通职业技术学院	南昌市	B5	32.61	46.85	49.92	1.28	0.12	34.19	6
江西工业工程职业技术学院	萍乡市	0	27.94	32.91	45.55	0.11	0.00	2.83	7
江西陶瓷工艺美术职业技术学院	景德镇市	0	27.35	32.12	45.50	0.34	0.16	3.49	8
江西工业贸易职业技术学院	南昌市	0	25.96	45.93	44.71	0.03	0.03	0	9
江西艺术职业学院	南昌市	0	24.15	27.52	34.11	0.01	0	0	10
江西工业职业技术学院	南昌市	0	23.70	41.68	37.10	1.00	0.00	4.19	11
江西水利职业学院	南昌市	0	23.29	31.71	38.74	0.58	0.43	0	12
江西航空职业技术学院	南昌市	0	22.93	34.23	38.14	0.21	0.10	0	13
江西工程职业学院	南昌市	0	22.78	42.21	33.35	0.01	0.00	0	14
江西工商职业技术学院	南昌市	0	22.77	39.92	34.87	0.00	2.07	0	15
九江职业大学	九江市	0	22.65	33.51	37.68	1.27	0.00	0	16
抚州职业技术学院	抚州市	0	22.61	37.36	35.51	0.02	0.05	0	17

续表

院校名称	学校所在地	“双高”建设档次	教师发展指数	A 教师供给指数	B 教师教学发展指数	C 教师科研发展指数	D 教师社会服务指数	E 教师声望指数	排名
宜春职业技术学院	宜春市	0	22.24	40.45	36.50	0.19	0.00	0	18
共青科技职业学院	九江市	0	21.83	36.18	35.59	0.09	0.00	0	19
江西泰豪动漫职业学院	南昌市	0	21.75	32.68	35.42	0	0.00	0	20
江西新能源科技职业学院	新余市	0	21.44	37.95	34.78	0.11	0.00	0	21
江西软件职业技术大学	南昌市	0	21.43	40.80	32.74	0.90	0.00	0	22
南昌职业大学	南昌市	0	21.24	34.81	34.48	0	0	0	23
景德镇陶瓷职业技术学院	景德镇市	0	21.21	28.61	34.10	0.00	0.00	0	24
赣西科技职业学院	新余市	0	21.20	26.70	34.37	0.03	0.00	0	25
赣州师范高等专科学校	赣州市	0	20.86	16.21	33.95	0.30	0	0	26
宜春幼儿师范高等专科学校	宜春市	0	20.75	22.04	33.59	0.72	0.00	0	27
江西青年职业学院	南昌市	0	20.38	35.69	32.58	0.01	0.05	0	28
江西科技职业学院	南昌市	0	19.94	20.43	32.07	0	0	0	29
江西传媒职业学院	南昌市	0	19.77	29.54	32.53	0.00	0.05	0	30
江西司法警官职业学院	南昌市	0	19.54	27.30	35.66	0.20	0.00	0	31
江西医学高等专科学校	上饶市	0	18.17	27.27	32.61	0.00	0.00	0	32
江西卫生职业学院	南昌市	0	12.95	42.76	13.06	0.06	0	2.12	33

表 42　辽宁省高职院校教师发展指数的测评

院校名称	学校所在地	“双高”建设档次	教师发展指数	A 教师供给指数	B 教师教学发展指数	C 教师科研发展指数	D 教师社会服务指数	E 教师声望指数	排名
辽宁机电职业技术学院	丹东市	C6	42.96	37.31	74.90	1.40	0.36	33.48	1
辽宁省交通高等专科学校	沈阳市	B2	37.82	52.17	60.73	3.84	0.04	41.84	2
大连职业技术学院	大连市	0	36.25	40.67	68.00	0.45	0.03	0.70	3
辽宁石化职业技术学院	锦州市	0	35.01	48.19	55.85	0.28	0.15	33.44	4
辽宁经济职业技术学院	沈阳市	C6	28.13	50.48	43.42	0.18	0.12	32.73	5
沈阳职业技术学院	沈阳市	C6	27.45	40.45	45.73	0.06	0.06	0	6
辽宁轻工职业学院	大连市	0	26.47	35.00	46.02	0.27	0.08	0	7
渤海船舶职业学院	葫芦岛市	C6	25.81	45.29	38.85	0.02	0.06	0	8
盘锦职业技术学院	盘锦市	0	25.69	53.19	44.66	0.16	0.01	0	9
辽宁职业学院	铁岭市	0	25.04	53.67	39.99	0.32	0.09	0.70	10
辽宁轨道交通职业学院	沈阳市	0	24.74	47.06	39.84	0.01	0.35	0	11
阜新高等专科学校	阜新市	0	24.10	43.77	35.03	1.30	0.00	0	12
辽阳职业技术学院	辽阳市	0	24.09	43.76	37.28	0.01	0.00	4.24	13
辽宁农业职业技术学院	营口市	A4	23.72	51.83	36.66	0.78	0.27	4.90	14
辽宁特殊教育师范高等专科学校	沈阳市	0	23.30	34.32	33.37	0	0.14	0	15
朝阳师范高等专科学校	朝阳市	0	23.16	37.38	33.26	0	0.00	0	16
辽宁铁道职业技术学院	锦州市	0	22.91	48.70	36.33	0.26	0.17	0	17
辽宁广告职业学院	沈阳市	0	22.60	25.94	32.12	1.01	0	0	18

续表

院校名称	学校所在地	“双高”建设档次	教师发展指数	A 教师供给指数	B 教师教学发展指数	C 教师科研发展指数	D 教师社会服务指数	E 教师声望指数	排名
大连汽车职业技术学院	大连市	0	22.42	31.27	37.44	0.03	0	0	19
辽宁地质工程职业学院	丹东市	0	22.16	45.48	33.06	0.34	0.09	3.53	20
辽宁现代服务职业技术学院	沈阳市	0	22.11	51.12	35.48	0.00	0.06	0.70	21
辽宁理工职业学院	锦州市	0	22.08	33.24	34.29	0.01	0	0	22
辽宁金融职业学院	沈阳市	0	21.65	35.35	35.58	0.23	0.00	0	23
铁岭卫生职业学院	铁岭市	0	21.49	26.40	34.85	0.00	0	0	24
营口职业技术学院	营口市	0	21.36	48.63	31.25	0.02	0.00	0	25
辽宁医药职业学院	沈阳市	0	21.06	43.45	34.98	0.07	0.00	0	26
沈阳北软信息职业技术学院	沈阳市	0	20.99	34.74	33.17	0.86	0	0	27
辽宁装备制造职业技术学院	沈阳市	0	20.99	37.79	34.02	0.11	0.01	0	28
辽宁生态工程职业学院	沈阳市	0	20.02	40.96	34.38	0.44	0.14	0	29

表 43　内蒙古高职院校教师发展指数的测评

院校名称	学校所在地	“双高”建设档次	教师发展指数	A 教师供给指数	B 教师教学发展指数	C 教师科研发展指数	D 教师社会服务指数	E 教师声望指数	排名
锡林郭勒职业学院	锡林浩特市	0	28.43	46.87	46.35	3.30	2.10	2.12	1
内蒙古化工职业学院	呼和浩特市	B5	25.74	45.44	40.50	0.28	0.04	3.49	2

续表

院校名称	学校所在地	“双高”建设档次	教师发展指数	A 教师供给指数	B 教师教学发展指数	C 教师科研发展指数	D 教师社会服务指数	E 教师声望指数	排名
内蒙古电子信息职业技术学院	呼和浩特市	0	25.63	36.39	43.39	0.59	0.02	0	3
内蒙古警察职业学院	呼和浩特市	0	25.35	50.45	38.32	0.21	0.78	0	4
赤峰工业职业技术学院	赤峰市	0	25.08	38.83	34.77	0.05	0.07	0	5
包头职业技术学院	包头市	0	24.91	49.19	34.31	0.33	0.14	23.40	6
包头铁道职业技术学院	包头市	0	24.62	41.34	39.54	0.09	0.29	0	7
内蒙古机电职业技术学院	呼和浩特市	C3	24.58	59.23	36.37	0.78	1.21	0	8
内蒙古美术职业学院	巴彦淖尔市	0	24.50	39.67	35.62	0	0.31	0	9
鄂尔多斯生态环境职业学院	鄂尔多斯市	0	24.22	36.72	32.11	0.05	0.05	0	10
呼和浩特职业学院	呼和浩特市	0	24.08	49.94	37.63	0.52	0.06	0	11
乌海职业技术学院	乌海市	0	23.74	41.79	38.73	0.16	0.43	0	12
兴安职业技术学院	乌兰浩特市	0	23.36	44.47	34.58	0.25	0.12	0.70	13
包头轻工职业技术学院	包头市	0	22.91	54.84	35.20	0.15	0.02	0	14
内蒙古丰州职业学院	呼和浩特市	0	22.61	32.94	34.80	0.54	0	0	15
通辽职业学院	通辽市	0	22.41	36.12	34.84	0.25	0.15	0	16
阿拉善职业技术学院	阿拉善盟	0	22.29	42.54	26.95	0.01	0.05	0	17

续表

院校名称	学校所在地	“双高”建设档次	教师发展指数	A 教师供给指数	B 教师教学发展指数	C 教师科研发展指数	D 教师社会服务指数	E 教师声望指数	排名
包头钢铁职业技术学院	包头市	0	22.13	38.74	34.64	0.00	0.13	0	18
乌兰察布职业学院	乌兰察布市	0	21.74	40.09	32.86	0.03	0.03	0	19
内蒙古交通职业技术学院	赤峰市	0	21.68	36.25	34.74	0.04	0.06	0	20
内蒙古商贸职业学院	呼和浩特市	0	19.01	43.35	27.15	0.54	0.00	0	21

表 44　宁夏回族自治区高职院校教师发展指数的测评

院校名称	学校所在地	“双高”建设档次	教师发展指数	A 教师供给指数	B 教师教学发展指数	C 教师科研发展指数	D 教师社会服务指数	E 教师声望指数	排名
宁夏工商职业技术学院	银川市	B5	29.08	55.27	46.04	1.38	0.04	6.37	1
宁夏民族职业技术学院	吴忠市	0	21.82	28.08	32.16	0.03	0.03	3.49	2
宁夏建设职业技术学院	银川市	0	21.06	26.49	36.26	0.09	0.01	0	3
宁夏警官职业学院	银川市	0	20.72	34.94	32.05	0.36	6.92	0.75	4
宁夏葡萄酒与防沙治沙职业技术学院	银川市	0	20.57	31.01	29.24	0.03	0	3.49	5
宁夏幼儿师范高等专科学校	银川市	0	19.26	15.41	33.03	0.03	0.00	0.70	6
宁夏艺术职业学院	银川市	0	18.15	49.45	17.12	0	0	0	7

表 45　青海省高职院校教师发展指数的测评

院校名称	学校所在地	“双高”建设档次	教师发展指数	A 教师供给指数	B 教师教学发展指数	C 教师科研发展指数	D 教师社会服务指数	E 教师声望指数	排名
青海交通职业技术学院	西宁市	0	26.15	48.15	39.98	3.15	0.08	3.49	1
青海高等职业技术学院	海东市	0	23.42	27.98	35.29	0	0.00	0	2
青海建筑职业技术学院	西宁市	0	23.11	37.57	37.40	0.51	0.48	0	3
青海畜牧兽医职业技术学院	西宁市	0	22.22	41.63	33.76	0.62	0.02	0	4
西宁城市职业技术学院	西宁市	0	21.58	29.03	34.09	0.16	0.02	0	5
青海柴达木职业技术学院	德令哈市	0	21.02	30.51	30.14	0.05	0.02	0	6

表 46　山东省高职院校教师发展指数的测评

院校名称	学校所在地	“双高”建设档次	教师发展指数	A 教师供给指数	B 教师教学发展指数	C 教师科研发展指数	D 教师社会服务指数	E 教师声望指数	排名
潍坊职业学院	潍坊市	B5	78.55	56.74	157.38	9.49	2.25	7.26	1
山东商业职业技术学院	济南市	A1	57.54	53.06	101.22	5.76	2.77	58.24	2
烟台职业学院	烟台市	B5	52.43	55.42	96.82	2.42	25.58	0	3
淄博职业学院	淄博市	B2	51.56	59.75	88.71	2.71	4.34	39.71	4
山东职业学院	济南市	C6	49.29	54.48	95.45	3.56	0.30	0	5
山东交通职业学院	潍坊市	B5	48.76	49.75	84.53	7.46	1.03	32.73	6
莱芜职业技术学院	济南市	0	48.53	48.79	92.95	1.62	0.28	0	7
青岛职业技术学院	青岛市	B5	41.78	51.03	75.89	1.39	1.24	11.18	8

续表

院校名称	学校所在地	“双高”建设档次	教师发展指数	A 教师供给指数	B 教师教学发展指数	C 教师科研发展指数	D 教师社会服务指数	E 教师声望指数	排名
青岛酒店管理职业技术学院	青岛市	C6	40.73	57.82	76.57	0.49	3.24	0	9
山东科技职业学院	潍坊市	A4	40.28	57.13	65.51	2.39	3.50	32.73	10
山东理工职业学院	济宁市	0	38.87	58.51	57.47	10.15	2.86	32.73	11
山东信息职业技术学院	潍坊市	0	37.78	47.41	69.64	0.25	0.09	0	12
日照职业技术学院	日照市	B2	37.39	64.33	54.07	5.15	2.04	43.20	13
济宁职业技术学院	济宁市	0	36.59	57.85	61.63	3.85	0.64	0	14
济南职业学院	济南市	B5	35.81	56.55	59.53	8.46	0.55	3.53	15
山东商务职业学院	烟台市	0	35.63	55.73	64.92	0.98	0.07	0	16
威海职业学院	威海市	B5	34.89	57.03	60.47	6.00	0.96	0	17
滨州职业学院	滨州市	C3	34.20	50.16	50.03	3.35	0.54	38.49	18
山东外贸职业学院	青岛市	0	33.71	49.55	59.79	0.53	1.65	0.70	19
东营职业学院	东营市	C6	32.64	59.12	53.07	1.79	0.64	3.49	20
济南工程职业技术学院	济南市	0	32.12	52.34	55.94	0.94	1.87	4.38	21
山东电子职业技术学院	济南市	0	31.96	45.27	57.05	0.29	0.02	0	22
山东工业职业学院	淄博市	0	31.67	51.11	45.58	1.19	0.49	34.85	23
聊城职业技术学院	聊城市	0	30.68	49.52	46.59	2.91	0.60	34.99	24
山东电力高等专科学校	济南市	0	28.39	57.56	35.44	5.03	5.55	0	25
德州职业技术学院	德州市	0	28.07	56.11	43.40	1.24	0.07	0	26
山东中医药高等专科学校	烟台市	0	27.89	55.34	47.00	2.71	0.61	0	27
山东畜牧兽医职业学院	潍坊市	B5	27.53	56.43	38.22	13.06	0.99	3.49	28

续表

院校名称	学校所在地	“双高”建设档次	教师发展指数	A 教师供给指数	B 教师教学发展指数	C 教师科研发展指数	D 教师社会服务指数	E 教师声望指数	排名
潍坊护理职业学院	潍坊市青州市	0	27.44	49.71	45.62	0.99	0.03	0	29
泰山职业技术学院	泰安市	0	27.36	44.18	47.91	1.10	0.13	0.70	30
山东城市建设职业学院	济南市	0	26.50	46.51	42.20	3.24	0.36	7.73	31
青岛港湾职业技术学院	青岛市	0	26.47	58.73	39.89	0.40	3.24	0	32
烟台汽车工程职业学院	烟台市	0	26.46	47.93	43.39	0.08	0.30	0	33
潍坊工程职业学院	潍坊市青州市	0	25.91	51.86	42.15	0.41	0.33	0	34
济南幼儿师范高等专科学校	济南市	0	25.61	51.80	38.64	0.21	2.40	0	35
枣庄职业学院	枣庄市	0	25.03	54.05	39.03	2.91	0.22	0	36
山东轻工职业学院	淄博市	0	24.49	43.10	38.56	1.25	0.23	0	37
山东特殊教育职业学院	济南市	0	24.41	47.90	31.45	0.06	0	2.12	38
临沂职业学院	临沂市	0	24.33	42.90	39.61	0.12	0.06	3.49	39
山东医学高等专科学校	临沂市	0	23.94	49.27	39.22	0.21	0.06	0	40
枣庄科技职业学院	滕州市	0	23.88	35.68	37.36	0.19	0.07	0	41
山东化工职业学院	潍坊市	0	23.88	35.83	35.35	0.04	0.13	0	42
山东外国语职业技术大学	日照市	0	23.68	36.18	34.58	0.23	0.27	0	43
菏泽家政职业学院	菏泽市	0	22.97	41.18	34.91	0.11	0.17	0.75	44
山东外事职业大学	威海市	0	22.92	32.42	33.31	0.33	0.14	0	45
山东旅游职业学院	济南市	0	22.85	49.94	37.59	0.28	0.14	0	46

续表

院校名称	学校所在地	"双高"建设档次	教师发展指数	A 教师供给指数	B 教师教学发展指数	C 教师科研发展指数	D 教师社会服务指数	E 教师声望指数	排名
烟台工程职业技术学院	烟台市	0	22.74	44.72	35.53	0.15	0.04	0	47
山东药品食品职业学院	威海市	0	22.74	38.96	35.40	1.40	0.16	0	48
菏泽医学专科学校	菏泽市	0	22.70	42.29	35.26	0.69	0.31	4.48	49
山东圣翰财贸职业学院	济南市	0	22.66	28.39	34.11	0.37	0	0	50
青岛远洋船员职业学院	青岛市	0	22.58	52.45	35.14	0.51	0.17	0	51
济南护理职业学院	济南市	0	22.45	32.87	35.25	0.06	0.03	0.75	52
山东铝业职业学院	威海市	0	22.40	27.07	35.39	0.14	0.01	0	53
东营科技职业学院	东营市	0	22.25	29.00	35.05	2.64	0.30	0	54
威海海洋职业学院	威海市	0	21.99	42.56	34.48	0.88	0.20	0	55
德州科技职业学院	禹城市	0	21.84	41.30	34.73	0.03	0.00	0	56
山东力明科技职业学院(山东中西医结合大学)	济南市	0	21.82	39.77	34.75	0	0.10	0	57
山东工程职业技术大学	济南市	0	21.78	32.56	35.41	0.02	0.09	0	58
山东服装职业学院	泰安市	0	21.49	37.52	35.00	0.07	0.00	0	59
山东司法警官职业学院	济南市	0	21.44	30.48	34.66	0.22	0.38	0	60
青岛求实职业技术学院	青岛市	0	21.42	26.76	34.59	0.62	0.10	0	61
菏泽职业学院	菏泽市	0	21.17	26.06	31.90	0.03	0.20	0	62
山东海事职业学院	潍坊市	0	21.13	32.17	33.99	0.85	0.29	0	63
山东经贸职业学院	潍坊市	0	20.73	41.70	35.56	1.09	0.01	0	64

续表

院校名称	学校所在地	“双高”建设档次	教师发展指数	A 教师供给指数	B 教师教学发展指数	C 教师科研发展指数	D 教师社会服务指数	E 教师声望指数	排名
山东传媒职业学院	济南市	0	20.59	36.68	34.29	0.07	0.06	2.12	65
潍坊工商职业学院	潍坊市诸城市	0	19.58	35.99	31.29	1.59	0.03	0	66
泰山护理职业学院	泰安市	0	18.80	35.58	34.22	0.03	0.32	0	67
山东艺术设计职业学院	济南市	0	9.57	21.70	0.35	1.07	0	0	68
日照航海工程职业学院	日照市	0	9.37	37.87	0	0	2.51	0	69

表 47 山西省高职院校教师发展指数的测评

院校名称	学校所在地	“双高”建设档次	教师发展指数	A 教师供给指数	B 教师教学发展指数	C 教师科研发展指数	D 教师社会服务指数	E 教师声望指数	排名
山西机电职业技术学院	长治市	B5	36.55	47.18	65.46	1.00	0.12	18.38	1
运城职业技术学院	运城市	0	31.23	41.73	53.97	0.01	0.09	0	2
山西电力职业技术学院	太原市	0	28.72	40.27	39.85	1.31	0.44	2.12	3
山西工程职业学院	太原市	A4	27.87	39.37	39.46	0.43	0.07	33.44	4
山西戏剧职业学院	太原市	0	26.06	58.63	35.08	0.17	0.06	0.70	5
潞安职业技术学院	长治市	0	25.71	48.74	33.25	0.07	0.28	0	6
山西林业职业技术学院	太原市	0	25.39	49.20	40.35	0.18	0.01	0	7
大同煤炭职业技术学院	大同市	0	25.17	41.99	36.17	1.54	0.40	0	8
山西职业技术学院	太原市	B5	24.42	58.10	35.22	0.02	0.00	0.75	9

续表

院校名称	学校所在地	"双高"建设档次	教师发展指数	A 教师供给指数	B 教师教学发展指数	C 教师科研发展指数	D 教师社会服务指数	E 教师声望指数	排名
太原城市职业技术学院	太原市	0	24.19	41.79	37.07	0.00	0.08	0.75	10
山西轻工职业技术学院	太原市	0	23.75	22.73	37.53	0.00	0.01	0.75	11
山西交通职业技术学院	太原市	0	23.31	33.93	41.20	0.30	0.04	0	12
晋城职业技术学院	晋城市	0	23.25	47.12	33.75	0.02	0.03	0	13
山西信息职业技术学院	临汾市	0	23.24	52.96	34.69	0.08	0.01	0	14
山西水利职业技术学院	运城市	0	23.06	35.63	36.86	0.14	0.01	0	15
山西省财政税务专科学校	太原市	C3	22.93	35.89	37.07	0.56	0.09	3.49	16
山西经贸职业学院	太原市	0	22.61	29.66	37.46	0.31	0.07	0.75	17
长治职业技术学院	长治市	0	22.31	31.40	30.08	0.01	0.06	0	18
山西管理职业学院	临汾市	0	22.22	37.02	33.05	0.04	0	0	19
山西旅游职业学院	太原市	0	22.17	42.57	35.64	0.00	0.13	0	20
忻州职业技术学院	忻州市	0	22.14	31.21	33.54	0.00	0.02	0	21
山西老区职业技术学院	太原市	0	22.03	44.94	30.61	0.02	0.00	0	22
运城幼儿师范高等专科学校	运城市	0	21.51	39.36	35.15	0.05	0.01	0	23
山西运城农业职业技术学院	运城市	0	21.09	34.28	30.24	0.01	0.17	0	24
晋中师范高等专科学校	晋中市	0	21.07	47.06	32.51	0.01	0	0	25

续表

院校名称	学校所在地	"双高"建设档次	教师发展指数	A 教师供给指数	B 教师教学发展指数	C 教师科研发展指数	D 教师社会服务指数	E 教师声望指数	排名
山西同文职业技术学院	晋中市	0	20.90	28.74	31.16	0.36	0.96	0	26
山西体育职业学院	太原市	0	20.71	32.78	33.53	0.02	0.01	0	27
临汾职业技术学院	临汾市	0	20.56	29.24	32.03	0.21	0.15	0.70	28
吕梁职业技术学院	吕梁市	0	20.20	31.46	29.11	0.00	0.21	0	29
山西金融职业学院	太原市	0	20.12	30.04	28.61	0.03	0.00	0	30
运城师范高等专科学校	运城市	0	20.10	34.13	32.20	0.01	0.00	0	31
山西华澳商贸职业学院	晋中市	0	19.44	38.23	33.42	0.02	0.00	0	32
山西青年职业学院	太原市	0	19.31	24.14	30.04	0.02	0.00	0	33
山西国际商务职业学院	太原市	0	18.37	13.73	33.60	0.00	0	0	34

表 48　陕西省高职院校教师发展指数的测评

院校名称	学校所在地	"双高"建设档次	教师发展指数	A 教师供给指数	B 教师教学发展指数	C 教师科研发展指数	D 教师社会服务指数	E 教师声望指数	排名
陕西工业职业技术学院	咸阳市	A1	76.26	53.80	150.25	1.38	2.12	41.93	1
西安航空职业技术学院	西安市	C3	62.60	49.23	118.08	0.17	0.12	42.03	2
陕西能源职业技术学院	咸阳市	C6	43.59	39.83	84.75	3.24	0.15	0	3
杨凌职业技术学院	杨凌农业高新技术产业示范区	B2	39.44	43.53	73.82	6.31	0.36	0	4

续表

院校名称	学校所在地	"双高"建设档次	教师发展指数	A教师供给指数	B教师教学发展指数	C教师科研发展指数	D教师社会服务指数	E教师声望指数	排名
陕西铁路工程职业技术学院	渭南市	C3	39.02	39.19	64.11	1.90	1.84	35.56	5
西安铁路职业技术学院	西安市	0	34.99	44.83	64.40	0.78	0.29	0.70	6
陕西国防工业职业技术学院	西安市	B5	33.09	51.10	57.80	2.75	0.07	2.12	7
咸阳职业技术学院	西安市	C6	31.61	47.33	56.55	0.66	0.44	0	8
陕西艺术职业学院	西安市	0	31.30	39.36	47.49	0.46	0.05	0	9
陕西交通职业技术学院	西安市	0	27.95	55.29	46.86	2.93	0.69	4.48	10
西安职业技术学院	西安市	0	26.05	35.95	40.59	0.22	0.22	0.70	11
陕西工商职业学院	西安市	0	24.40	40.01	39.82	0.04	0.25	0	12
陕西职业技术学院	西安市	B5	23.97	43.83	39.76	0.01	0.03	0	13
西安电力高等专科学校	西安市	0	23.91	52.85	35.16	1.36	0.86	0	14
陕西经济管理职业技术学院	西安市	0	23.90	48.14	33.56	0.14	0	0	15
延安职业技术学院	延安市	0	23.83	40.32	35.99	0.17	0.07	4.38	16
西安信息职业大学	西安市	0	23.51	40.93	34.89	1.85	0.00	0	17
榆林职业技术学院	榆林市	0	23.30	37.32	34.76	0.20	0.11	0	18
汉中职业技术学院	汉中市	0	23.25	46.79	34.03	0.33	0.57	0	19
西安医学高等专科学校	西安市	0	22.97	33.54	37.97	0.01	0.00	0	20
宝鸡职业技术学院	宝鸡市高新区	0	22.87	44.98	37.02	0.03	0.38	0	21
渭南职业技术学院	渭南市	0	22.51	38.95	36.90	0.06	0.09	0	22
商洛职业技术学院	商洛市	0	22.31	47.99	33.53	0.00	0.63	3.49	23

续表

院校名称	学校所在地	“双高”建设档次	教师发展指数	A教师供给指数	B教师教学发展指数	C教师科研发展指数	D教师社会服务指数	E教师声望指数	排名
陕西旅游烹饪职业学院	西安市	0	22.07	27.50	35.19	0.04	0.00	0	24
陕西电子信息职业技术学院	西安市	0	22.07	27.61	33.03	0.01	0	0	25
西安汽车职业大学	西安市	0	21.34	38.39	31.82	0.02	0.00	0	26
陕西青年职业学院	西安市	0	21.19	45.24	35.04	0.05	0.05	0	27
西安健康工程职业学院	西安市	0	21.03	27.34	33.79	0.04	0	0	28
西安高新科技职业学院	咸阳市	0	20.97	13.04	34.30	0	0	0	29
陕西警官职业学院	西安市	0	20.65	44.19	32.88	0.02	0.16	0	30
西安海棠职业学院	西安市	0	19.87	44.56	30.40	0.01	0.58	0	31

表49　上海市高职院校教师发展指数的测评

院校名称	学校所在地	“双高”建设档次	教师发展指数	A教师供给指数	B教师教学发展指数	C教师科研发展指数	D教师社会服务指数	E教师声望指数	排名
上海电子信息职业技术学院	上海市	0	44.65	45.86	85.50	0.60	0.08	1.46	1
上海工艺美术职业学院	上海市	C3	29.74	64.26	44.55	1.03	0.87	0	2
上海东海职业技术学院	上海市	0	27.45	36.98	43.13	0.06	0.11	0	3
上海城建职业学院	上海市	0	27.37	51.02	42.00	2.47	0.86	2.97	4
上海交通职业技术学院	上海市	0	26.00	42.47	37.56	0.12	0.35	32.73	5

续表

院校名称	学校所在地	“双高”建设档次	教师发展指数	A教师供给指数	B教师教学发展指数	C教师科研发展指数	D教师社会服务指数	E教师声望指数	排名
上海思博职业技术学院	上海市	0	25.76	46.95	44.39	0.85	0.11	0	6
上海济光职业技术学院	上海市	0	25.34	42.63	41.92	0.13	0.06	0	7
上海震旦职业学院	上海市	0	25.02	32.44	43.40	0.05	0.04	0	8
上海工商职业技术学院	上海市	0	24.53	32.04	41.29	1.71	0.10	0	9
上海行健职业学院	上海市	0	24.34	53.89	39.33	1.09	0.18	0.70	10
上海出版印刷高等专科学校	上海市	0	24.34	50.24	37.04	1.26	0.05	0.75	11
上海农林职业技术学院	上海市	0	24.26	48.19	36.77	0.38	0.13	1.41	12
上海电影艺术职业学院	上海市	0	23.59	54.23	30.94	0.38	0.14	0	13
上海海事职业技术学院	上海市	0	23.46	59.05	32.62	0.74	0.85	0	14
上海民远职业技术学院	上海市	0	23.09	42.34	34.85	0.00	0	0	15
上海旅游高等专科学校	上海市	0	22.60	48.61	36.16	0.60	0.03	0	16
上海中侨职业技术学院	上海市	0	21.99	32.74	36.04	0.84	0.02	0	17
上海工商外国语职业学院	上海市	0	21.92	35.59	36.41	0.19	0.24	0	18
上海民航职业技术学院	上海市	0	21.81	34.23	35.89	1.03	0.17	0	19

续表

院校名称	学校所在地	"双高"建设档次	教师发展指数	A 教师供给指数	B 教师教学发展指数	C 教师科研发展指数	D 教师社会服务指数	E 教师声望指数	排名
上海邦德职业技术学院	上海市	0	21.66	38.32	35.62	0.15	0.05	0	20
上海科学技术职业学院	上海市	0	20.63	42.64	32.79	1.65	0.06	0	21

表 50　四川省高职院校教师发展指数的测评

院校名称	学校所在地	"双高"建设档次	教师发展指数	A 教师供给指数	B 教师教学发展指数	C 教师科研发展指数	D 教师社会服务指数	E 教师声望指数	排名
四川交通职业技术学院	成都市	A4	37.02	52.07	59.83	3.13	3.42	39.71	1
四川工程职业技术学院	德阳市	C3	32.51	53.39	43.56	11.05	5.47	36.98	2
四川建筑职业技术学院	德阳市	B5	30.81	47.58	47.19	1.54	0.42	35.70	3
四川航天职业技术学院	成都市	0	27.78	34.18	49.06	0.72	0.01	0	4
成都农业科技职业学院	成都市	C6	27.26	40.46	48.94	0.32	0.57	0	5
乐山职业技术学院	乐山市	0	27.15	48.98	40.31	0.78	1.25	33.48	6
四川中医药高等专科学校	绵阳市	0	26.84	38.87	37.78	18.60	0.00	0	7
四川财经职业学院	成都市	0	26.77	43.14	44.78	0.21	0.01	0.75	8
四川信息职业技术学院	广元市	0	25.76	34.51	42.40	0.73	0.01	0	9
四川长江职业学院	成都市	0	25.63	34.31	42.05	0.02	0.13	0	10

续表

院校名称	学校所在地	“双高”建设档次	教师发展指数	A教师供给指数	B教师教学发展指数	C教师科研发展指数	D教师社会服务指数	E教师声望指数	排名
四川化工职业技术学院	成都市	0	25.57	40.48	43.91	0.36	0.05	0	11
广安职业技术学院	广安市	0	24.09	39.45	39.89	2.08	0.17	0	12
四川国际标榜职业学院	成都市	0	23.84	29.98	39.49	0.64	0.32	0	13
四川工商职业技术学院	都江堰市	0	23.68	31.09	35.64	1.97	0.23	6.51	14
眉山职业技术学院	眉山市	0	23.59	36.17	39.70	0.09	0.05	2.12	15
四川城市职业学院	眉山市	0	23.51	34.91	35.59	0.04	0.21	0	16
宜宾职业技术学院	宜宾市	0	23.15	50.57	36.30	0.62	0.27	0	17
四川应用技术职业学院	西昌市	0	23.00	30.16	33.87	0	0	0	18
四川铁道职业学院	成都市	0	22.89	38.34	35.00	0.13	0.48	0	19
四川电力职业技术学院	成都市	0	22.78	31.35	33.87	1.25	0	0	20
四川现代职业学院	成都市	0	22.74	37.09	37.12	0.88	0.00	0	21
四川文化产业职业学院	成都市	0	22.42	35.00	36.21	0.01	0.00	0	22
四川护理职业学院	德阳市	0	22.39	36.27	35.31	0.79	0.03	0	23
四川华新现代职业学院	成都市	0	21.83	33.48	35.84	0	0.06	0	24
四川三河职业学院	泸州市	0	21.73	41.90	33.88	0.02	0.00	0	25
四川汽车职业技术学院	绵阳市	0	21.70	34.34	34.89	0.01	0.00	0	26
四川天一学院	绵竹市	0	21.59	28.77	34.53	3.65	0.02	0	27
四川机电职业技术学院	攀枝花市	0	21.59	39.63	34.21	0.11	0.55	0	28

续表

院校名称	学校所在地	“双高”建设档次	教师发展指数	A教师供给指数	B教师教学发展指数	C教师科研发展指数	D教师社会服务指数	E教师声望指数	排名
巴中职业技术学院	巴中市	0	21.48	34.04	35.31	0.08	0.39	0	29
四川卫生康复职业学院	自贡市	0	21.36	39.76	33.96	0.02	0.07	0	30
绵阳职业技术学院	绵阳市	0	21.31	33.66	35.19	1.83	0.32	0	31
雅安职业技术学院	雅安市	0	20.70	33.86	34.98	0.16	0.00	0	32
达州职业技术学院	达州市	0	20.66	33.39	33.47	0.04	0.01	0	33
四川文化传媒职业学院	成都市	0	19.62	12.85	34.22	0.04	0	0	34
阿坝职业学院	阿贝州	0	9.76	37.41	0	0	0	0	35
天府新区通用航空职业学院	成都市	0	8.89	23.78	0	0.00	0.08	0	36
德阳科贸职业学院	德阳市	0	7.86	26.88	0	0	0	0	37
西昌民族幼儿师范高等专科学校	西昌市	0	6.51	28.34	0	0	0.00	0	38

表51　天津市高职院校教师发展指数的测评

院校名称	学校所在地	“双高”建设档次	教师发展指数	A教师供给指数	B教师教学发展指数	C教师科研发展指数	D教师社会服务指数	E教师声望指数	排名
天津职业大学	天津市	A1	52.16	62.58	86.49	3.31	0.37	73.43	1
天津轻工职业技术学院	天津市	C3	45.62	49.27	81.27	0.59	0.47	32.73	2
天津现代职业技术学院	天津市	A4	34.73	50.86	57.35	0.81	0.06	32.73	3
天津电子信息职业技术学院	天津市	A4	33.35	51.73	52.77	0.40	0.01	40.75	4

续表

院校名称	学校所在地	“双高”建设档次	教师发展指数	A 教师供给指数	B 教师教学发展指数	C 教师科研发展指数	D 教师社会服务指数	E 教师声望指数	排名
天津医学高等专科学校	天津市	B2	30.29	52.21	42.59	1.54	0.80	34.85	5
天津铁道职业技术学院	天津市	0	27.53	44.56	44.77	0.01	0.59	0	6
天津艺术职业学院	天津市	0	26.40	30.36	36.26	0.00	0.01	0	7
天津石油职业技术学院	天津市	0	24.71	44.87	37.49	0.08	0.05	0	8
天津城市职业学院	天津市	0	24.26	49.68	39.48	0.09	0.40	0	9
天津国土资源和房屋职业学院	天津市	0	24.00	38.20	39.30	0.01	0.20	0	10
天津海运职业学院	天津市	0	23.98	37.19	40.85	0.15	0.58	0	11
天津机电职业技术学院	天津市	0	23.80	43.82	40.38	0.01	0.24	0	12
天津滨海职业学院	天津市	0	23.39	47.36	37.35	0.04	0.22	3.53	13
天津渤海职业技术学院	天津市	C6	23.21	40.55	37.63	0.17	0.42	0.70	14
天津城市建设管理职业技术学院	天津市	0	22.97	40.07	36.36	0.88	0.06	4.48	15
天津冶金职业技术学院	天津市	0	22.89	40.79	35.48	0.00	0.04	0	16
天津商务职业学院	天津市	0	22.47	35.80	41.13	0.08	0.84	0.70	17
天津工艺美术职业学院	天津市	0	21.97	38.41	32.20	0.01	0	0	18
天津生物工程职业技术学院	天津市	0	21.47	36.48	34.92	0	0.07	0	19
天津体育职业学院	天津市	0	7.28	30.81	0	0	0.05	0	20

表 52　新疆维吾尔自治区高职院校教师发展指数的测评

院校名称	学校所在地	“双高”建设档次	教师发展指数	A 教师供给指数	B 教师教学发展指数	C 教师科研发展指数	D 教师社会服务指数	E 教师声望指数	排名
阿克苏职业技术学院	阿克苏市	0	25.20	40.49	37.47	0.12	0.01	0	1
新疆石河子职业技术学院	石河子市	0	24.16	38.98	39.10	0.11	0.16	4.24	2
巴音郭楞职业技术学院	库尔勒经济技术开发区	0	23.97	44.03	37.58	0.12	0.11	0	3
乌鲁木齐职业大学	乌鲁木齐市	0	23.91	48.05	34.55	5.78	0.10	0.75	4
新疆兵团警官高等专科学校	乌鲁木齐（兵团）	0	23.87	22.45	29.24	0.51	59.74	0	5
和田师范专科学校	和田市	0	23.67	31.07	32.87	0.27	0	32.73	6
克拉玛依职业技术学院	克拉玛依市	0	23.49	33.27	39.96	0.21	0.00	0	7
新疆建设职业技术学院	乌鲁木齐市	0	23.45	41.73	38.47	0.00	0.23	0	8
新疆交通职业技术学院	乌鲁木齐市	0	22.93	39.31	34.78	0.06	0.85	3.49	9
新疆轻工职业技术学院	乌鲁木齐市	C6	21.75	44.26	33.77	0.04	0.02	0	10
新疆维吾尔医学专科学校	和田市	0	21.19	31.98	34.85	0.04	0.01	0	11
新疆天山职业技术学院	乌鲁木齐市	0	21.03	48.94	34.31	0.14	0.00	0	12
新疆能源职业技术学院	乌鲁木齐市	0	20.96	20.16	34.48	0.00	0	0	13
伊犁职业技术学院	伊宁市	0	20.77	40.09	33.34	0.08	0.03	0	14
新疆职业大学	乌鲁木齐市	0	19.57	51.43	33.03	0.13	0.06	0	15

续表

院校名称	学校所在地	“双高”建设档次	教师发展指数	A 教师供给指数	B 教师教学发展指数	C 教师科研发展指数	D 教师社会服务指数	E 教师声望指数	排名
新疆科技职业技术学院	五家渠市	0	18.95	8.56	34.50	0	0	0	16
新疆工业职业技术学院	乌鲁木齐市	0	16.15	27.71	31.75	0	0.00	0	17
铁门关职业技术学院	铁门关市（兵团）	0	12.06	56.09	0	0	0.37	0	18
新疆现代职业技术学院	乌鲁木齐市	0	10.96	30.43	0.34	0	0	0	19
石河子工程职业技术学院	石河子市	0	3.87	40.90	0	0	0	0	20

表 53　云南省高职院校教师发展指数的测评

院校名称	学校所在地	“双高”建设档次	教师发展指数	A 教师供给指数	B 教师教学发展指数	C 教师科研发展指数	D 教师社会服务指数	E 教师声望指数	排名
云南林业职业技术学院	昆明市	0	27.10	34.19	47.54	0.86	0.01	0.70	1
曲靖医学高等专科学校	曲靖市	0	26.21	38.73	41.74	1.62	0.74	3.77	2
云南国防工业职业技术学院	昆明市	0	25.28	38.59	37.19	1.01	0.00	0	3
云南农业职业技术学院	昆明市	0	24.55	47.46	39.53	5.87	0.48	0	4
德宏师范高等专科学校	德宏傣族景颇族自治州	0	23.14	36.83	34.91	0.06	0.57	0.75	5

续表

院校名称	学校所在地	“双高”建设档次	教师发展指数	A 教师供给指数	B 教师教学发展指数	C 教师科研发展指数	D 教师社会服务指数	E 教师声望指数	排名
楚雄医药高等专科学校	楚雄市	0	22.62	30.43	35.47	0.55	0.36	0	6
云南体育运动职业技术学院	昆明市	0	22.58	46.53	34.83	0.07	0.01	0	7
云南城市建设职业学院	昆明市	0	22.56	35.20	36.74	0.00	0.03	0	8
保山中医药高等专科学校	保山市	0	22.55	46.93	35.45	0.26	0.12	0	9
德宏职业学院	德宏傣族景颇族自治州	0	22.52	37.69	35.64	0.18	0.49	0	10
昆明工业职业技术学院	昆明市	C6	22.30	46.81	35.52	0.12	6.98	0	11
云南商务职业学院	昆明市	0	22.29	19.13	33.16	0.01	0	0	12
昆明艺术职业学院	昆明市	0	22.27	27.99	30.74	0.05	0.00	0	13
玉溪农业职业技术学院	玉溪市	0	22.09	44.75	33.17	0.14	0.07	0	14
云南工程职业学院	昆明市	0	21.65	37.38	34.68	0.90	0	0	15
大理农林职业技术学院	大理白族自治州	0	21.45	31.86	34.91	0.25	0.01	0	16
云南新兴职业学院	昆明市	0	21.38	32.94	34.34	0.03	0.00	0	17
云南国土资源职业学院	昆明市	0	21.27	29.03	33.98	0.35	0.00	3.49	18
云南科技信息职业学院	昆明市	0	20.88	30.27	33.98	0.04	0	0	19
云南锡业职业技术学院	红河哈尼族彝族自治州	0	20.76	35.55	35.54	0.05	0.00	0.75	20

续表

院校名称	学校所在地	“双高”建设档次	教师发展指数	A 教师供给指数	B 教师教学发展指数	C 教师科研发展指数	D 教师社会服务指数	E 教师声望指数	排名
云南能源职业技术学院	曲靖市	0	20.65	31.70	32.78	0.19	0.08	0	21
云南三鑫职业技术学院	文山壮族苗族自治州	0	19.25	35.96	32.51	0.06	0	0	22
云南医药健康职业学院	昆明市	0	8.50	43.03	0	0.00	0.08	0	23
云南工贸职业技术学院	昆明市	0	3.68	37.08	0	0.21	0	0	24

表 54　浙江省高职院校教师发展指数的测评

院校名称	学校所在地	“双高”建设档次	教师发展指数	A 教师供给指数	B 教师教学发展指数	C 教师科研发展指数	D 教师社会服务指数	E 教师声望指数	排名
金华职业技术学院	金华市	A1	128.71	57.36	258.24	17.83	1.64	53.59	1
义乌工商职业技术学院	金华市义乌市	0	53.36	55.73	100.48	7.52	4.33	0.70	2
浙江经济职业技术学院	杭州市	B5	51.03	52.22	87.56	5.97	0.63	42.07	3
浙江商业职业技术学院	杭州市	C6	48.30	53.76	93.36	2.46	1.90	2.12	4
宁波职业技术学院	宁波市	B2	47.05	56.73	71.63	25.44	3.63	32.73	5
杭州职业技术学院	杭州市	B2	43.69	57.25	71.10	5.95	0.92	36.22	6
浙江机电职业技术学院	杭州市	A1	43.03	61.46	72.45	7.18	1.02	24.60	7
浙江交通职业技术学院	杭州市	B5	39.25	57.32	67.37	10.08	1.11	0	8

续表

院校名称	学校所在地	“双高”建设档次	教师发展指数	A 教师供给指数	B 教师教学发展指数	C 教师科研发展指数	D 教师社会服务指数	E 教师声望指数	排名
温州职业技术学院	温州市	C3	38.26	56.45	54.78	14.81	1.86	39.71	9
浙江经贸职业技术学院	杭州市	B5	37.08	54.30	60.09	1.18	0.60	32.73	10
浙江建设职业技术学院	杭州市	A4	36.66	59.85	55.03	2.84	1.23	36.22	11
浙江金融职业学院	杭州市	B2	33.94	57.94	44.80	9.69	0.39	43.25	12
杭州科技职业技术学院	杭州市	0	30.01	52.07	48.13	1.52	0.86	10.47	13
浙江工贸职业技术学院	温州市	C6	29.59	59.33	46.27	6.29	1.78	0	14
浙江旅游职业学院	杭州市	B5	29.06	56.68	45.52	9.16	1.57	0	15
台州职业技术学院	台州市	0	28.81	54.86	44.89	6.70	0.34	0	16
温州科技职业学院	温州市	0	27.34	51.77	42.58	6.67	0.09	0	17
浙江工商职业技术学院	宁波市	0	26.98	53.16	36.45	3.00	0.41	34.85	18
嘉兴职业技术学院	嘉兴市	0	25.99	55.36	40.32	1.82	0.10	5.75	19
浙江广厦建设职业技术大学	金华市东阳市	0	25.66	49.71	42.29	0.23	0.30	0	20
浙江同济科技职业学院	杭州市	0	25.41	52.27	40.48	3.92	0.09	0	21
浙江农业商贸职业学院	绍兴市	0	25.05	52.01	38.85	0.90	0.09	4.53	22
浙江育英职业技术学院	杭州市	0	25.05	45.81	35.40	14.80	0.02	0	23
浙江东方职业技术学院	温州市	0	24.85	43.36	39.16	4.70	0.01	0	24

续表

院校名称	学校所在地	"双高"建设档次	教师发展指数	A教师供给指数	B教师教学发展指数	C教师科研发展指数	D教师社会服务指数	E教师声望指数	排名
浙江特殊教育职业学院	杭州市	0	24.83	56.27	35.00	0.61	0.15	0	25
浙江警官职业学院	杭州市	C6	24.83	58.58	36.65	1.08	0.50	0	26
浙江国际海运职业技术学院	舟山市	0	24.36	52.32	38.61	0.90	0.34	0	27
丽水职业技术学院	丽水市	0	24.20	57.14	37.86	0.92	0.51	0	28
浙江纺织服装职业技术学院	宁波市	0	23.97	52.56	38.15	2.07	0.48	0	29
衢州职业技术学院	衢州市	0	23.20	53.54	34.41	0.61	0.15	0	30
宁波卫生职业技术学院	宁波市	0	22.93	52.36	33.96	1.84	0.34	2.12	31
台州科技职业学院	台州市	0	22.73	51.51	34.57	1.39	0.27	0	32
浙江工业职业技术学院	绍兴市	0	22.63	52.72	34.90	3.02	0.36	0	33
杭州万向职业技术学院	杭州市	0	22.54	49.02	34.76	0.52	0.09	0	34
浙江长征职业技术学院	杭州市	0	22.48	49.89	34.17	0.64	0.14	0	35
嘉兴南洋职业技术学院	嘉兴市	0	22.14	50.46	34.10	1.55	0.13	0	36
湖州职业技术学院	湖州市	0	21.98	52.67	34.25	0.74	0.08	0	37
浙江安防职业技术学院	温州市	0	21.14	36.20	34.53	0.03	0.14	0	38
浙江汽车职业技术学院	台州市临海市	0	20.33	34.08	31.53	0.01	0.08	0	39

表 55 重庆市高职院校教师发展指数的测评

院校名称	学校所在地	“双高”建设档次	教师发展指数	A 教师供给指数	B 教师教学发展指数	C 教师科研发展指数	D 教师社会服务指数	E 教师声望指数	排名
重庆工程职业技术学院	重庆市	B5	89.30	56.92	181.30	3.73	2.36	33.44	1
重庆工业职业技术学院	重庆市	B2	73.69	56.75	138.87	6.36	3.24	59.46	2
重庆城市管理职业学院	重庆市	A4	67.82	57.45	131.61	13.24	3.82	8.49	3
重庆电子工程职业学院	重庆市	B2	60.33	61.19	107.09	16.59	1.15	39.81	4
重庆三峡职业学院	重庆市	C6	59.78	38.45	121.05	1.96	0.03	4.90	5
重庆工商职业学院	重庆市	B5	53.35	41.88	98.97	4.93	0.18	32.73	6
重庆科创职业学院	重庆市	0	33.91	36.38	58.17	1.14	0.02	0	7
重庆交通职业学院	重庆市	0	32.30	33.23	56.79	2.33	0.00	0	8
重庆水利电力职业技术学院	重庆市	0	30.89	37.67	53.66	2.93	2.94	0	9
重庆电力高等专科学校	重庆市	B5	29.29	51.83	39.01	8.25	0.03	32.73	10
重庆医药高等专科学校	重庆市	C6	28.55	52.50	39.82	2.72	0.71	37.21	11
重庆城市职业学院	重庆市	0	26.53	39.72	44.46	1.12	0.00	0	12
重庆工贸职业技术学院	重庆市	0	26.22	42.28	42.13	0.39	0.10	0	13
重庆财经职业学院	重庆市	0	26.20	33.54	43.75	1.28	0.21	1.41	14
重庆能源职业学院	重庆市	0	25.56	35.77	44.53	0.02	0.11	0	15
重庆文化艺术职业学院	重庆市	0	25.53	52.90	40.30	0.09	0.08	0	16
重庆电讯职业学院	重庆市	0	24.95	43.15	39.63	0.24	0.05	0	17

续表

院校名称	学校所在地	"双高"建设档次	教师发展指数	A教师供给指数	B教师教学发展指数	C教师科研发展指数	D教师社会服务指数	E教师声望指数	排名
重庆航天职业技术学院	重庆市	C6	24.94	55.88	38.64	4.10	0.11	0	18
重庆房地产职业学院	重庆市	0	24.48	43.35	35.17	0.51	0.13	0	19
重庆机电职业技术大学	重庆市	0	24.01	38.29	35.16	7.71	0.00	0	20
重庆安全技术职业学院	重庆市	0	23.68	35.17	37.37	0.66	0.00	0	21
重庆资源与环境保护职业学院	重庆市	0	23.19	39.48	35.05	0.05	0.05	0	22
重庆艺术工程职业学院	重庆市	0	23.11	41.03	35.05	0.01	0.02	0	23
重庆轻工职业学院	重庆市	0	22.91	48.66	35.06	0.08	0.00	0	24
重庆经贸职业学院	重庆市	0	22.35	44.88	34.44	0.04	0.05	0	25
重庆青年职业技术学院	重庆市	0	22.28	29.10	36.55	0.61	0.03	0	26
重庆信息技术职业学院	重庆市	0	22.25	40.69	33.58	0	0.00	0	27
重庆幼儿师范高等专科学校	重庆市	0	21.95	39.55	36.66	0.86	0.02	0	28
重庆旅游职业学院	重庆市	0	21.87	48.23	33.58	0.20	0.00	0	29
重庆海联职业技术学院	重庆市	0	21.47	32.37	34.26	0.00	0	0	30
重庆护理职业学院	重庆市	0	20.40	40.93	31.14	0.00	0.08	0	31
重庆传媒职业学院	重庆市	0	19.38	42.71	29.13	2.15	0.01	0	32
重庆应用技术职业学院	重庆市	0	16.32	24.85	25.02	0.51	0	0	33

表 56 贵州省高职院校教师发展指数的测评

院校名称	学校所在地	"双高"建设档次	教师发展指数	A教师供给指数	B教师教学发展指数	C教师科研发展指数	D教师社会服务指数	E教师声望指数	排名
贵州电子信息职业技术学院	凯里市	0	44.56	37.10	87.25	0.37	0.06	0	1
贵州交通职业技术学院	贵阳市	C3	36.38	53.07	61.86	1.06	0.06	36.98	2
贵州轻工职业技术学院	贵阳市	C6	31.82	44.65	57.96	0.52	1.31	3.49	3
铜仁职业技术学院	铜仁市	B5	30.68	63.91	44.77	20.10	0.51	5.61	4
遵义职业技术学院	遵义市	0	27.98	32.94	50.28	0.15	0.36	0	5
贵州工商职业学院	贵阳市	0	24.02	17.52	41.12	0.00	0	0	6
贵州职业技术学院	贵阳市	0	23.83	42.05	40.12	0.02	0.03	1.41	7
贵阳护理职业学院	贵阳市	0	23.53	41.75	38.34	0.11	0.03	0	8
贵阳职业技术学院	贵阳市	0	23.22	48.32	37.69	0.16	0.76	0	9
黔西南民族职业技术学院	兴义市	0	22.99	31.74	38.06	0.75	0.13	0.70	10
贵阳幼儿师范高等专科学校	贵阳市	0	22.89	31.88	38.70	0.06	0.17	0	11
黔南民族职业技术学院	都匀市	0	22.65	39.16	35.17	2.10	0.14	0.70	12
毕节幼儿师范高等专科学校	毕节市	0	22.65	32.00	33.08	0.38	0.00	0	13
黔东南民族职业技术学院	凯里市	0	22.17	43.44	34.01	0.40	0.04	0	14
安顺职业技术学院	安顺市	0	22.07	35.86	34.74	0.55	0.22	0	15
贵州航天职业技术学院	遵义市	0	21.48	38.11	34.48	1.60	0.08	0	16

续表

院校名称	学校所在地	“双高”建设档次	教师发展指数	A 教师供给指数	B 教师教学发展指数	C 教师科研发展指数	D 教师社会服务指数	E 教师声望指数	排名
六盘水职业技术学院	六盘水市	0	21.38	34.28	33.63	2.25	0.00	0	17
贵州电子商务职业技术学院	贵阳市	0	21.01	22.16	34.03	0.01	0.00	0	18
贵州盛华职业学院	黔南州惠水县	0	21.00	16.02	38.86	0.05	0.00	0	19
黔南民族医学高等专科学校	都匀市	0	20.99	24.56	32.67	0.54	0.00	0	20
毕节医学高等专科学校	毕节市	0	20.74	34.92	34.95	0.08	0.00	0	21
贵州城市职业学院	贵阳市	0	20.26	31.51	32.21	0.49	0.07	0	22
贵州工业职业技术学院	贵阳市	0	20.17	40.70	31.11	0.23	0.01	0	23
贵州应用技术职业学院	黔南州福泉市	0	18.54	27.17	30.50	0.02	0.00	0	24
贵州水利水电职业技术学院	贵阳市	0	17.09	30.23	29.36	0.00	0.04	0	25
贵州电力职业技术学院	贵阳市	0	15.36	11.85	35.32	0.37	0.01	0	26
贵州护理职业技术学院	贵阳市	0	8.56	47.18	0	0.00	0	3.49	27
六盘水幼儿师范高等专科学校	六盘水市	0	6.09	31.79	0	0	0	0	28

（二）校际高职院校教师发展指数的子维度测评

在对全国高职院校教师发展水平进行测评基础上，本研究又对被测评的高职院校在二级维度（教师供给指数、教师教学发展指数、教学科研发展指数、教学社会服务指数、教师声望指数）上的发展情况进行全面分析。

1. 教师供给指数的测评（前 50）

表 57 列出了教师供给指数较高的前 50 所高职院校。

表 57　高职院校教师供给指数的测评

院校名称	所在省份	"双高"建设档次	A 教师供给指数	A-1 资源投入	A-2 师资质量	A-3 高端平台	排序
日照职业技术学院	山东省	B2	64.33	45.25	95.51	26.66	1
上海工艺美术职业学院	上海市	C3	64.26	53.34	87.82	26.66	2
北京电子科技职业学院	北京市	A1	64.08	52.91	87.82	26.66	3
铜仁职业技术学院	贵州省	B5	63.91	36.22	86.30	73.34	4
天津职业大学	天津市	A1	62.58	36.32	83.17	73.34	5
哈尔滨职业技术学院	黑龙江省	C3	62.47	48.34	88.37	26.66	6
浙江机电职业技术学院	浙江省	A1	61.46	41.01	92.90	26.66	7
江苏海事职业技术学院	江苏省	B5	61.25	47.52	95.85	0	8
哈尔滨城市职业学院	黑龙江省	0	61.21	43.61	99.39	0	9
重庆电子工程职业学院	重庆市	B2	61.19	35.97	96.94	26.66	10
北京戏曲艺术职业学院	北京市	0	61.15	74.72	70.34	0	11
南京工业职业技术学院	江苏省	0	61.13	39.73	93.31	26.66	12
江苏医药职业学院	江苏省	0	61.03	50.59	92.50	0	13
苏州工艺美术职业技术学院	江苏省	B5	60.75	49.87	92.53	0	14

续表

院校名称	所在省份	“双高”建设档次	A 教师供给指数	A-1 资源投入	A-2 师资质量	A-3 高端平台	排序
浙江体育职业技术学院	浙江省	0	59.95	60.42	80.88	0	15
浙江建设职业技术学院	浙江省	A1	59.85	45.50	94.53	0	16
淄博职业学院	山东省	B2	59.75	44.00	95.70	0	17
浙江艺术职业学院	浙江省	C6	59.56	54.21	85.77	0	18
湖南工艺美术职业学院	湖南省	A4	59.54	45.61	93.72	0	19
福建卫生职业技术学院	福建省	0	59.37	58.58	81.27	0	20
浙江工贸职业技术学院	浙江省	C6	59.33	43.06	95.60	0	21
内蒙古机电职业技术学院	内蒙古自治区	C3	59.23	44.99	84.09	26.66	22
东营职业学院	山东省	C6	59.12	46.80	91.64	0	23
上海海事职业技术学院	上海市	0	59.05	47.81	90.54	0	24
福建船政交通职业学院	福建省	C3	58.98	40.05	88.11	26.66	25
青岛港湾职业技术学院	山东省	0	58.73	46.29	91.24	0	26
山西戏剧职业学院	山西省	0	58.63	56.46	81.54	0	27
苏州工业职业技术学院	江苏省	C6	58.61	47.77	89.58	0	28
浙江警官职业学院	浙江省	C6	58.58	45.68	91.45	0	29
黑龙江农业经济职业学院	黑龙江省	A4	58.52	53.00	84.52	0	30
山东理工职业学院	山东省	0	58.51	45.29	91.65	0	31

续表

院校名称	所在省份	“双高”建设档次	A 教师供给指数	A-1 资源投入	A-2 师资质量	A-3 高端平台	排序
深圳信息职业技术学院	广东省	B2	58.45	44.93	91.85	0	32
北京信息职业技术学院	北京市	A4	58.39	54.00	83.29	0	33
河南地矿职业学院	河南省	0	58.33	51.00	85.94	0	34
山西职业技术学院	山西省	B5	58.10	47.67	79.02	26.66	35
无锡商业职业技术学院	江苏省	C6	57.97	40.20	95.16	0	36
浙江金融职业学院	浙江省	B2	57.94	44.46	91.13	0	37
常州工业职业技术学院	江苏省	0	57.91	43.82	91.66	0	38
常州纺织服装职业技术学院	江苏省	0	57.88	43.18	92.18	0	39
济宁职业技术学院	山东省	0	57.85	47.80	87.82	0	40
青岛酒店管理职业技术学院	山东省	C6	57.82	37.67	97.16	0	41
黎明职业大学	福建省	B5	57.77	40.59	94.32	0	42
江苏经贸职业技术学院	江苏省	C3	57.71	42.97	91.99	0	43
襄阳职业技术学院	湖北省	B5	57.69	40.36	94.36	0	44
淮安信息职业技术学院	江苏省	0	57.69	44.47	90.54	0	45
江苏食品药品职业技术学院	江苏省	B5	57.65	45.45	89.54	0	46
江苏农牧科技职业学院	江苏省	B2	57.62	42.81	91.93	0	47
山东电力高等专科学校	山东省	0	57.56	60.83	75.03	0	48

续表

院校名称	所在省份	"双高"建设档次	A 教师供给指数	A-1 资源投入	A-2 师资质量	A-3 高端平台	排序
重庆城市管理职业学院	重庆市	A4	57.45	37.52	96.46	0	49
金华职业技术学院	浙江省	A1	57.36	42.78	91.36	0	50

通过对比可以发现，表 57 内的部分院校未列选在表 26 的 1001 所院校内，例如北京戏曲艺术职业学院、江苏医药职业学院，这是由于我们在做数据分析时剔除了一些整体数据(5 个一级指标)不全的院校，而这些学校的教师供给指数排名靠前。这个现象也充分说明这些院校的教师发展水平极不均衡。其他一级指标的发展也存在类似情况，为表现全国高职高专院校的发展整体现状，我们依然原本地将这些问题暴露出来。

2. 教师教学发展指数的测评(前 50)

表 58 列出了教师教学发展指数较高的前 50 所高职院校。

表 58　高职院校教师教学发展指数的测评

院校名称	所在省份	"双高"建设档次	B 教师教学发展指数	B-1 教学成效	B-2 教学科研	B-3 教学改革	B-4 教学国际化	排名
金华职业技术学院	浙江省	A1	258.24	395.03	84.68	48.27	3.02	1
深圳职业技术学院	广东省	A1	254.16	391.83	45.23	73.96	8.31	2
福建信息职业技术学院	福建省	A4	215.23	360.85	0	0.66	6.29	3
重庆工程职业技术学院	重庆市	B5	181.30	298.09	1.46	15.28	17.38	4
潍坊职业学院	山东省	B5	157.38	253.10	1.46	36.67	4.28	5
陕西工业职业技术学院	陕西省	A1	150.25	238.75	0.73	44.95	6.29	6
福建船政交通职业学院	福建省	C3	148.36	244.41	0.73	15.28	3.02	7
重庆工业职业技术学院	重庆市	B2	138.87	224.29	4.63	23.62	9.31	8

续表

院校名称	所在省份	“双高”建设档次	B 教师教学发展指数	B-1 教学成效	B-2 教学科研	B-3 教学改革	B-4 教学国际化	排名
安徽机电职业技术学院	安徽省	A4	133.72	221.95	0.73	8.78	0.25	9
邢台职业技术学院	河北省	A4	132.27	202.25	26.15	7.74	100	10
重庆城市管理职业学院	重庆市	A4	131.61	212.19	8.05	18.30	13.60	11
深圳信息职业技术学院	广东省	B2	130.35	184.87	59.19	50.99	22.16	12
江西现代职业技术学院	江西省	0	124.90	209.82	0	0.22	0	13
广州番禺职业技术学院	广东省	B2	123.65	182.06	28.35	59.94	2.51	14
重庆三峡职业学院	重庆市	C6	121.05	194.50	0	31.14	0	15
柳州铁道职业技术学院	广西壮族自治区	0	120.04	201.23	0.73	0.22	2.01	16
九江职业技术学院	江西省	C3	119.36	198.35	1.46	5.09	3.27	17
西安航空职业技术学院	陕西省	C3	118.08	193.20	2.68	15.50	0	18
芜湖职业技术学院	安徽省	C3	115.31	189.94	2.68	10.62	0	19
淮安信息职业技术学院	江苏省	0	114.63	190.51	1.46	5.53	1.00	20
长沙民政职业技术学院	湖南省	B2	114.36	168.15	30.17	49.67	9.57	21
无锡商业职业技术学院	江苏省	C6	113.24	176.65	31.77	12.99	6.04	22
湖南汽车工程职业学院	湖南省	A4	109.32	177.87	0.73	18.52	3.02	23
重庆电子工程职业学院	重庆市	B2	107.09	165.25	23.96	24.06	7.80	24

续表

院校名称	所在省份	“双高”建设档次	B 教师教学发展指数	B-1 教学成效	B-2 教学科研	B-3 教学改革	B-4 教学国际化	排名
江西环境工程职业学院	江西省	B5	105.59	167.03	0	36.23	0.25	25
南京工业职业技术学院	江苏省	0	104.10	157.91	29.57	19.19	28.21	26
河南工业职业技术学院	河南省	B5	103.95	168.79	0.73	5.75	39.79	27
黄河水利职业技术学院	河南省	A1	103.77	160.74	2.92	22.80	61.71	28
江苏信息职业技术学院	江苏省	0	103.77	174.05	0.73	0.22	0.50	29
合肥职业技术学院	安徽省	0	103.50	166.19	0.73	26.27	0	30
无锡职业技术学院	江苏省	A1	103.09	148.58	35.19	26.05	68.01	31
北京工业职业技术学院	北京市	B2	102.43	162.42	1.95	30.04	5.28	32
山东商业职业技术学院	山东省	A1	101.22	154.31	0.73	44.43	27.95	33
长沙航空职业技术学院	湖南省	B5	100.62	163.72	2.92	15.28	1.25	34
义乌工商职业技术学院	浙江省	0	100.48	153.86	27.62	22.95	3.27	35
湖南化工职业技术学院	湖南省	B5	99.09	150.11	1.22	50.85	14.60	36
重庆工商职业学院	重庆市	B5	98.97	162.45	3.66	9.74	0	37
许昌职业技术学院	河南省	B5	98.76	158.29	0	26.49	0.75	38
湖南工业职业技术学院	湖南省	A4	96.90	146.89	36.93	15.50	6.80	39
烟台职业学院	山东省	B5	96.82	157.92	1.46	14.83	1.00	40

续表

院校名称	所在省份	“双高”建设档次	B 教师教学发展指数	B-1 教学成效	B-2 教学科研	B-3 教学改革	B-4 教学国际化	排名
广东轻工职业技术学院	广东省	B2	95.45	121.48	57.23	77.42	0	41
山东职业学院	山东省	C6	95.45	156.08	0	15.05	0	42
浙江商业职业技术学院	浙江省	C6	93.36	149.17	2.19	23.17	4.28	43
安徽工业经济职业技术学院	安徽省	0	92.98	155.39	2.92	0	0	44
莱芜职业技术学院	山东省	0	92.95	147.22	0	31.36	0	45
北京信息职业技术学院	北京市	A4	92.76	149.94	0	9.96	30.47	46
江西应用技术职业学院	江西省	A4	91.85	149.97	0	15.28	0	47
长春职业技术学院	吉林省	A4	88.73	147.00	5.85	1.32	0	48
顺德职业技术学院	广东省	B2	88.71	114.48	71.01	47.97	0.75	49
淄博职业学院	山东省	B2	88.71	133.54	21.03	30.26	7.05	50

3. 教师科研发展指数的测评(前 50)

表 59 列出了教师科研发展指数较高的前 50 所高职院校。

表 59　高职院校教师科研发展指数的测评

院校名称	所在省份	“双高”建设档次	C 教师科研发展指数	C-1 横向科研	C-2 纵向科研	C-3 专利获取数	排名
无锡职业技术学院	江苏省	A1	28.13	19.51	44.43	26.45	1
深圳职业技术学院	广东省	A1	28.05	2.33	63.99	43.69	2
宁波职业技术学院	浙江省	B2	25.44	24.00	18.64	40.66	3
湖南中医药高等专科学校	湖南省	0	21.73	40.32	2.00	0.19	4

续表

院校名称	所在省份	“双高”建设档次	C 教师科研发展指数	C-1 横向科研	C-2 纵向科研	C-3 专利获取数	排名
深圳信息职业技术学院	广东省	B2	20.83	2.48	52.73	21.80	5
江苏农牧科技职业学院	江苏省	B2	20.40	9.32	45.50	11.41	6
铜仁职业技术学院	贵州省	B5	20.10	35.29	5.47	0.06	7
商丘职业技术学院	河南省	0	19.47	35.70	2.37	0.46	8
四川中医药高等专科学校	四川省	0	18.60	35.01	0.94	0	9
金华职业技术学院	浙江省	A1	17.83	8.72	39.08	9.48	10
苏州农业职业技术学院	江苏省	B5	17.55	17.00	23.08	10.08	11
江苏建筑职业技术学院	江苏省	A4	17.38	5.97	8.70	64.49	12
重庆电子工程职业学院	重庆市	B2	16.59	3.94	49.14	0	13
温州职业技术学院	浙江省	C3	14.81	21.91	7.82	5.72	14
浙江育英职业技术学院	浙江省	0	14.80	26.50	3.13	0.03	15
常州机电职业技术学院	江苏省	C3	14.29	24.22	2.70	4.49	16
江苏农林职业技术学院	江苏省	A1	13.33	7.86	20.94	16.75	17
重庆城市管理职业学院	重庆市	A4	13.24	5.81	5.86	46.78	18
山东畜牧兽医职业学院	山东省	B5	13.06	21.80	4.29	2.14	19
南京工业职业技术学院	江苏省	0	12.93	10.21	5.84	32.37	20

续表

院校名称	所在省份	"双高"建设档次	C 教师科研发展指数	C-1 横向科研	C-2 纵向科研	C-3 专利获取数	排名
佛山职业技术学院	广东省	0	11.50	2.64	17.51	27.30	21
湖南工业职业技术学院	湖南省	A4	11.20	12.48	13.34	3.97	22
四川工程职业技术学院	四川省	C3	11.05	16.76	2.42	8.61	23
江苏联合职业技术学院	江苏省	0	10.81	0.16	3.09	54.20	24
常州工业职业技术学院	江苏省	0	10.46	7.73	1.64	32.75	25
黎明职业大学	福建省	B5	10.38	4.76	7.17	31.85	26
江西应用技术职业学院	江西省	A4	10.34	18.04	0.91	3.45	27
山东理工职业学院	山东省	0	10.15	15.58	6.61	0.23	28
浙江交通职业技术学院	浙江省	B5	10.08	5.37	8.04	27.01	29
浙江金融职业学院	浙江省	B2	9.69	7.81	3.43	25.33	30
苏州经贸职业技术学院	江苏省	0	9.67	5.52	1.91	34.35	31
河南农业职业学院	河南省	B5	9.67	3.06	25.80	2.44	32
长沙航空职业技术学院	湖南省	B5	9.52	12.80	9.13	0.70	33
徐州工业职业技术学院	江苏省	C6	9.50	10.11	5.07	14.99	34
潍坊职业学院	山东省	B5	9.49	5.06	13.29	16.10	35
江海职业技术学院	江苏省	0	9.29	0.03	0.49	50.42	36
浙江旅游职业学院	浙江省	B5	9.16	11.40	10.24	0.93	37
淮安信息职业技术学院	江苏省	0	9.02	7.44	8.05	15.18	38

续表

院校名称	所在省份	“双高”建设档次	C 教师科研发展指数	C-1 横向科研	C-2 纵向科研	C-3 专利获取数	排名
湖北生物科技职业学院	湖北省	0	9.01	0.23	30.07	0	39
南京交通职业技术学院	江苏省	0	8.96	3.88	2.81	33.70	40
宿迁职业技术学院	江苏省	0	8.84	0	0	48.86	41
苏州职业大学	江苏省	0	8.78	0.37	19.58	15.47	42
济南职业学院	山东省	B5	8.46	2.23	5.51	31.27	43
三门峡职业技术学院	河南省	0	8.40	0.28	2.83	40.95	44
重庆电力高等专科学校	重庆市	B5	8.25	1.25	0.54	41.07	45
常州工程职业技术学院	江苏省	B5	8.25	7.96	1.55	20.03	46
苏州健雄职业技术学院	江苏省	0	8.11	2.58	1.71	34.56	47
益阳职业技术学院	湖南省	0	8.06	11.24	0.25	11.63	48
南京铁道职业技术学院	江苏省	C6	7.96	1.07	1.40	38.57	49
广东轻工职业技术学院	广东省	B2	7.95	2.92	11.55	16.62	50

4. 教师社会服务指数的测评(前 50)

表 60 列出了教师社会服务指数较高的前 50 所高职院校。

表 60　高职院校教师社会服务指数的测评

院校名称	所在省份	“双高”建设档次	D 教师社会服务指数	D-1 国内社会服务	D-2 国际社会服务	排名
新疆兵团警官高等专科学校	新疆维吾尔自治区	0	59.74	74.23	0	1
烟台职业学院	山东省	B5	25.58	0.23	130.18	2

续表

院校名称	所在省份	"双高"建设档次	D 教师社会服务指数	D-1 国内社会服务	D-2 国际社会服务	排名
青海警官职业学院	青海省	0	20.77	25.81	0	3
广西安全工程职业技术学院	广西壮族自治区	0	15.20	18.89	0	4
长沙民政职业技术学院	湖南省	B2	15.12	0.17	76.80	5
武汉城市职业学院	湖北省	0	14.71	0.23	74.42	6
四川西南航空职业学院	四川省	0	12.73	15.81	0	7
贵州航空职业技术学院	贵州省	0	10.40	12.92	0	8
红河卫生职业学院	云南省	0	7.14	8.88	0	9
昆明工业职业技术学院	云南省	C6	6.98	8.68	0	10
宁夏警官职业学院	宁夏回族自治区	0	6.92	8.59	0	11
长春汽车工业高等专科学校	吉林省	C3	6.49	0.19	32.48	12
南京工业职业技术学院	江苏省	0	6.26	0.12	31.56	13
苏州农业职业技术学院	江苏省	B5	5.83	0.24	28.91	14
山东电力高等专科学校	山东省	0	5.55	6.69	0.82	15
四川工程职业技术学院	四川省	C3	5.47	0.16	27.40	16
黎明职业大学	福建省	B5	5.25	0.70	24.02	17
无锡职业技术学院	江苏省	A1	5.24	0.13	26.30	18
广东舞蹈戏剧职业学院	广东省	0	5.17	6.41	0.04	19

续表

院校名称	所在省份	"双高"建设档次	D 教师社会服务指数	D-1 国内社会服务	D-2 国际社会服务	排名
江苏联合职业技术学院	江苏省	0	4.96	0.55	23.18	20
邢台职业技术学院	河北省	A4	4.54	0.32	21.92	21
常州工业职业技术学院	江苏省	0	4.39	0.26	21.44	22
淄博职业学院	山东省	B2	4.34	0.12	21.77	23
义乌工商职业技术学院	浙江省	0	4.33	0.66	19.50	24
河南工业职业技术学院	河南省	B5	4.17	1.36	15.75	25
厦门海洋职业技术学院	福建省	0	4.06	4.64	1.67	26
江苏农林职业技术学院	江苏省	A1	4.05	0.20	19.90	27
成都职业技术学院	四川省	B5	3.99	0.42	18.72	28
湖南铁路科技职业技术学院	湖南省	0	3.98	0.67	17.63	29
重庆城市管理职业学院	重庆市	A4	3.82	0.09	19.20	30
深圳信息职业技术学院	广东省	B2	3.65	1.01	14.57	31
宁波职业技术学院	浙江省	B2	3.63	0.70	15.74	32
山东科技职业学院	山东省	A4	3.50	0.15	17.35	33
广东农工商职业技术学院	广东省	0	3.46	0.11	17.30	34
北京网络职业学院	北京市	0	3.46	4.30	0	35
四川交通职业技术学院	四川省	A4	3.42	0.92	13.73	36

续表

院校名称	所在省份	“双高”建设档次	D 教师社会服务指数	D-1 国内社会服务	D-2 国际社会服务	排名
青岛港湾职业技术学院	山东省	0	3.24	0.12	16.11	37
重庆工业职业技术学院	重庆市	B2	3.24	0.28	15.44	38
青岛酒店管理职业技术学院	山东省	C6	3.24	0.14	16.00	39
广州民航职业技术学院	广东省	C6	3.05	0.15	15.05	40
南京科技职业学院	江苏省	0	2.95	0.22	14.19	41
重庆水利电力职业技术学院	重庆市	0	2.94	0.07	14.80	42
福建幼儿师范高等专科学校	福建省	0	2.87	0.40	13.09	43
山东理工职业学院	山东省	0	2.86	0.56	12.32	44
福建船政交通职业学院	福建省	C3	2.82	0.19	13.66	45
河北旅游职业学院	河北省	0	2.82	0.05	14.23	46
常州机电职业技术学院	江苏省	C3	2.78	0.13	13.73	47
阜阳幼儿师范高等专科学校	安徽省	0	2.78	3.45	0	48
山东商业职业技术学院	山东省	A1	2.77	0.16	13.56	49
江苏建筑职业技术学院	江苏省	A4	2.59	0.12	12.74	50

5. 教师声望指数的测评（前 50）

表 61 列出了教师声望指数较高的前 50 所高职院校。

表 61 高职院校教师声望指数的测评

院校名称	所在省份	"双高"建设档次	E 教师声望	E-1 团队荣誉	E-2 比赛获奖	E-3 个人荣誉	排名
天津职业大学	天津市	A1	73.43	100	7.40	100	1
郑州铁路职业技术学院	河南省	B5	63.10	100	7.89	50	2
重庆工业职业技术学院	重庆市	B2	59.46	100	7.40	33.33	3
山东商业职业技术学院	山东省	A1	58.24	100	15.29	16.66	4
深圳职业技术学院	广东省	A1	55.97	100	7.40	16.66	5
南京工业职业技术学院	江苏省	0	55.40	100	17.60	0	6
长沙航空职业技术学院	湖南省	B5	53.68	65	0	100	7
金华职业技术学院	浙江省	A1	53.59	65	60.53	16.66	8
河南经贸职业学院	河南省	0	51.82	100	5.09	0	9
南京信息职业技术学院	江苏省	B2	44.67	65	17.27	33.33	10
浙江金融职业学院	浙江省	B2	43.25	65	12.33	33.33	11
广州番禺职业技术学院	广东省	B2	43.20	65	0	50	12
日照职业技术学院	山东省	B2	43.20	65	0	50	13
北京工业职业技术学院	北京市	B2	42.59	65	10.03	33.33	14
邢台职业技术学院	河北省	A4	42.12	65	32.73	0	15
浙江经济职业技术学院	浙江省	B5	42.07	65	32.56	0	16
长沙民政职业技术学院	湖南省	B2	42.07	65	20.39	16.66	17

续表

院校名称	所在省份	“双高”建设档次	E 教师声望	E-1 团队荣誉	E-2 比赛获奖	E-3 个人荣誉	排名
西安航空职业技术学院	陕西省	C3	42.03	65	20.23	16.66	18
陕西工业职业技术学院	陕西省	A1	41.93	65	7.73	33.33	19
辽宁省交通高等专科学校	辽宁省	B2	41.84	65	7.40	33.33	20
成都航空职业技术学院	四川省	A4	41.13	65	4.93	33.33	21
成都职业技术学院	四川省	B5	40.75	65	27.96	0	22
天津电子信息职业技术学院	天津市	A4	40.75	65	15.79	16.66	23
黄河水利职业技术学院	河南省	A1	40.47	65	14.80	16.66	24
广西职业技术学院	广西壮族自治区	B5	40.42	65	2.46	33.33	25
广西建设职业技术学院	广西壮族自治区	C6	40.00	65	13.16	16.66	26
重庆电子工程职业学院	重庆市	B2	39.81	65	12.50	16.66	27
湖南铁道职业技术学院	湖南省	C3	39.76	65	12.33	16.66	28
湖南汽车工程职业学院	湖南省	A4	39.76	65	12.33	16.66	29
淄博职业学院	山东省	B2	39.71	65	0	33.33	30
四川交通职业技术学院	四川省	A4	39.71	65	0	33.33	31
温州职业技术学院	浙江省	C3	39.71	65	0	33.33	32
滨州职业学院	山东省	C3	38.49	65	7.89	16.66	33

续表

院校名称	所在省份	"双高"建设档次	E 教师声望	E-1 团队荣誉	E-2 比赛获奖	E-3 个人荣誉	排名
柳州职业技术学院	广西壮族自治区	B5	38.39	65	19.73	0	34
长春汽车工业高等专科学校	吉林省	C3	38.39	65	19.73	0	35
河北交通职业技术学院	河北省	0	38.34	65	7.40	16.66	36
武汉交通职业学院	湖北省	0	38.34	65	7.40	16.66	37
重庆医药高等专科学校	重庆市	C6	37.21	65	15.62	0	38
兰州石化职业技术学院	甘肃省	A4	37.02	65	14.96	0	39
贵州交通职业技术学院	贵州省	C3	36.98	65	2.63	16.66	40
长春职业技术学院	吉林省	A4	36.98	65	2.63	16.66	41
四川工程职业技术学院	四川省	C3	36.98	65	2.63	16.66	42
黑龙江建筑职业技术学院	黑龙江省	A4	36.93	65	2.46	16.66	43
唐山工业职业技术学院	河北省	B5	36.27	65	12.33	0	44
黑龙江农业经济职业学院	黑龙江省	A4	36.27	65	12.33	0	45
徐州幼儿师范高等专科学校	江苏省	0	36.27	65	12.33	0	46
广东轻工职业技术学院	广东省	B2	36.22	65	0	16.66	47
广东机电职业技术学院	广东省	C6	36.22	65	0	16.66	48

续表

院校名称	所在省份	"双高"建设档次	E 教师声望	E-1 团队荣誉	E-2 比赛获奖	E-3 个人荣誉	排名
深圳信息职业技术学院	广东省	B2	36.22	65	0	16.66	49
武汉船舶职业技术学院	湖北省	C3	36.22	65	0	16.66	50

（三）校际高职院校教师发展指数的比较分析

本研究报告共统计了1001所高职院校教师发展现状，占2019年全国高职高专院校总数（1423所）的70.34%，覆盖面较广泛，基本能够反映我国高职院校教师发展的基本现状。在对我国高职院校教师发展现状进行客观呈现的基础上，十分有必要通过数据的挖掘分析对校际高职院校教师发展的差异情况进行分析。即目前我国高职院校教师发展是否存在着较大的差异，发展结构是否合理？我国高职院校在不同的子维度上的发展是否存在着较大的差异，发展结构是否合理？不同建设计划认定下的高职院校教师发展水平及其在子维度上的发展水平是否存在着较大的差异？

1. 校际高职院校教师发展指数的整体比较分析

由表26可知，深圳职业技术学院的教师发展指数最高（128.91），将所有院校的教师发展指数得分换算成百分制得分，设深圳职业技术学院得分为100分，其他院校分别重新进行计分。高职院校教师发展指数的得分情况如图3所示，整个得分曲线非常陡峭，说明高分段院校占比较少，呈现断崖式下跌，可见院校之间的教师发展水平差距非常大，绝大多数高职院校的得分位于20分以下。

根据高职院校教师发展指数的得分情况，将得分在80～100分的院校划分为高分段，得分在60～80分的院校划分为中高分段，得分在40～60分的院校划分为中分段，得分在20～40分的院校划分为中低分段，得分在20分以下的院校划分为低分段。根据以上划分标准，得分在高分段的院校仅有2所，分别是广东的深圳职业技术学院和浙江的金华职业技术学院，占比为0.20%；得分在中高分段的院校有3所，占比为0.30%；得分在中分段的院校有38所，占比为3.80%；得分在中低分段的院校有273所，占比为27.27%；得分在低分段的院校有685所，占比为68.43%。由以上分析可以看出，我国高职院校教师发展之间存在着较为悬殊的差距，绝大多数高职院校的教师发展指数都处于中低分段以下，90%左右的高职院校得分处于40分以下。基于以上数据分析结果，我国高职院校教师发展水平还不够

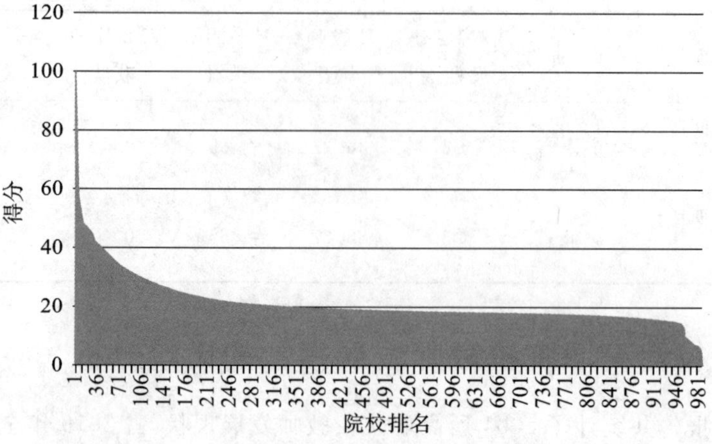

图 3　高职院校教师发展指数院校排名分布图

充分，结构不够合理，高职院校之间教师发展水平存在着极大的差距，教师发展水平较高的院校仅占很小的比重，绝大多数高职院校的教师发展尚处于较低水平。

为了能够客观了解不同类型院校在教师发展水平上存在的差异，本研究采用单因素分析方法，试图考查不同办学主体、不同办学层次高职院校在教师发展水平上是否存在着显著的差异，统计结果如表 62 所示。

表 62　基于院校特征的高职院校教师发展水平的差异分析（$N=1001$）

类别		样本量	平均分	标准差	F 值	Sig 值	比较
办学主体	省级政府	460	28.40	11.12	19.23^{***}	0.000	省级政府＞地市、县级政府＞行业企业＞民办
	地市、县级政府	190	27.92	15.11			
	行业企业	146	27.64	9.82			
	民办	205	21.74	3.32			
示范	原示范校	90	42.54	21.04	247.38^{***}	0.000	原示范校＞原非示范校
	原非示范校	911	25.28	8.06			
双高	“双高”院校	172	41.10	17.21	523.53^{***}	0.000	“双高”院校＞非“双高”院校
	非“双高”院校	829	23.86	6.02			

注：*** 表示 $p\leqslant 0.001$，** 表示 $p\leqslant 0.01$，* 表示 $p\leqslant 0.05$。

在高职院校教师发展水平的办学主体差异上主效应较显著（$F=19.23^{***}$），办学主体的不同会影响高职院校教师发展的水平，经事后检验发现，省级政府举办的高职院校、地市县级政府举办的高职院校以及行业企业举办的高职院校在教师发展水平上的得分都显著高于民办高职院校。由此可知，公办高职院校之间的教师发展水平并没有显著差异，但都显著高于民办高职院校。

在高职院校教师发展水平的示范校差异上主效应显著($F=247.38^{***}$)，是否是示范性高职院校会影响高职院校教师发展水平的高低，经事后检验发现，原示范性高职院校教师发展水平显著高于原非示范性高职院校。

在高职院校教师发展水平的“双高”校差异上主效应显著($F=523.53^{***}$)，是否为“双高”院校会影响高职院校教师发展水平的高低，经事后检验发现，“双高”院校教师发展水平显著高于非“双高”院校。

2. 校际高职院校教师供给指数的比较分析

在对高职院校教师发展指数的得分进行分析后，又对高职院校教师供给指数的发展情况及内部结构状况进行了分析。由表 57 可知，日照职业技术学院在教师供给指数上的得分最高(64.33)。将所有院校的得分换算成百分制得分，设日照职业技术学院得分为 100 分，其他院校分别重新进行计分。高职院校教师供给指数的得分情况如图 4 所示，可见整个得分曲线较为平滑，说明院校之间在教师供给水平上并没有太大差异，绝大多数高职院校的得分在 20～100 分之间。

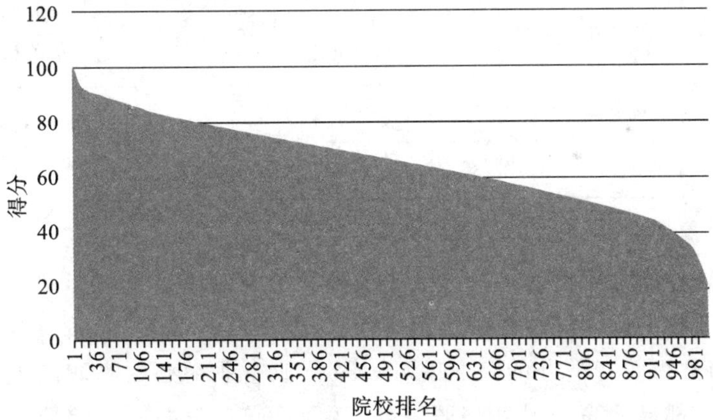

图 4　高职院校教师供给指数院校排名分布图

根据高职院校教师供给指数得分情况，将得分在 80～100 分的院校划分为高分段，得分在 60～80 分的院校划分为中高分段，得分在 40～60 分的院校划分为中分段，得分在 20～40 分的院校划分为中低分段，得分在 20 分以下的院校划分为低分段。根据以上划分标准，得分在高分段的院校有 202 所，占整个统计院校的 20.18%；得分在中高分段的院校则有 414 所，占比为 41.36%；得分在中分段的院校有 324 所，占比为 32.37%；得分在中低分段的院校有 57 所，占比 5.69%；得分在低分段的院校有 4 所，占比为 0.40%。从以上分析中可以看出，我国高职院校教师供给指数得分分布较为均匀，大部分高职院校都处于中高分段，仅有少部分高职院校处于中低分段及以下。基于以上数据分析，我国高职院校教师供给指数的得分分布较为合理，绝大多数院校之间的差异较小，这可以说明绝大部分高职院校在师资队伍建设上投入较高，有效提升了整个师资队伍的建设质量与水平。

为了能够客观了解不同类型院校在教师供给水平上存在的差异，本研究采用单因素分析方法，试图考查不同办学主体、不同办学层次高职院校在教师供给水平上是否存在着显著的差异，统计结果如表 63 所示。

表 63　基于院校特征的高职院校教师供给水平的差异分析（$N=1001$）

类别		样本量	平均分	标准差	F 值	Sig 值	比较
办学主体	省级政府	460	43.89	9.54	49.91^{***}	0.000	行业企业＞省级政府＞地市、县级政府＞民办
	地市、县级政府	190	42.39	10.30			
	行业企业	146	44.06	9.88			
	民办	205	34.47	8.91			
示范	原示范校	90	51.26	7.43	93.13^{***}	0.000	原示范校＞原非示范校
	原非示范校	911	40.76	10.06			
双高	“双高”院校	172	52.54	6.03	298.69^{***}	0.000	“双高”院校＞非“双高”院校
	非“双高”院校	829	39.45	9.54			

注：*** 表示 $p\leqslant 0.001$，** 表示 $p\leqslant 0.01$，* 表示 $p\leqslant 0.05$。

在高职院校教师供给水平的办学主体差异上主效应显著（$F=49.91^{***}$），办学主体的不同会影响高职院校教师供给的水平，经事后检验发现，省级政府举办的高职院校、地市县级政府举办的高职院校以及行业企业举办的高职院校在教师供给水平上的得分都显著高于民办高职院校。由此可知，公办高职院校之间的教师供给水平并没有显著差异，但都显著高于民办高职院校。

在高职院校教师供给水平的示范校差异上主效应显著（$F=93.13^{***}$），是否是示范性高职院校会影响高职院校教师供给水平的高低，经事后检验发现，原示范性高职院校教师供给水平显著高于原非示范性高职院校。

在高职院校教师供给水平的“双高”校差异上主效应显著（$F=298.69^{***}$），是否为“双高”院校会影响高职院校教师供给水平的高低，经事后检验发现，“双高”院校教师供给水平显著高于非“双高”院校。

3. 校际高职院校教师教学发展指数的比较分析

由表58可知，金华职业技术学院在教师教学发展指数上的得分最高(258.24)。将所有院校的得分换算成百分制得分，设金华职业技术学院得分为100分，其他院校分别重新进行计分。高职院校教师教学发展指数的得分情况如图5所示，整个得分曲线非常陡峭，说明高分段院校占比较少，呈现断崖式下跌，可见院校之间的教师教学发展水平差距非常大，绝大多数高职院校的得分位于20分以下。

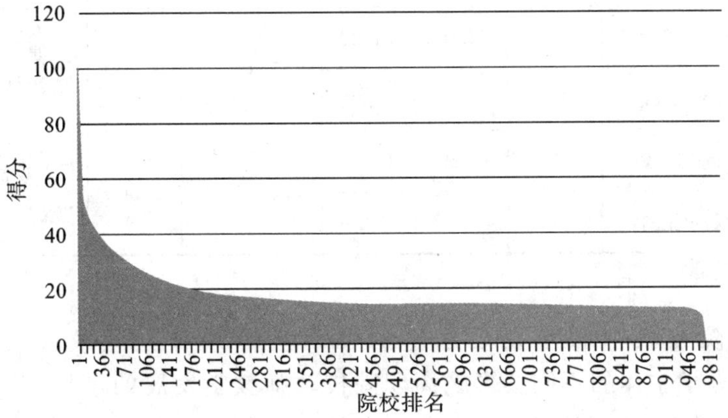

图5　高职院校教师教学发展指数院校排名分布图

根据高职院校教师教学发展指数得分情况，将得分在80～100分的院校划分为高分段，得分在60～80分的院校划分为中高分段，得分在40～60分的院校划分为中分段，得分在20～40分的院校划分为中低分段，得分在20分以下的院校划分为低分段。根据以上划分标准，得分在高分段的院校有3所，仅占被调查高职院校总数的0.30%；得分在中高分段的院校有2所，占比仅为0.20%；得分在中分段的院校有25所，占比为2.40%；得分在中低分段的院校有142所，占比为14.18%；得分在低分段的院校有829所，占比为82.82%。基于以上分析结果，我国高职院校在教师教学发展水平上不够充分，结构不够合理，高职院校内部教师教学发展水平之间存在着较大的差距，教师教学发展水平较高的院校仅占被调查高职院校总数的1%不到，绝大部分高职院校的教师教学发展同优秀院校之间差异悬殊。

为了能够客观了解不同类型院校在教师教学发展水平上存在的差异，本研究采用单因素分析方法，试图考查不同办学主体、不同办学层次高职院校在教师教学发展水平上是否存在着显著的差异，统计结果如表64所示。

表 64 基于院校特征的高职院校教师教学发展水平的差异分析($N=1001$)

类别		样本量	平均分	标准差	F 值	Sig 值	比较
办学主体	省级政府	460	46.60	23.28	17.09***	0.000	省级政府＞地市、县级政府＞行业企业＞民办
	地市、县级政府	190	45.81	31.86			
	行业企业	146	44.61	20.00			
	民办	205	33.46	7.76			
示范	原示范校	90	74.01	45.29	207.13***	0.000	原示范校＞原非示范校
	原非示范校	911	40.45	16.98			
双高	“双高”院校	172	70.97	37.33	412.90***	0.000	“双高”院校＞非“双高”院校
	非“双高”院校	829	37.76	13.09			

注：*** 表示 $p\leqslant0.001$，** 表示 $p\leqslant0.01$，* 表示 $p\leqslant0.05$。

在高职院校教师教学发展水平的办学主体差异上主效应较显著($F=17.09^{***}$)，办学主体的不同会影响高职院校教师教学发展的水平，经事后检验发现，省级政府举办的高职院校、地市县级政府举办的高职院校以及行业企业举办的高职院校在教师教学发展水平上的得分都显著高于民办高职院校。由此可知，公办高职院校之间的教师教学发展水平并没有显著差异，但都显著高于民办高职院校。

在高职院校教师教学发展水平的示范校差异上主效应显著($F=207.13^{***}$)，是否是示范性高职院校会影响高职院校教师教学发展水平的高低，经事后检验发现，原示范性高职院校教师教学发展水平显著高于原非示范性高职院校。

在高职院校教师教学发展水平的“双高”校差异上主效应显著($F=412.90^{***}$)，是否为“双高”院校会影响高职院校教师教学发展水平的高低，经事后检验发现，“双高”院校教师教学发展水平显著高于非“双高”院校。

4. 校际高职院校教师科研发展指数的比较分析

由表 59 可知，无锡职业技术学院在教师科研发展指数上的得分最高(28.13)。将所有院校的得分换算成百分制得分，设无锡职业技术学院得分为 100 分，其他院校分别重新进行计分。高职院校教师科研发展指数的得分情况如图 6 所示，可见整个得分曲线非常陡峭，说明高分段院校占比较少，呈现明显的断崖式下跌，而且绝大部分高职院校得分在 20 分以下，同排名靠前院校的差异悬殊。

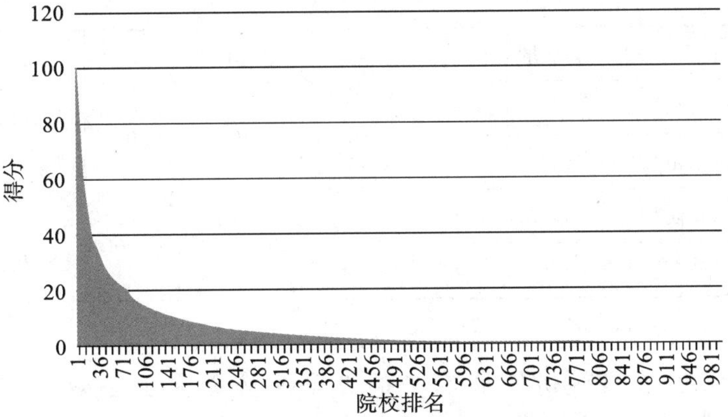

图 6　高职院校教师科研发展指数院校排名分布图

根据高职院校教师科研发展指数得分情况，将得分在 80～100 分的院校划分为高分段，得分在 60～80 分的院校划分为中高分段，得分在 40～60 分的院校划分为中分段，得分在 20～40 分的院校划分为中低分段，得分在 20 分以下的院校划分为低分段。根据以上划分标准，得分在高分段的院校仅有 3 所，仅占被调查高职院校总数的0.30％；得分在中高分段的院校有 9 所，仅占被调查高职院校总数的 0.90％；得分在中分段的院校有 9 所，仅占被调查高职院校总数的 0.90％；得分在中低分段的院校有 59 所，占被调查高职院校总数的 5.90％；得分在低分段的院校有 921 所，占比为 92.01％。基于以上分析结果，我国高职院校教师科研发展水平不够充分，结构不够合理，教师科研发展水平处于高分段的高职院校所占比重非常小，绝大部分高职院校的教师科研发展水平较低，差异悬殊。

为了能够客观了解不同类型院校在教师科研发展水平上存在的差异，本研究采用单因素分析方法，试图考查不同办学主体、不同办学层次高职院校在教师科研发展水平上是否存在着显著的差异，统计结果如表 65 所示。

表 65　基于院校特征的高职院校教师科研发展水平的差异分析（$N=1001$）

类别		样本量	平均分	标准差	F 值	Sig 值	比较
办学主体	省级政府	460	1.74	3.55	8.41^{***}	0.000	地市、县级政府＞省级政府＞行业企业＞民办
	地市、县级政府	190	1.89	3.62			
	行业企业	146	1.73	3.04			
	民办	205	0.53	1.51			

续表

类别		样本量	平均分	标准差	*F* 值	Sig 值	比较
示范	原示范校	90	4.74	6.12	110.06***	0.000	原示范校＞原非示范校
	原非示范校	911	1.20	2.56			
双高	“双高”院校	172	4.56	5.42	229.42***	0.000	“双高”院校＞非“双高”院校
	非“双高”院校	829	0.89	2.02			

注：*** 表示 $p \leqslant 0.001$，** 表示 $p \leqslant 0.01$，* 表示 $p \leqslant 0.05$。

在高职院校教师科研发展水平的办学主体差异上主效应较显著（$F=8.41^{***}$），办学主体的不同会影响高职院校教师科研发展的水平，经事后检验发现，省级政府举办的高职院校、地市县级政府举办的高职院校以及行业企业举办的高职院校在教师科研发展水平上的得分都显著高于民办高职院校。由此可知，公办高职院校之间的教师科研发展水平并没有显著差异，但都显著高于民办高职院校。

在高职院校教师科研发展水平的示范校差异上主效应显著（$F=110.06^{***}$），是否是示范性高职院校会影响高职院校教师科研发展水平的高低，经事后检验发现，原示范性高职院校教师科研发展水平显著高于原非示范性高职院校。

在高职院校教师科研发展水平的“双高”校差异上主效应显著（$F=229.42^{***}$），是否为“双高”院校会影响高职院校教师科研发展水平的高低，经事后检验发现，“双高”院校教师科研发展水平显著高于非“双高”院校。

5. 校际高职院校教师社会服务指数的比较分析

由表 60 可知，新疆兵团警官高等专科学校在教师社会服务指数上的得分最高(59.74)。将所有院校的得分换算成百分制得分，设新疆兵团警官高等专科学校得分为 100 分，其他院校分别重新进行计分。高职院校教师社会服务指数的得分情况如图 7 所示，可见整个得分曲线非常陡峭，说明高分段院校占比较少，呈现明显的断崖式下跌，而且绝大部分高职院校的得分在 20 分以下，同排名靠前院校的差异悬殊。

根据高职院校教师社会服务指数得分情况，将得分在 80～100 分的院校划分为高分段，得分在 60～80 分的院校划分为中高分段，得分在 40～60 分的院校划分为中分段，得分在 20～40 分的院校划分为中低分段，得分在 20 分以下的院校划分为低分段。根据以上划分标准，得分在高分段的院校仅有 1 所，仅占被调查高职院校总数的0.10%；得分在中高分段的院校有 0 所；得分在中分段的院校有 1 所，仅占被调查高职院校总数的 0.10%；得分在中低分段的院校有 3 所，占被调查高职院校

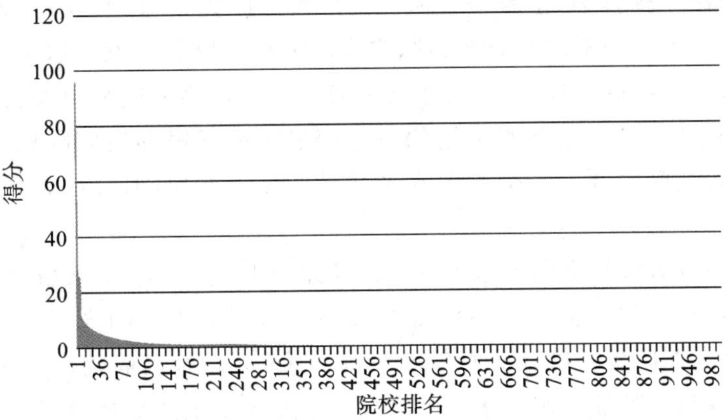

图 7　高职院校教师社会服务指数院校排名分布图

总数的0.30%；得分在低分段的院校有 996 所，占比为 99.5%。基于以上分析结果，我国高职院校教师社会服务发展水平很不充分，结构很不合理，教师社会服务指数得分处于中高分段的院校占比非常少，绝大多数高职院校的教师社会服务水平相对较低，院校之间的差异非常大。

为了能够客观了解不同类型院校在教师社会服务水平上存在的差异，本研究采用单因素分析方法，试图考查不同办学主体、不同办学层次高职院校在教师社会服务水平上是否存在着显著的差异，统计结果如表 66 所示。

表 66　基于院校特征的高职院校教师社会服务水平的差异分析（$N=1001$）

类别		样本量	平均分	标准差	F 值	Sig 值	比较
办学主体	省级政府	460	0.65	2.94	3.12***	0.025	行业企业＞省级政府＞地市、县级政府＞民办
	地市、县级政府	190	0.62	2.27			
	行业企业	146	0.72	1.99			
	民办	205	0.10	0.29			
示范	原示范校	90	1.37	2.11	12.29***	0.000	原示范校＞原非示范校
	原非示范校	911	0.46	2.37			
双高	"双高"院校	172	1.39	2.54	27.28***	0.000	"双高"院校＞非"双高"院校
	非"双高"院校	829	0.37	2.29			

注：*** 表示 $p\leqslant 0.001$，** 表示 $p\leqslant 0.01$，* 表示 $p\leqslant 0.05$。

在高职院校教师社会服务水平的办学主体差异上主效应较显著（$F=3.12^{***}$），办学主体的不同会影响高职院校教师社会服务的发展水平，经事后检验发现，省级政府举办的高职院校、地市县级政府举办的高职院校以及行业企业举办的高职院校在教师社会服务水平上的得分都显著高于民办高职院校。由此可知，公办高职院校之间的教师社会服务水平并没有显著差异，但都显著高于民办高职院校。

在高职院校教师社会服务水平的示范校差异上主效应较显著（$F=12.29^{***}$），是否是示范性高职院校会影响高职院校教师社会服务水平的高低，经事后检验发现，原示范性高职院校教师社会服务水平高于原非示范性高职院校。

在高职院校教师社会服务水平的“双高”校差异上主效应显著（$F=27.28^{***}$），是否为“双高”院校会影响高职院校教师社会服务水平的高低，经事后检验发现，“双高”院校教师社会服务水平显著高于非“双高”院校。

6. 校际高职院校教师声望指数的比较分析

由表 61 可知，天津职业大学在教师声望指数上的得分最高（73.43）。将所有院校的得分换算成百分制得分，设天津职业大学得分为 100 分，其他院校分别重新进行计分。高职院校教师声望指数的得分情况如图 8 所示，可见整个分布曲线呈现出典型的阶梯状，得分在 60 分以上的院校占比较低，40～60 分之间下降较为平缓，但从 40 分往下则呈现断崖式下跌，而且绝大部分高职院校得分在 20 分以下，院校之间的得分差异同样悬殊。

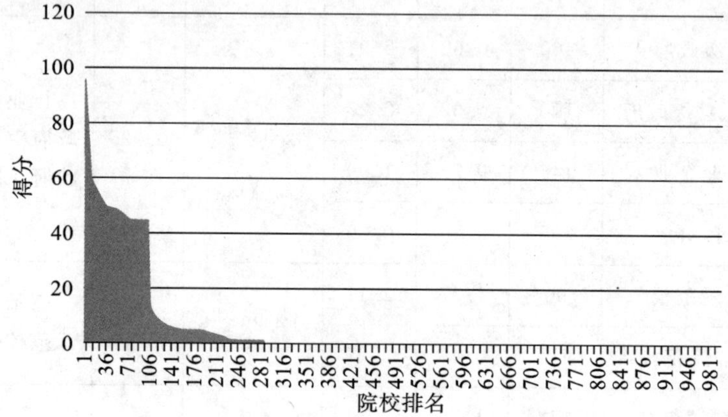

图 8　高职院校教师声望指数院校排名分布图

根据高职院校教师声望指数得分情况，将得分在 80～100 分的院校划分为高分段，得分在 60～80 分的院校划分为中高分段，得分在 40～60 分的院校划分为中分段，得分在 20～40 分的院校划分为中低分段，得分在 20 分以下的院校划分为低分段。根据以上划分标准，得分在高分段的高职院校仅有 3 所，占被调查高职院校总数的0.30%；得分在中高分段的高职院校有 7 所，占被调查高职院校总数的0.70%；得分在中分段的高职院校有 94 所，占被调查高职院校总数的 9.39%；得分在中低分段的高职院校有 3 所，占被调查高职院校总数的 0.30%；得分在低分段的高职院校有 894 所，占被调查高职院校总数的 89.31%。基于以上分析结果，我国高职院校教师声望指数挖掘不够充分，结构不够合理，教师声望水平较高的院校占比非常少，绝大多数高职院校在教师声望发展水平较低，院校之间的差异非常大。

为了能够客观了解不同类型院校在教师声望发展水平上存在的差异，本研究采用单因素分析方法，试图考查不同办学主体、不同办学层次高职院校在教师声望水平上是否存在着显著的差异，统计结果如表 67 所示。

表 67　基于院校特征的高职院校教师声望水平的差异分析($N=1001$)

类别		样本量	平均分	标准差	F 值	Sig 值	比较
办学主体	省级政府	460	6.09	13.40	13.38^{***}	0.000	行业企业＞省级政府＞地市、县级政府＞民办
	地市、县级政府	190	4.16	11.17			
	行业企业	146	6.20	13.12			
	民办	205	0.24	2.55			
示范	原示范校	90	22.01	19.93	280.60^{***}	0.000	原示范校＞原非示范校
	原非示范校	911	2.81	8.90			
双高	“双高”院校	172	19.02	18.81	461.94^{***}	0.000	“双高”院校＞非“双高”院校
	非“双高”院校	829	1.54	6.37			

注：*** 表示 $p\leqslant0.001$，** 表示 $p\leqslant0.01$，* 表示 $p\leqslant0.05$。

在高职院校教师声望水平的办学主体差异上主效应较显著($F=13.38^{***}$)，办学主体的不同会影响高职院校教师声望的水平，经事后检验发现，省级政府举办的高职院校、地市县级政府举办的高职院校以及行业企业举办的高职院校在教师声望水平上的得分都显著高于民办高职院校。由此可知，公办高职院校之间的教师声望水平并没有显著差异，但都显著高于民办高职院校。

在高职院校教师声望水平的示范校差异上主效应显著($F=280.60^{***}$)，是否是示范性高职院校会影响高职院校教师声望水平的高低，经事后检验发现，原示范性高职院校教师声望水平显著高于原非示范性高职院校。

在高职院校教师声望水平的"双高"校差异上主效应显著($F=461.94^{***}$),是否为"双高"院校会影响高职院校教师声望水平的高低,经事后检验发现,"双高"院校教师声望水平显著高于非"双高"院校。

四　省际高职院校教师发展指数的测评与比较

(一) 省际高职院校教师发展指数的测评

1. 全国层面

表 68 列出了全国 30 个省份高职院校的教师发展指数。

表 68　省际高职院校教师发展指数的测评

省份	教师发展指数	A 教师供给指数	B 教师教学发展指数	C 教师科研发展指数	D 教师社会服务指数	E 教师声望指数	排名情况
浙江省	75.17	80.22	78.10	72.03	75.91	57.70	1
江苏省	67.92	74.94	74.87	67.09	39.51	51.26	2
山东省	57.38	65.71	66.11	33.23	67.11	39.92	3
北京市	53.33	73.32	61.41	27.57	45.00	35.91	4
广东省	47.68	45.97	65.34	27.36	22.07	35.57	5
天津市	47.06	65.16	62.59	6.00	33.26	34.90	6
湖南省	46.68	50.37	59.69	23.36	36.26	36.46	7
重庆市	45.14	45.21	58.20	31.18	21.44	36.00	8
福建省	43.76	56.21	55.68	26.80	31.16	10.88	9
湖北省	41.82	47.49	57.02	15.09	28.14	27.56	10
河北省	38.06	42.15	51.45	19.11	20.67	23.35	11
上海市	37.63	50.50	47.62	20.40	28.39	9.86	12
陕西省	34.36	36.92	48.21	14.07	20.70	19.65	13
河南省	33.80	46.65	45.04	8.87	6.81	32.03	14
广西壮族自治区	33.78	10.38	52.65	13.71	22.12	45.38	15
江西省	33.27	41.78	49.26	11.56	4.24	14.48	16
黑龙江省	32.69	63.11	39.58	2.33	18.98	13.98	17

续表

省份	教师发展指数	A 教师供给指数	B 教师教学发展指数	C 教师科研发展指数	D 教师社会服务指数	E 教师声望指数	排名情况
安徽省	31.55	32.95	49.21	9.23	10.11	13.36	18
四川省	31.52	37.85	38.43	17.67	17.15	28.57	19
宁夏回族自治区	31.36	25.74	43.65	9.14	41.80	20.98	20
甘肃省	31.03	46.55	39.78	12.15	14.68	13.47	21
贵州省	30.88	40.64	45.62	10.06	8.58	7.18	22
云南省	30.87	37.61	42.86	18.06	11.12	7.42	23
海南省	30.40	35.90	36.96	12.16	41.85	15.12	24
吉林省	27.87	52.61	36.07	0.37	5.15	17.29	25
青海省	26.19	17.06	34.71	27.07	28.44	2.27	26
内蒙古自治区	25.74	42.39	31.57	3.51	12.96	22.13	27
山西省	24.10	38.80	29.23	8.09	11.25	15.43	28
新疆维吾尔自治区	23.10	40.24	27.55	6.64	20.20	4.24	29
辽宁省	16.82	27.77	18.93	5.28	7.80	16.71	30

2. 区域层面

1986 年，国家“七五”计划最早作了东部、中部、西部划分，东部地区包括北京等 11 个省份，中部地区包括山西等 10 个省份，西部地区包括四川等 9 个省份。1997 年，重庆市设为直辖市并划入西部地区。2000 年，国家制定西部大开发战略，将内蒙古自治区和广西壮族自治区划分为西部地区，至此，西部地区包括 12 个省份，其中西藏自治区暂未纳入统计。

表 69 列出了东部地区 11 个省份高职院校的教师发展指数。

表 69　东部地区高职院校教师发展指数的测评

省份	教师发展指数	A 教师供给指数	B 教师教学发展指数	C 教师科研发展指数	D 教师社会服务指数	E 教师声望指数	排名情况
浙江省	75.17	80.22	78.10	72.03	75.91	57.70	1
江苏省	67.92	74.94	74.87	67.09	39.51	51.26	2
山东省	57.38	65.71	66.11	33.23	67.11	39.92	3
北京市	53.33	73.32	61.41	27.57	45.00	35.91	4

续表

省份	教师发展指数	A 教师供给指数	B 教师教学发展指数	C 教师科研发展指数	D 教师社会服务指数	E 教师声望指数	排名情况
广东省	47.68	45.97	65.34	27.36	22.07	35.57	5
天津市	47.06	65.16	62.59	6.00	33.26	34.90	6
福建省	43.76	56.21	55.68	26.80	31.16	10.88	7
河北省	38.06	42.15	51.45	19.11	20.67	23.35	8
上海市	37.63	50.50	47.62	20.40	28.39	9.86	9
海南省	30.40	35.90	36.96	12.16	41.85	15.12	10
辽宁省	16.82	27.77	18.93	5.28	7.80	16.71	11

表 70 列出了中部地区 8 个省份高职院校的教师发展指数。

表 70　中部地区高职院校教师发展指数的测评

省份	教师发展指数	A 教师供给指数	B 教师教学发展指数	C 教师科研发展指数	D 教师社会服务指数	E 教师声望指数	排名情况
湖南省	46.68	50.37	59.69	23.36	36.26	36.46	1
湖北省	41.82	47.49	57.02	15.09	28.14	27.56	2
河南省	33.80	46.65	45.04	8.87	6.81	32.03	3
江西省	33.27	41.78	49.26	11.56	4.24	14.48	4
黑龙江省	32.69	63.11	39.58	2.33	18.98	13.98	5
安徽省	31.55	32.95	49.21	9.23	10.11	13.36	6
吉林省	27.87	52.61	36.07	0.37	5.15	17.29	7
山西省	24.10	38.80	29.23	8.09	11.25	15.43	8

表 71 列出了西部地区 11 个省份高职院校的教师发展指数。

表 71　西部地区高职院校教师发展指数的测评

省份	教师发展指数	A 教师供给指数	B 教师教学发展指数	C 教师科研发展指数	D 教师社会服务指数	E 教师声望指数	排名情况
重庆市	45.14	45.21	58.20	31.18	21.44	36.00	1
陕西省	34.36	36.92	48.21	14.07	20.70	19.65	2
广西壮族自治区	33.78	10.38	52.65	13.71	22.12	45.38	3
四川省	31.52	37.85	38.43	17.67	17.15	28.57	4

续表

省份	教师发展指数	A 教师供给指数	B 教师教学发展指数	C 教师科研发展指数	D 教师社会服务指数	E 教师声望指数	排名情况
宁夏回族自治区	31.36	25.74	43.65	9.14	41.80	20.98	5
甘肃省	31.03	46.55	39.78	12.15	14.68	13.47	6
贵州省	30.88	40.64	45.62	10.06	8.58	7.18	7
云南省	30.87	37.61	42.86	18.06	11.12	7.42	8
青海省	26.19	17.06	34.71	27.07	28.44	2.27	9
内蒙古自治区	25.74	42.39	31.57	3.51	12.96	22.13	10
新疆维吾尔自治区	23.10	40.24	27.55	6.64	20.20	4.24	11

(二)省际高职院校教师发展指数的子维度测评

1. 教师供给指数的测评

表 72 列出了全国 30 个省份高职院校的教师供给指数。

表 72　省际教师供给指数的测评

省份	A 教师供给指数	A-1 资源投入	A-2 师资质量	A-3 高端平台	排名情况
浙江省	80.22	79.49	100	26.66	1
江苏省	74.94	78.59	88.77	26.66	2
北京市	73.32	95.46	69.37	26.66	3
山东省	65.71	72.39	73.42	26.66	4
天津市	65.16	69.61	48.63	100	5
黑龙江省	63.11	84.30	56.41	26.66	6
福建省	56.21	53.16	69.59	26.66	7
吉林省	52.61	33.08	80.03	26.66	8
上海市	50.50	56.21	53.70	26.66	9
湖南省	50.37	52.04	57.28	26.66	10
湖北省	47.49	56.38	46.66	26.66	11
河南省	46.65	42.51	31.51	100	12
甘肃省	46.55	43.24	30.60	100	13
广东省	45.97	52.72	46.59	26.66	14

续表

省份	A 教师供给指数	A-1 资源投入	A-2 师资质量	A-3 高端平台	排名情况
重庆市	45.21	49.46	47.87	26.66	15
内蒙古自治区	42.39	65.59	26.44	26.66	16
河北省	42.15	49.86	40.50	26.66	17
江西省	41.78	57.84	32.24	26.66	18
贵州省	40.64	41.52	18.70	100	19
新疆维吾尔自治区	40.24	42.82	42.69	26.66	20
山西省	38.80	50.66	32.11	26.66	21
四川省	37.85	45.83	34.43	26.66	22
云南省	37.61	52.49	27.67	26.66	23
陕西省	36.92	52.97	25.66	26.66	24
海南省	35.90	47.14	28.76	26.66	25
安徽省	32.95	47.05	22.08	26.66	26
辽宁省	27.77	41.08	15.79	26.66	27
宁夏回族自治区	25.74	50.64	2.27	26.66	28
青海省	17.06	35.53	5.98	0	29
广西壮族自治区	10.38	15.32	0	26.66	30

2. 教师教学发展指数的测评

表 73 列出了全国 30 个省份高职院校的教师教学发展指数。

表 73　教师教学发展指数的测评

省份	B 教师教学发展指数	B-1 教学成效	B-2 教学科研	B-3 教学改革	B-4 教学国际化	排名
浙江省	78.10	72.91	100.03	83.96	49.43	1
江苏省	74.87	82.77	58.90	54.77	100	2
山东省	66.11	85.93	14.53	62.60	29.60	3
广东省	65.34	72.65	63.29	60.29	13.45	4
天津市	62.59	77.78	9.67	75.13	30.18	5
北京市	61.41	84.67	4.85	42.84	47.87	6
湖南省	59.69	76.23	21.73	50.96	30.86	7
重庆市	58.20	82.22	12.84	35.77	15.57	8
湖北省	57.02	80.56	7.85	36.16	25.74	9

续表

省份	B 教师教学发展指数	B-1 教学成效	B-2 教学科研	B-3 教学改革	B-4 教学国际化	排名
福建省	55.68	85.58	6.90	18.32	7.15	10
广西壮族自治区	52.65	71.40	26.12	27.55	15.32	11
河北省	51.45	73.22	10.45	20.03	43.99	12
江西省	49.26	70.66	13.37	27.78	2.60	13
安徽省	49.21	75.11	6.92	19.07	0.98	14
陕西省	48.21	66.15	10.52	35.45	16.21	15
上海市	47.62	71.90	8.72	17.84	4.61	16
贵州省	45.62	70.13	4.46	17.12	3.17	17
河南省	45.04	65.37	6.36	22.36	20.26	18
宁夏回族自治区	43.65	65.16	16.21	12.05	0	19
云南省	42.86	62.35	15.41	11.51	18.40	20
甘肃省	39.78	60.29	12.23	9.14	3.50	21
黑龙江省	39.58	60.70	0.78	16.85	7.43	22
四川省	38.43	49.22	8.09	36.51	24.97	23
海南省	36.96	58.68	0.99	5.93	14.22	24
吉林省	36.07	50.77	11.43	13.80	25.12	25
青海省	34.71	54.13	1.99	12.61	0	26
内蒙古自治区	31.57	50.18	0.99	6.84	6.11	27
山西省	29.23	41.87	4.21	20.97	0	28
新疆维吾尔自治区	27.55	38.21	13.45	13.51	2.77	29
辽宁省	18.93	25.56	1.68	20.16	0	30

3. 教师科研发展指数的测评

表 74 列出了全国 30 个省份高职院校的教师科研发展指数。

表 74 教师科研发展指数的测评

省份	C 教师科研发展指数	C-1 横向科研	C-2 纵向科研	C-3 专利获取数	排名情况
浙江省	72.03	74.39	80.61	51.20	1
江苏省	67.09	56.44	65.76	100	2

续表

省份	C 教师科研发展指数	C-1 横向科研	C-2 纵向科研	C-3 专利获取数	排名情况
山东省	33.23	42.31	20.96	27.02	3
重庆市	31.18	31.42	26.03	38.90	4
北京市	27.57	9.15	76.00	1.73	5
广东省	27.36	8.77	48.07	47.27	6
青海省	27.07	36.64	25.71	1.62	7
福建省	26.80	43.81	5.72	12.02	8
湖南省	23.36	31.45	14.51	14.44	9
上海市	20.40	1.91	62.61	4.90	10
河北省	19.11	30.25	5.49	9.14	11
云南省	18.06	28.29	9.56	2.33	12
四川省	17.67	24.32	9.97	11.02	13
湖北省	15.09	21.42	8.72	7.21	14
陕西省	14.07	18.87	8.78	8.78	15
广西壮族自治区	13.71	13.86	12.75	14.84	16
海南省	12.16	10.88	21.26	1.02	17
甘肃省	12.15	16.73	7.85	5.94	18
江西省	11.56	18.05	4.06	5.03	19
贵州省	10.06	10.04	13.28	4.90	20
安徽省	9.23	0.99	21.70	12.69	21
宁夏回族自治区	9.14	1.90	26.75	1.33	22
河南省	8.87	6.72	4.39	22.38	23
山西省	8.09	2.76	20.71	2.93	24
新疆维吾尔自治区	6.64	0.93	20.02	1.30	25
天津市	6.00	6.04	8.98	1.05	26
辽宁省	5.28	8.31	0.66	4.05	27
内蒙古自治区	3.51	3.53	4.52	1.77	28
黑龙江省	2.33	2.49	2.64	1.36	29
吉林省	0.37	0.01	0	2.04	30

4. 教师社会服务指数的测评

表75列出了全国30个省份高职院校的教师社会服务指数。

表75　教师社会服务指数的测评

省份	D 教师社会服务指数	D-1 国内社会服务	D-2 国际社会服务	排名情况
浙江省	75.91	81.94	51.04	1
山东省	67.11	65.35	74.38	2
北京市	45.00	51.84	16.78	3
海南省	41.85	48.24	15.48	4
宁夏回族自治区	41.80	51.21	2.97	5
江苏省	39.51	25.02	99.27	6
湖南省	36.26	38.23	28.09	7
天津市	33.26	34.41	28.52	8
福建省	31.16	27.24	47.33	9
青海省	28.44	34.50	3.41	10
上海市	28.39	32.63	10.86	11
湖北省	28.14	28.43	26.96	12
广西壮族自治区	22.12	12.17	63.17	13
广东省	22.07	21.36	24.98	14
重庆市	21.44	16.28	42.69	15
陕西省	20.70	20.63	21.01	16
河北省	20.67	16.61	37.40	17
新疆维吾尔自治区	20.20	25.09	0	18
黑龙江省	18.98	21.08	10.29	19
四川省	17.15	15.85	22.51	20
甘肃省	14.68	11.34	28.45	21
内蒙古自治区	12.96	9.38	27.74	22
山西省	11.25	13.13	3.50	23
云南省	11.12	6.24	31.25	24
安徽省	10.11	12.08	1.97	25
贵州省	8.58	7.80	11.78	26
辽宁省	7.80	8.56	4.67	27

续表

省份	D 教师社会服务指数	D-1 国内社会服务	D-2 国际社会服务	排名情况
河南省	6.81	4.58	16.04	28
吉林省	5.15	0.00	26.43	29
江西省	4.24	4.25	4.21	30

5. 教师声望指数的测评

表 76 列出了 30 个省份高职院校的教师声望指数。

表 76　教师声望指数的测评

省份	E 教师声望指数	E-1 团队荣誉	E-2 比赛获奖	E-3 个人荣誉	排名情况
浙江省	57.70	69.34	78.84	76.47	1
江苏省	51.26	79.34	38.97	58.82	2
广西壮族自治区	45.38	39.34	88.57	76.47	3
山东省	39.92	59.34	34.25	100	4
湖南省	36.46	40	56.23	88.23	5
重庆市	36.00	49.34	38.66	29.41	6
北京市	35.91	25	81.18	17.64	7
广东省	35.57	54.34	28.04	76.47	8
天津市	34.90	44.34	43.52	41.17	9
河南省	32.03	48.69	25.85	47.05	10
四川省	28.57	40	29.13	35.29	11
湖北省	27.56	39.34	26.89	17.64	12
河北省	23.35	25	37.31	29.41	13
内蒙古自治区	22.13	5	68.33	5.88	14
宁夏回族自治区	20.98	0	73.05	11.76	15
陕西省	19.65	15	41.99	23.52	16
吉林省	17.29	20	25.14	5.88	17
辽宁省	16.71	20	22.94	29.41	18
山西省	15.43	19.34	19.75	11.76	19
海南省	15.12	0	52.63	11.76	20
江西省	14.48	15	24.02	17.64	21
黑龙江省	13.98	10	31.09	11.76	22

续表

省份	E 教师声望指数	E-1 团队荣誉	E-2 比赛获奖	E-3 个人荣誉	排名情况
甘肃省	13.47	10	29.39	0	23
安徽省	13.36	10	28.97	5.88	24
福建省	10.88	10	20.24	17.64	25
上海市	9.86	5	25.60	0	26
云南省	7.42	5	16.99	17.64	27
贵州省	7.18	5	16.03	29.41	28
新疆维吾尔自治区	4.24	5	5.93	11.76	29
青海省	2.27	0	7.89	5.88	30

（三）省际高职院校教师发展指数的比较分析

本研究报告共统计了30个省份高职院校教师发展的现状，除了西藏、台湾、香港和澳门，其他省份都纳入其中专门展开了分析，基本能够反映我国不同省份高职院校之间教师发展水平的基本现状。在对我国省际高职院校教师发展现状进行客观呈现的基础上，十分有必要进一步对省际高职院校教师发展的差异情况进行数据量化分析。即目前我国高职院校教师发展水平在省际是否存在较大的差异？发展结构是否合理？不同省份高职院校在不同子维度上的发展是否存在较大的差异？发展结构是否合理？不同省份高职院校在教师发展上呈现出了哪些典型特征？可以根据发展差异的不同将高职院校划分成几种典型类型？

1. 省际高职院校教师发展指数的整体比较分析

由表68可知，浙江省在教师发展指数上的得分最高(75.17)，将所有省份的得分换算成百分制得分，设浙江省得分为100分，其他省份分别重新计分。省际高职院校教师发展指数得分的分布情况如图9所示，最高分和最低分之间相差了大概80分，分布的均衡性较差。根据高职院校教师发展指数得分情况，将得分在80～100分的省份划分为高分段，得分在60～80分的省份划分为中高分段，得分在40～60分的省份划分为中分段，得分在20～40分的省份划分为中低分段，得分在20分以下的省份划分为低分段。根据以上划分标准，得分位于高分段的分别是浙江省和江苏省，占被调查省份的6.67%；得分在中高分段的分别是山东省、北京市、广东省、天津市、湖南省、重庆市6个省份，占被调查省份的20%；得分在中分段的分别是福建省、湖北省、河北省、上海市、陕西省、河南省、广西壮族自治区、江西省、黑龙江省、安徽省、四川省、宁夏回族自治区、甘肃省、贵州省、云南省、海南省16个省份，占被调查省份的53.33%；得分处于中低分段的有吉林省、青海省、内蒙古自治区、山西省、新疆维吾尔自治区、辽宁省6个省份，占被调查省份的20%。基于以上调查结果，可知大部分省份处于中分段，仅有少部分省份处于高分段，处于中低分段的省份绝大部分为中西部省份。

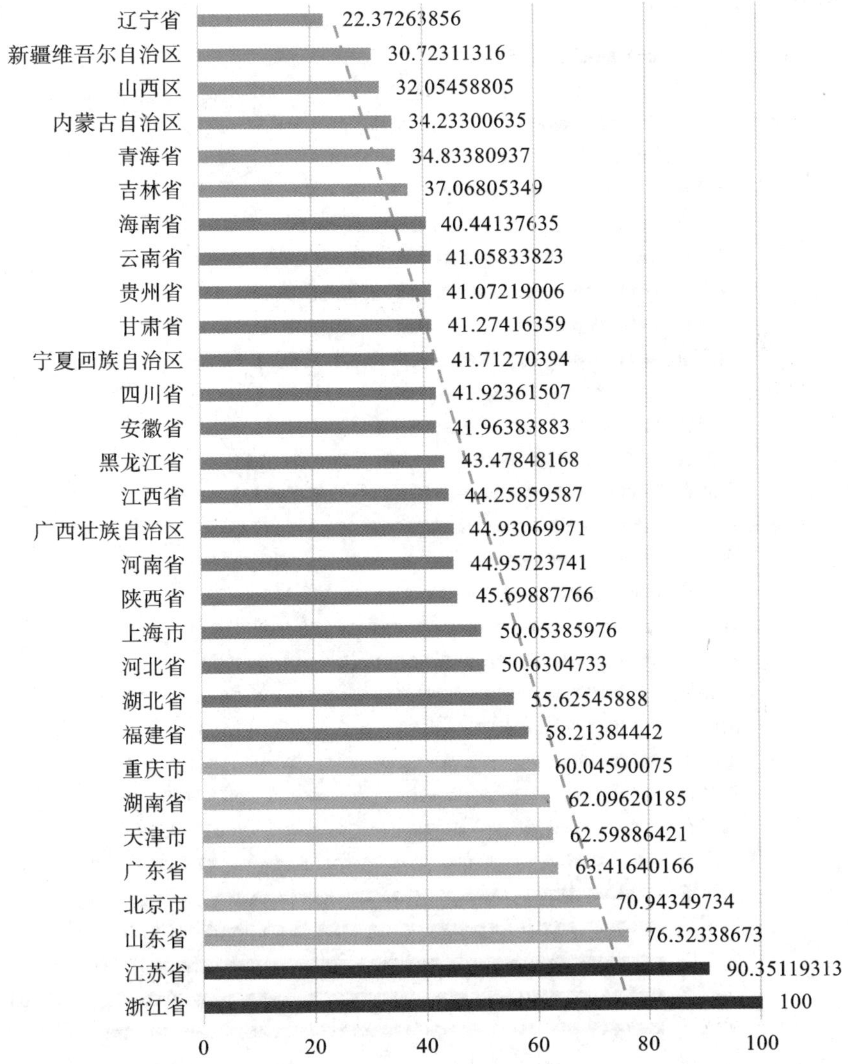

图9　高职院校教师发展指数省际排名分布图

2. 省际高职院校教师供给指数的比较分析

由表72可知，浙江省在教师供给指数上的得分最高(80.22)，将所有省份的得分换算成百分制得分，设浙江省得分为100分，其他省份分别重新计分。省际高职院校教师供给指数得分的分布情况如图 10 所示，最高分和最低分之间相差了大概 90 分，分布的均衡性较差。根据高职院校教师供给指数得分情况，将得分在 80～100 分的省份划分为高分段，得分在 60～80 分的省份划分为中高分段，得分在 40～60 分的省份划分为中分段，得分在 20～40 分的省份划分为中低分段，得分在 20 分以下的省份划分为低分段。

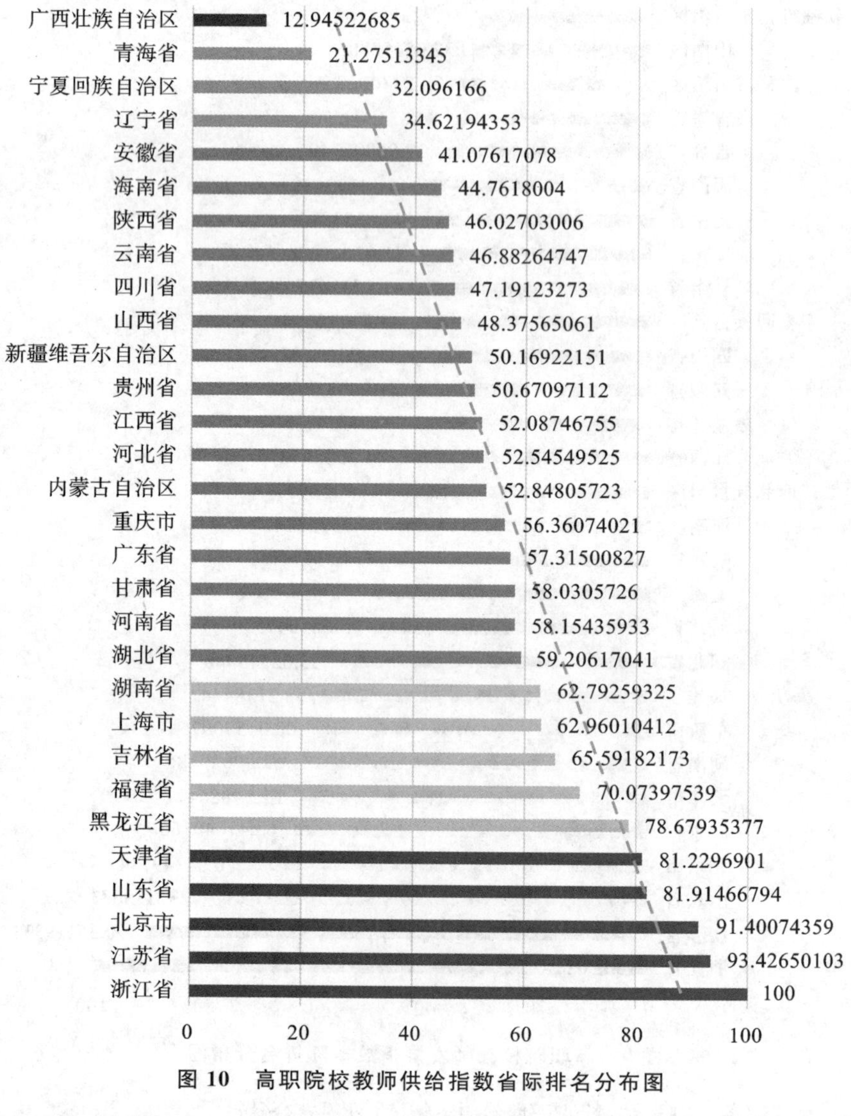

图 10　高职院校教师供给指数省际排名分布图

根据以上划分标准，得分位于高分段的分别是浙江省、江苏省、北京市、山东省、天津市 5 个省份，占被调查省份的 16.67%；得分在中高分段的分别是黑龙江省、福建省、吉林省、上海市、湖南省5个省份，占被调查省份的16.67%；得分在中分段的分别是湖北省、河南省、甘肃省、广东省、重庆市、内蒙古自治区、河北省、江西省、贵州省、新疆维吾尔自治区、山西省、四川省、云南省、陕西省、海南省、安徽省16个省份，占被调查省份的53.33%；得分处于中低分段的分别是辽宁省、宁夏回族自治区、青海省3个省份，占被调查省份的10%；广西壮族自治区则处于低分段。基于以上调查结果，可知大部分省份都处于中分段，位于中高分段的达到了10个省份，占被调查省份的三分之一。

3. 省际高职院校教师教学发展指数的比较分析

由表73可知，浙江省在教师教学发展指数上的得分最高(78.10)，将所有省份的得分换算成百分制得分，设浙江省得分为100分，其他省份分别重新计分。省际高职院校教师教学发展指数得分的分布情况如图11所示，最高分和最低分之间相差了近80分，分布的均衡性较差。根据高职院校教师教学发展指数得分情况，将得分在80～100分的省份划分为高分段，得分在60～80分的省份划分为中高分段，得分在40～60分的省份划分为中分段，得分在20～40分的省份划分为中低分段，得分在20分以下的省份划分为低分段。根据以上划分标准，得分位于高分段的分别是浙江省、江苏省、山东省、广东省和天津市5个省份，占被调查省份的16.67%；得分在中高分段的分别是北京市、湖南省、重庆市、湖北省、福建省、广西壮族自治区、河北省、江西省、安徽省、陕西省、上海市11个省份，占被调查省份的36.67%；得分在中分段的分别是贵州省、河南省、宁夏回族自治区、云南省、甘肃省、黑龙江省、四川省、海南省、吉林省、青海省、内蒙古自治区11个省份，占被调查省份的36.67%；山西省、新疆维吾尔自治区、辽宁省3个省份位于中低分段，占被调查省份的10%。

4. 省际高职院校教师科研发展指数的比较分析

由表74可知，浙江省在教师科研发展指数上的得分最高(72.03)，将所有省份的得分换算成百分制得分，设浙江省得分为100分，其他省份分别重新计分。省际高职院校教师科研发展指数得分的分布情况如图12所示，最高分和最低分之间相差几乎达到了100分，而且低分段省份占比较大，高分段省份占比较小。根据高职院校教师科研发展得分情况，将得分在80～100分的省份划分为高分段，得分在60～80分的省份划分为中高分段，得分在40～60分的省份划分为中分段，得分在20～40分的省份划分为中低分段，得分在20分以下的省份划分为低分段。

基于以上划分标准，得分位于高分段的分别是浙江省、江苏省2个省份，占被调查省份的6.67%；得分位于中高分段的省份个数为0；得分在中分段的分别是山东省、重庆市2个省份，占被调查省份的6.67%；得分位于中低分段的分别是北京市、广东省、青海省、福建省、湖南省、上海市、河北省、云南省、四川省、湖北省10个

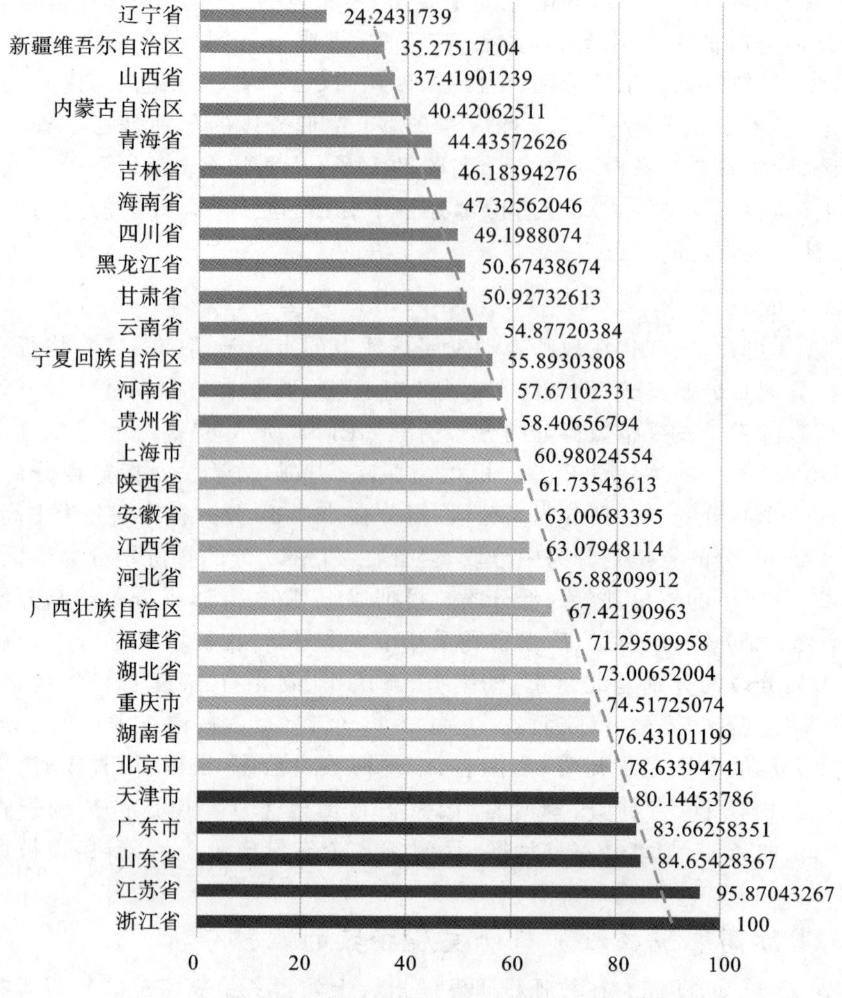

图 11　高职院校教师教学发展指数省际排名分布图

省份，占被调查省份的 33.33%；得分位于低分段的分别是陕西省、广西壮族自治区、海南省、甘肃省、江西省、贵州省、安徽省、宁夏回族自治区、河南省、山西省、新疆维吾尔自治区、天津市、辽宁省、内蒙古自治区、黑龙江省、吉林省 16 个省份，占被调查省份的 53.33%。根据调查可知，各省份之间在得分分布上呈现了极不均衡的现象，高分段的省份占比非常小，低分段的省份占比非常大，而且中间省份占比同样较低。

5. 省际高职院校教师社会服务指数的比较分析

由表 75 可知，浙江省在教师社会服务指数上的得分最高(75.91)，将所有省份的得分换算成百分制得分，设浙江省得分为 100 分，其他省份分别重新进行计分。

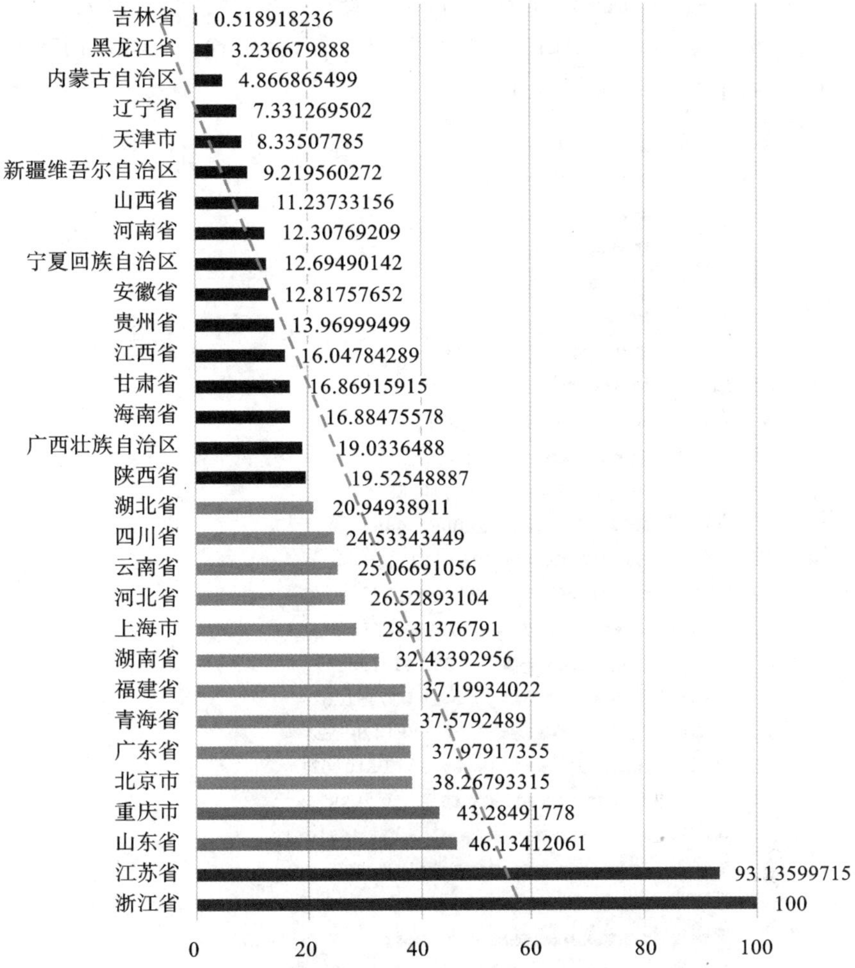

图 12　高职院校教师科研发展指数省际排名分布图

省际高职院校教师社会服务指数得分的分布情况如图 13 所示，最高分和最低分之间相差了 90 多分，分布的均衡性极差。根据高职院校教师社会服务指数得分情况，将得分在 80～100 分的省份划分为高分段，得分在 60～80 分的省份划分为中高分段，得分在 40～60 分的省份划分为中分段，得分在 20～40 分的省份划分为中低分段，得分在 20 分以下的省份划分为低分段。根据以上划分标准，得分位于高分段的分别是浙江省、山东省 2 个省份，占被调查省份的 6.67%；得分位于中高分段的省份个数为 0；得分位于中分段的有北京市、海南省、宁夏回族自治区、江苏省、湖南省、天津市、福建省 7 个省份，占被调查省份的 23.33%；得分位于中分段的有青海省、上海市、湖北省、广西壮族自治区、广东省、重庆市、陕西省、河北省、新疆维吾尔自治区、黑龙江省、四川省 11 个省份，占被调查省份的 36.67%；得分位于低分段的有甘肃省、内蒙古自治区、山西省、云南省、安徽省、贵州省、辽宁省、河南省、吉林省、江西省 10 个省份，占被调查省份的 33.33%。

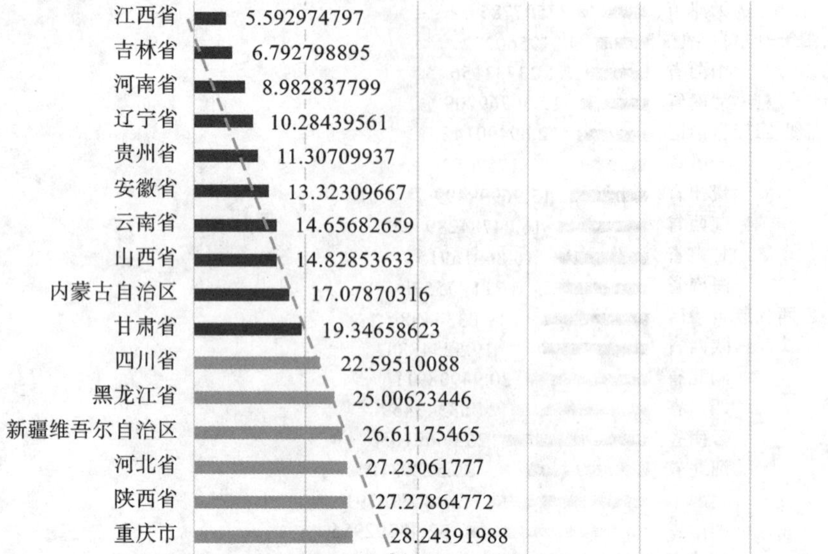

图 13　高职院校教师社会服务指数省际排名分布图

6. 省际高职院校教师声望指数的比较分析

由表 76 可知，浙江省在教师声望指数上的得分最高（57.70），将所有省份的得分换算成百分制得分，设浙江省得分为 100 分，其他省份分别重新计分。省际高职院校教师声望指数得分的分布情况如图 14 所示，最高分和最低分之间相差了几乎 100 分，分布的均衡性极差。根据高职院校教师声望指数得分情况，将得分在 80～100 分的省份划分为高分段，得分在 60～80 分的省份划分为中高分段，得分在 40～60 分的省份划分为中分段，得分在 20～40 分的省份划分为中低分段，得分在 20 分以下的省份划分为低分段。

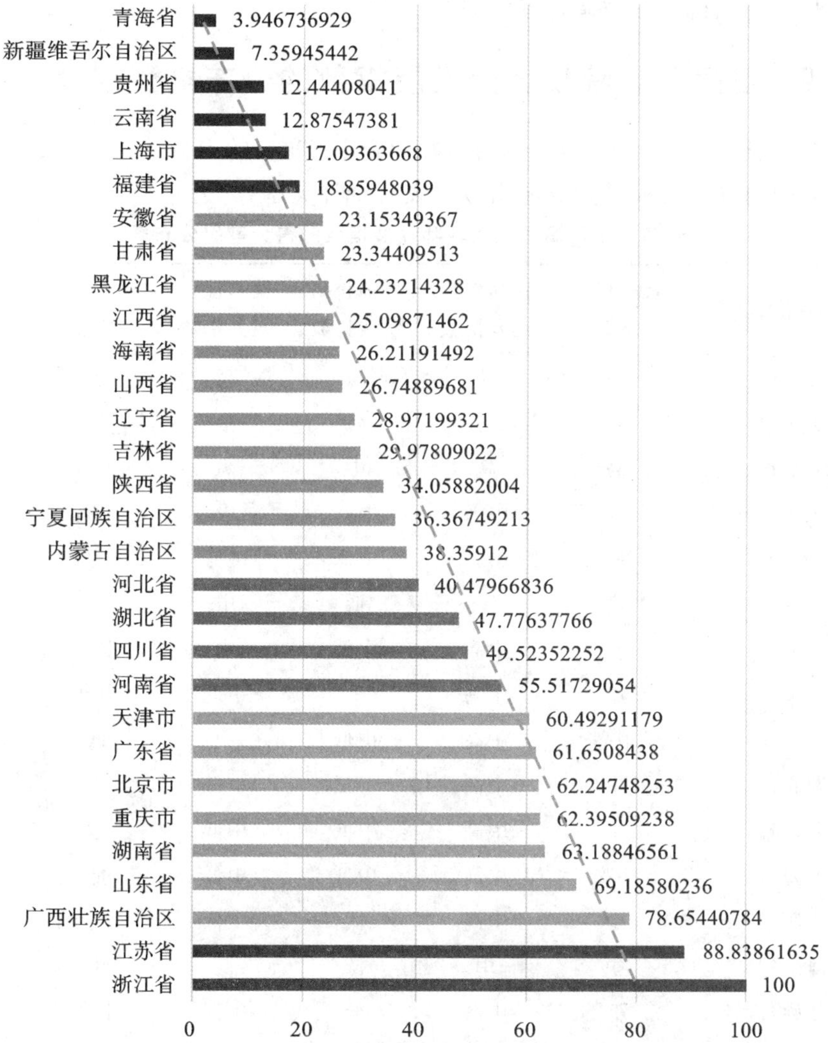

图 14　高职院校教师声望指数省际排名分布图

基于以上划分标准，得分位于高分段的分别是浙江省、江苏省 2 个省份，占被调查省份的 6.67%；得分位于中高分段的分别是广西壮族自治区、山东省、海南省、重庆市、北京市、广东省、天津市 7 个省份，占被调查省份的 23.33%；得分位于中分段的分别是河南省、四川省、湖北省、河北省 4 个省份，占被调查省份的 13.33%；得分位于中低分段的分别是内蒙古自治区、宁夏回族自治区、陕西省、吉林省、辽宁省、山西省、海南省、江西省、黑龙江省、甘肃省、安徽省 11 个省份，占被调查省份的 36.67%；位于低分段的分别是福建省、上海市、云南省、贵州省、新疆维吾尔自治区、青海省 6 个省份，占被调查省份的 20%。

（四）省际高职院校教师发展指数的分布类型划分

根据各省在高职院校教师发展指数及各子维度上的得分等级（见表 77），可以较为直观地将高职院校教师发展指数分成若干种类型。

表 77　省际高职院校教师发展指数的得分等级分布表

省份	教师供给指数	教师教学发展指数	教师科研发展指数	教师社会服务指数	教师声望指数	教师发展指数
浙江省	高	高	高	高	高	高
江苏省	高	高	高	中	高	高
山东省	高	高	中	高	中高	中高
北京市	高	中高	中低	中	中高	中高
广东省	中	中高	中低	中低	中高	中高
天津市	高	高	低	中	中高	中高
湖南省	中高	中高	中低	中	中高	中高
重庆市	中	中高	中	中低	中高	中高
福建省	中高	中高	中低	中	低	中
湖北省	中	中高	中低	中低	中	中
河北省	中	中高	中低	中低	中	中
上海市	中高	中高	中低	中低	低	中
陕西省	中	中高	低	中低	中低	中
河南省	中	中	低	低	中	中
广西壮族自治区	低	中高	低	中低	中高	中
江西省	中	中高	低	低	中低	中
黑龙江省	中高	中	低	中低	中低	中
安徽省	中	中高	低	低	中低	中
四川省	中	中	中低	中低	中	中

续表

省份	教师供给指数	教师教学发展指数	教师科研发展指数	教师社会服务指数	教师声望指数	教师发展指数
宁夏回族自治区	中低	中	低	中	中低	中
甘肃省	中	中	低	低	中低	中
贵州省	中	中	低	低	低	中
云南省	中	中	中低	低	低	中
海南省	中	中	低	中	中低	中
吉林省	中高	中高	低	低	中低	中低
青海省	中低	中	中低	中低	低	中低
内蒙古自治区	中	中	低	低	中低	中低
山西省	中	中低	低	低	中低	中低
新疆维吾尔自治区	中	中低	低	中低	低	中低
辽宁省	中低	中低	低	低	中低	中低

1. 高发展水平——均衡型发展省份

如图 15、图 16 所示，浙江省和江苏省都属于发展水平较高而且各维度发展较为均衡的省份，但江苏省在教师社会服务指数上的得分相对较低，而且在其他维度上比浙江省稍低。

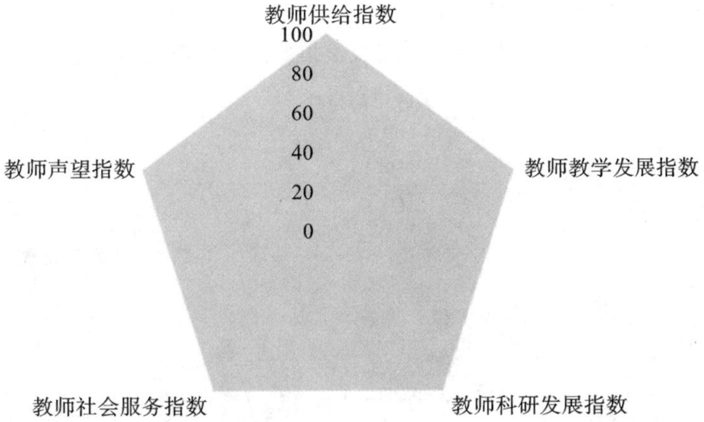

图 15　浙江省高职院校教师发展指数各维度得分分布示意图

2. 中高发展水平——均衡型发展省份

基于以上统计分析结果，可以发现山东省（见图 17）、北京市（见图 18）、广东省

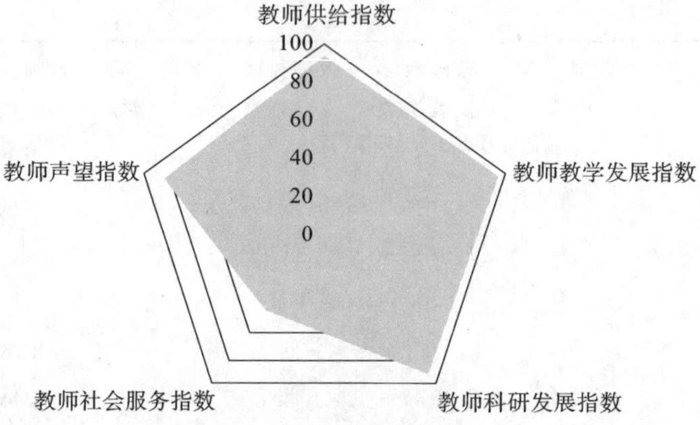

图 16　江苏省高职院校教师发展指数各维度得分分布示意图

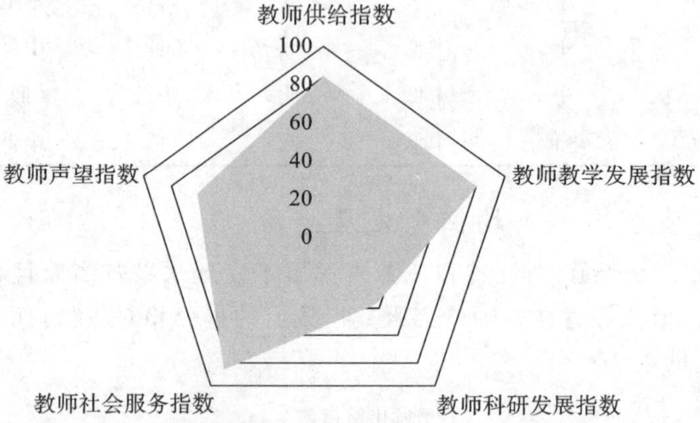

图 17　山东省高职院校教师发展指数各维度得分分布示意图

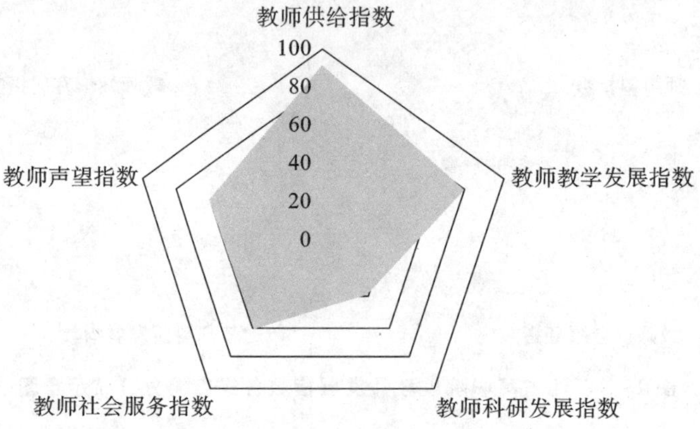

图 18　北京市高职院校教师发展指数各维度得分分布示意图

(见图 19)、湖南省(见图 20)和重庆市(见图 21)高职院校的教师发展都处于中高水平,并且各维度上的差异不大,各维度整体发展比较均衡。

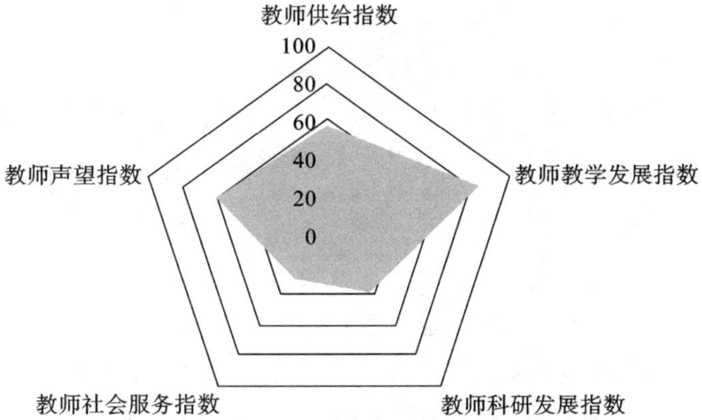

图 19　广东省高职院校教师发展指数各维度得分分布示意图

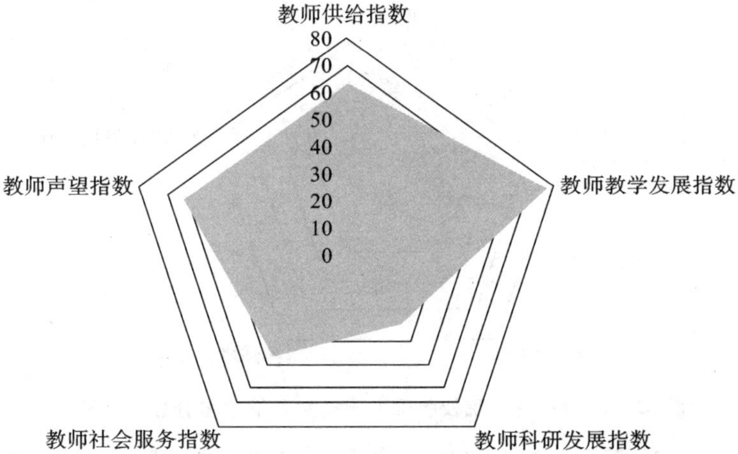

图 20　湖南省高职院校教师发展指数各维度得分分布示意图

3. 中高发展水平——凹陷型发展省份

基于以上统计分析结果,天津市(见图 22)尽管在高职院校教师发展上处于中高水平,但是各维度的得分差异较大,教师科研发展指数的得分等级处于低水平,显著低于其他维度,各维度得分分布图呈现凹陷形态。

4. 中等发展水平——单偏型发展省份

基于以上统计分析结果,湖北省、河北省、陕西省、安徽省、海南省、江西省、黑龙江省高职院校的教师发展都处于中等水平并在某一维度上得分普遍高于其他维

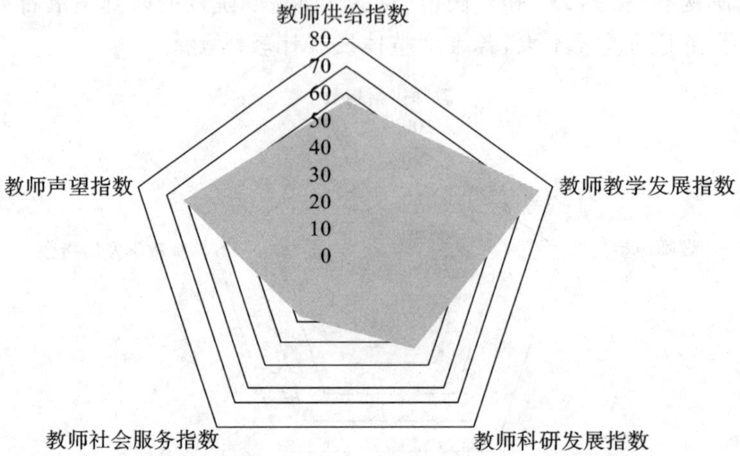

图 21　重庆市高职院校教师发展指数各维度得分分布示意图

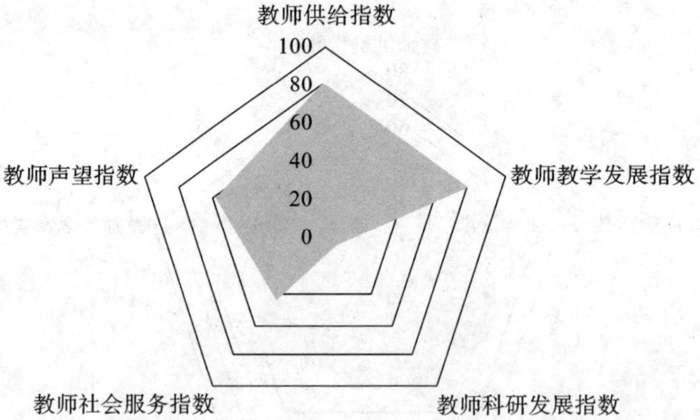

图 22　天津市高职院校教师发展指数各维度得分分布示意图

度，如图 23 至图 29 所示。如湖北省、河北省、陕西省、安徽省、江西省都是在教师教学发展指数上得分偏高，黑龙江省在教师供给指数上得分偏高，海南省在教师社会服务指数上得分偏高。

5. 中等发展水平——半开型发展省份

基于以上统计分析结果，四川省、宁夏回族自治区、甘肃省、云南省、福建省、上海市、河南省、广西壮族自治区高职院校的教师发展都属于中等水平，各维度得分分布图在形态上偏向于半开型，如图 30 至图 38 所示。半开型就是在 5 个维度中有 2～3 个维度得分水平高于其他维度，所以呈现出半开状。例如，广西壮族自治区的教师声望指数和教师教学发展指数得分较高，但其他几个维度的得分相对较低，各维度得分分布图呈现典型的半开状。

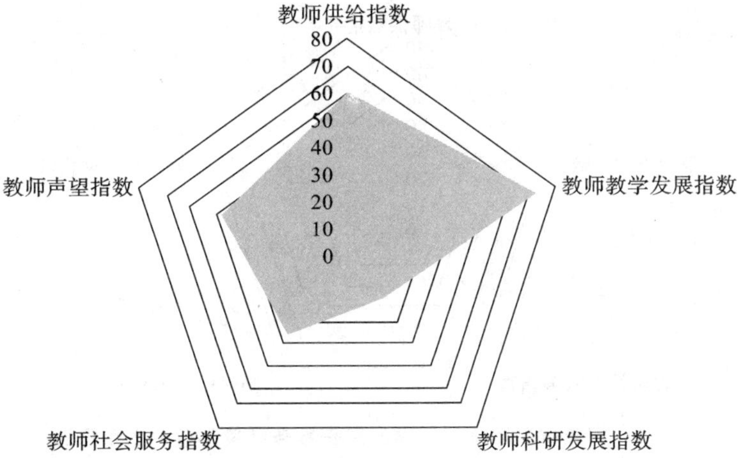

图 23　湖北省高职院校教师发展指数各维度得分分布示意图

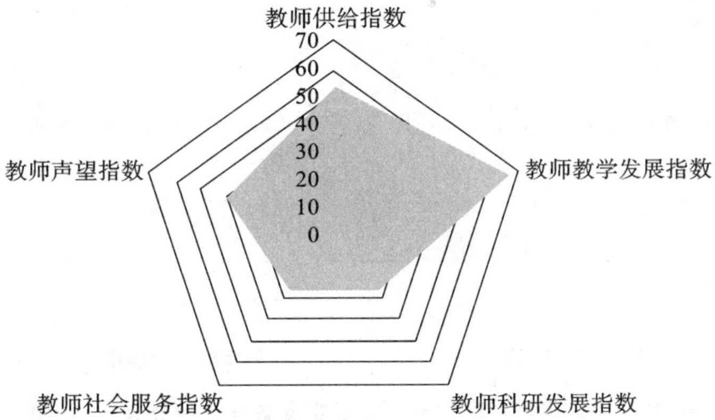

图 24　河北省高职院校教师发展指数各维度得分分布示意图

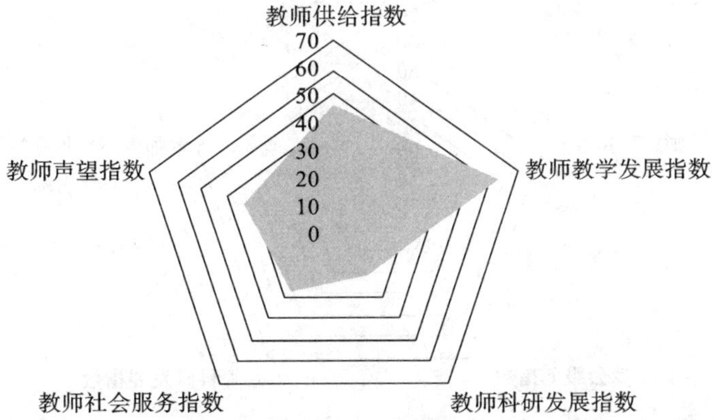

图 25　陕西省高职院校教师发展指数各维度得分分布示意图

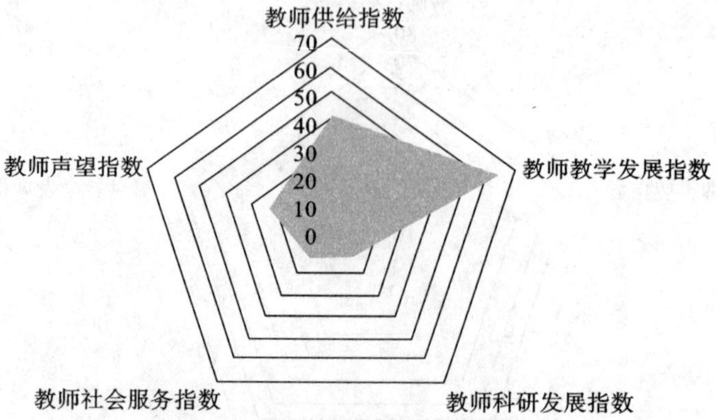

图 26　安徽省高职院校教师发展指数各维度得分分布示意图

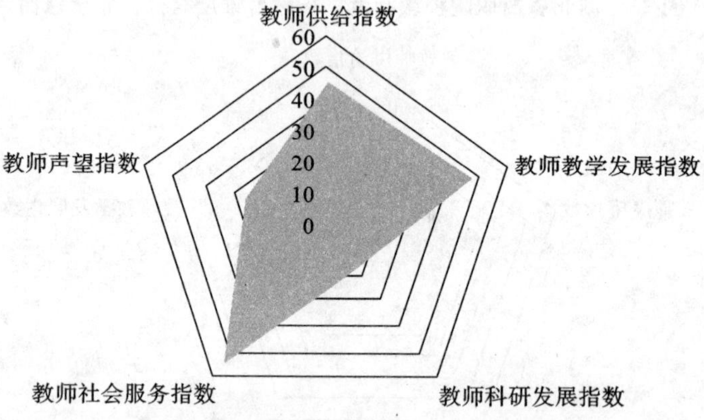

图 27　海南省高职院校教师发展指数各维度得分分布示意图

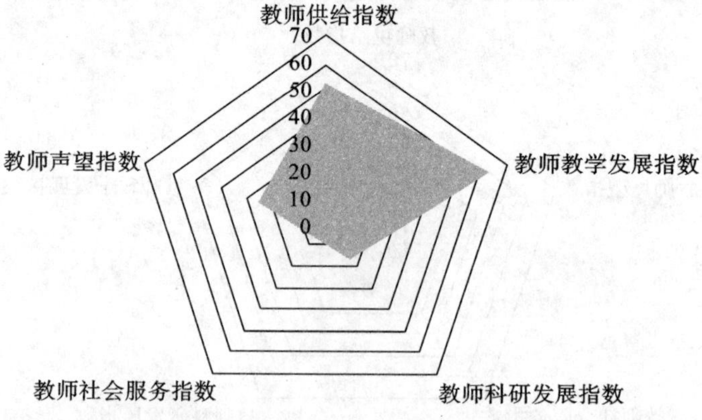

图 28　江西省高职院校教师发展指数各维度得分分布示意图

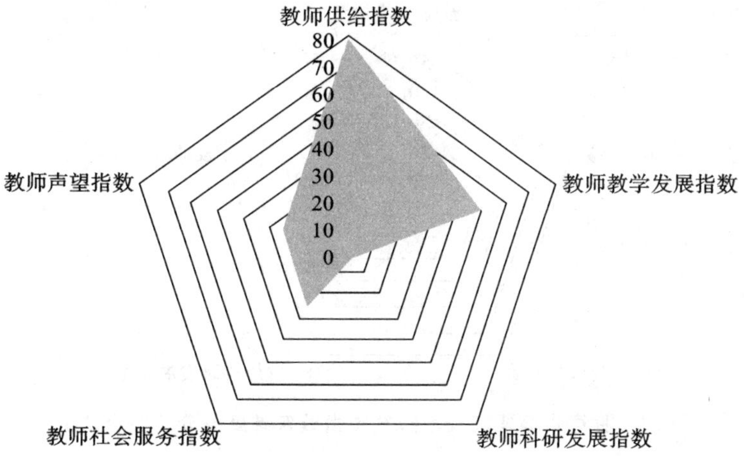

图 29　黑龙江省高职院校教师发展指数各维度得分分布示意图

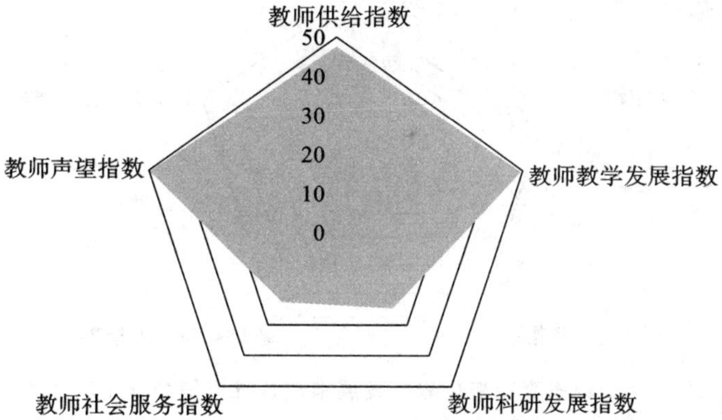

图 30　四川省高职院校教师发展指数各维度得分分布示意图

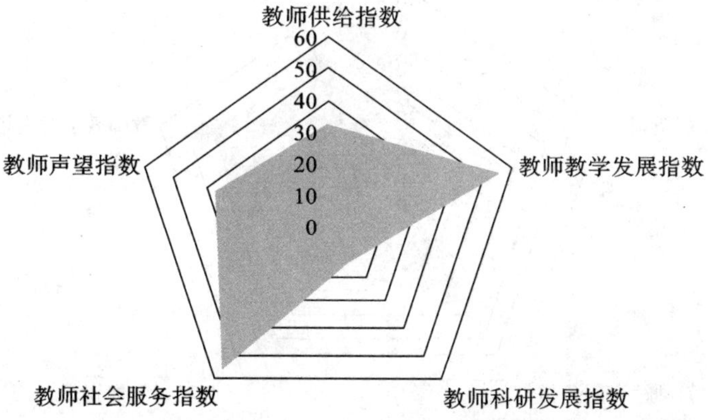

图 31　宁夏回族自治区高职院校教师发展指数各维度得分分布示意图

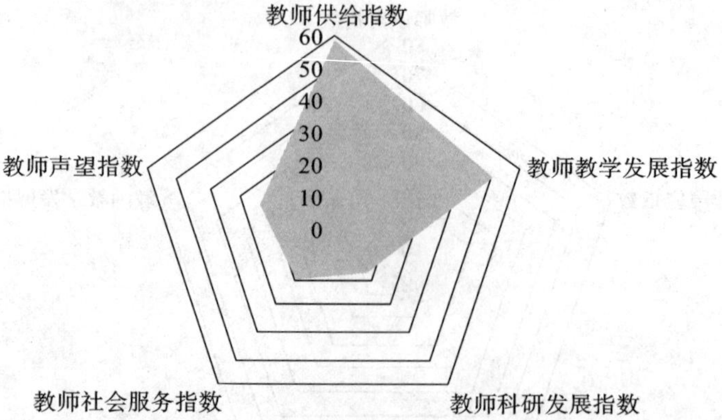

图 32　甘肃省高职院校教师发展指数各维度得分分布示意图

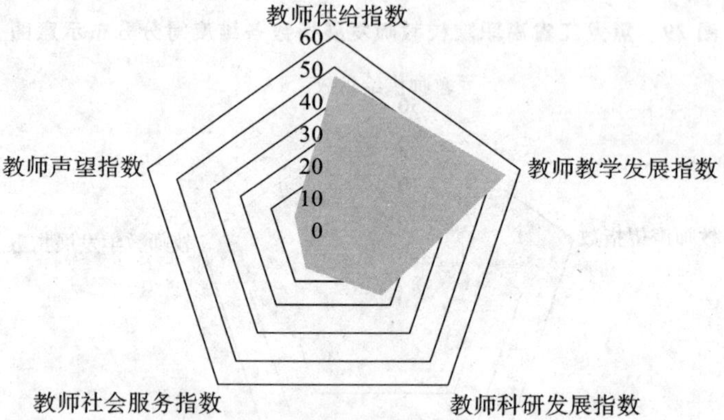

图 33　云南省高职院校教师发展指数各维度得分分布示意图

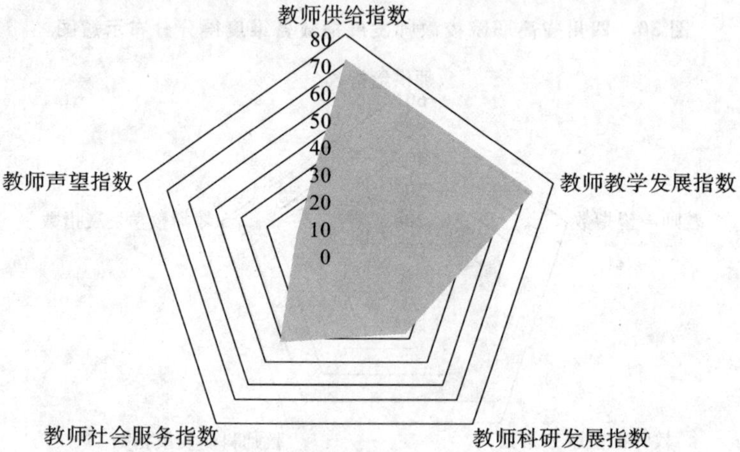

图 34　福建省高职院校教师发展指数各维度得分分布示意图

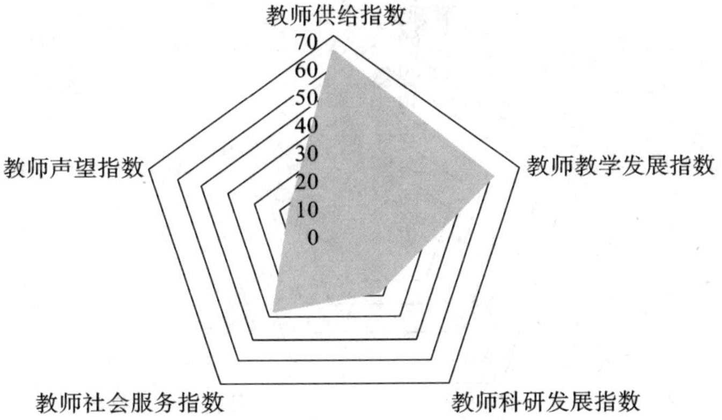

图 35　上海市高职院校教师发展指数各维度得分分布示意图

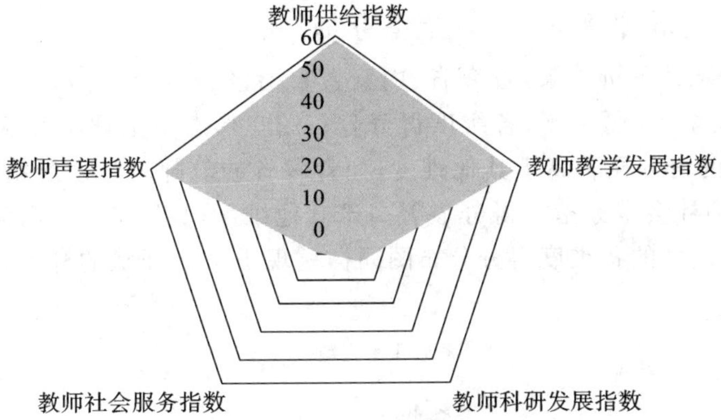

图 36　河南省高职院校教师发展指数各维度得分分布示意图

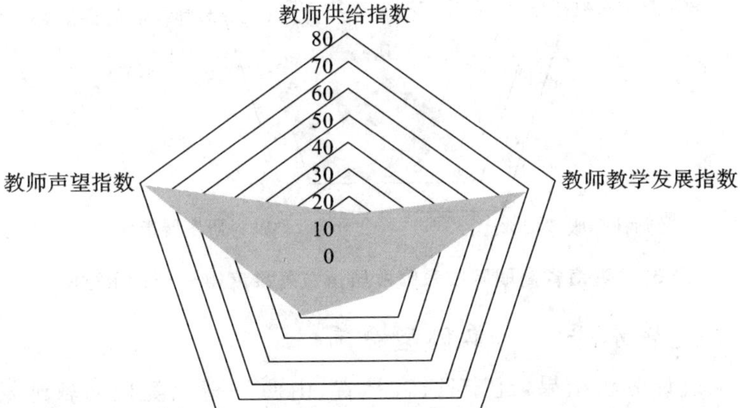

图 37　广西壮族自治区高职院校教师发展指数各维度得分分布示意图

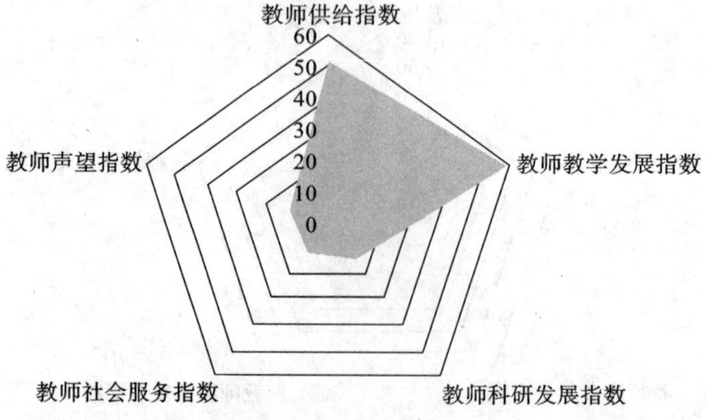

图 38　贵州省高职院校教师发展指数各维度得分分布示意图

6. 中低发展水平——半开型分布

基于以上统计分析结果，青海省、内蒙古自治区、新疆维吾尔自治区高职院校的教师发展都属于中低水平，各维度得分分布图在形态上呈现半开状，即在其中 2～3 个维度上的得分显著高于其他维度，如青海省的教师教学发展指数、教师科研发展指数、教师社会服务指数得分显著高于其他维度（见图 39）。内蒙古自治区和新疆维吾尔自治区的各维度得分分布图同样呈现出了半开状的样态，如图 40 和图 41 所示。

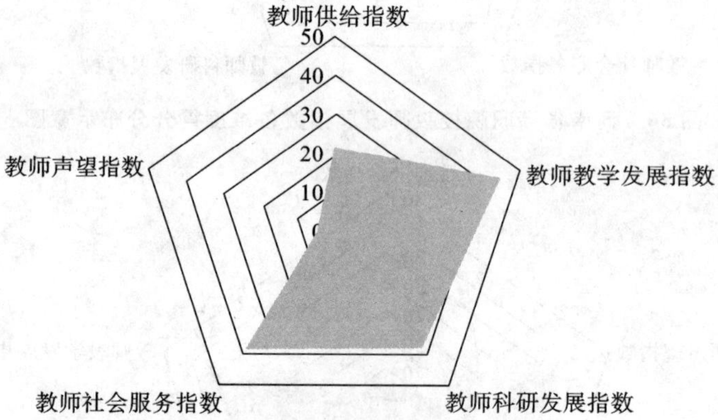

图 39　青海省高职院校教师发展指数各维度得分分布示意图

7. 中低发展水平——单偏型分布

基于以上统计分析结果，辽宁省、吉林省、山西省高职院校的教师发展都属于中低水平，而且各维度得分分布图呈现出单偏向形态，即在某一维度上得分显著高于其他维度，如图 42 至图 44 所示。例如，山西省高职院校的教师供给指数得分较其他指数高。

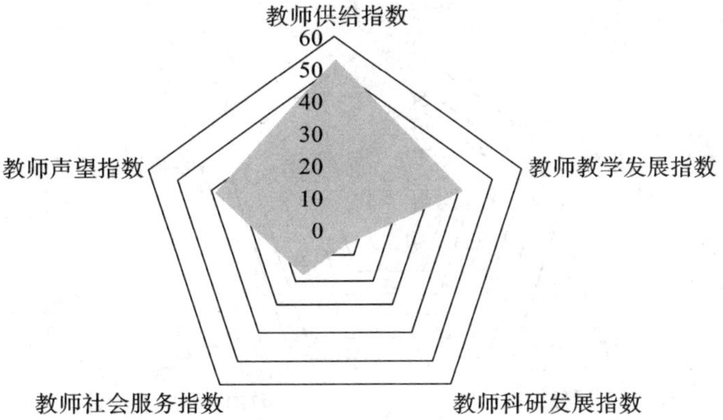

图 40　内蒙古自治区高职院校教师发展指数各维度得分分布示意图

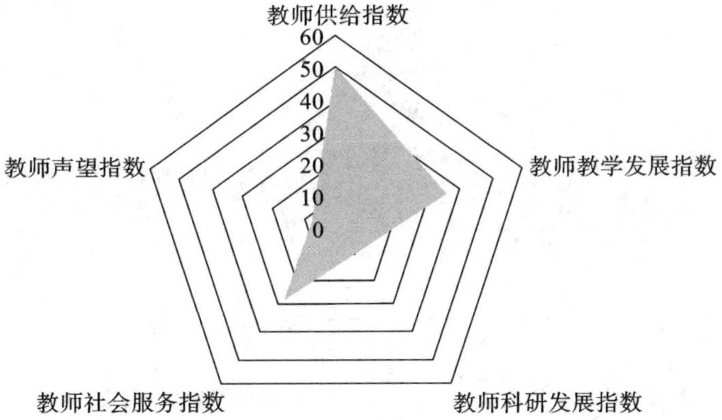

图 41　新疆维吾尔自治区高职院校教师发展指数各维度得分分布示意图

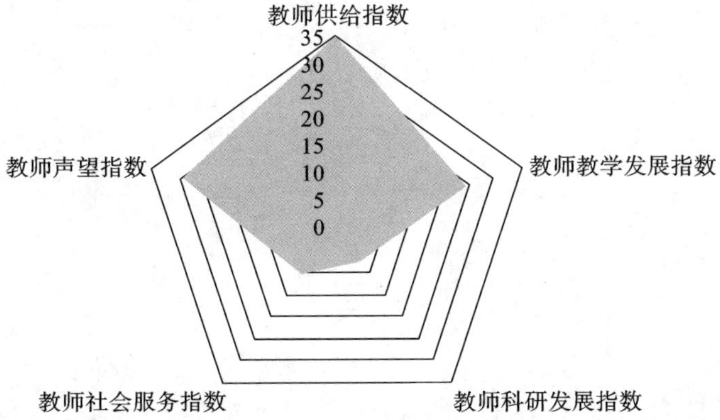

图 42　辽宁省高职院校教师发展指数各维度得分分布示意图

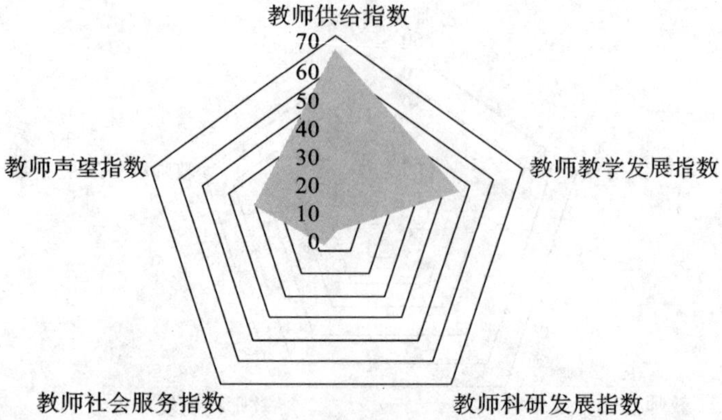

图 43　吉林省高职院校教师发展指数各维度得分分布示意图

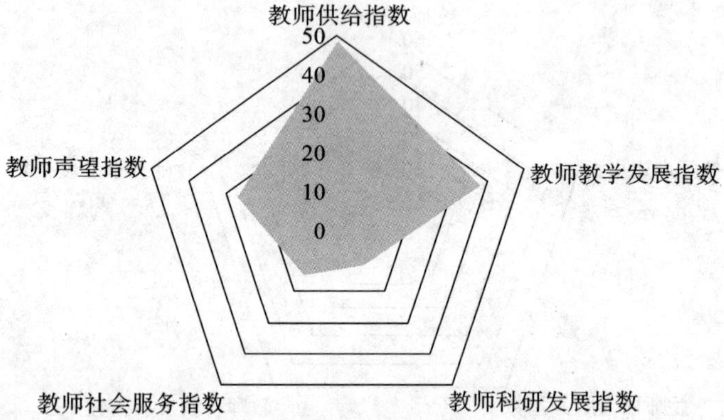

图 44　山西省高职院校教师发展指数各维度得分分布示意图

五　研究结论及对策建议

1. 研究结论

通过科学构建高职院校教师发展指数测评指标体系，本研究从院校之间和省份之间两个角度，对高职院校教师发展水平进行了全面的客观测评，从测评结果来看，可以得出以下几个重要结论。

其一，高职院校之间教师发展水平分化十分严重。从我国高职院校教师发展水平的测评结果来看，得分曲线分布异常陡峭，高分段院校占比较低，绝大多数高职院校的教师发展都处于相对较低水平。从高职院校教师发展各个子维度的发展水平来看，除了教师供给指数外，其他子维度均呈现较为明显的分化现象，发展水平较高的院校占比十分低，院校之间在发展水平上的差异却极大。

其二，不同省份高职院校教师发展水平分化十分严重。一些省份发展水平较高，而且在各个维度上的得分也较为均衡，例如浙江省、江苏省、山东省，这三个省份的各个子维度都处于中等以上水平，尤其是浙江省在教师发展各个子维度上都处于全国最高水平。但高职院校教师发展处于较高水平的省份占比很低，绝大多数省份都处于中等水平，有 6 个省份处于中低水平，而且中低水平省份都位于中西部地区，得分位于中高水平的省份中除了重庆市、湖南省外都位于东部，说明东西部省份之间的高职院校教师发展水平存在着较大的差距。

其三，不同办学类型高职院校在教师发展水平上同样存在着较大的分化。“双高”院校以及原示范校的教师发展水平及其各个子维度的发展水平都显著高于其他高职院校，而且院校之间的差异小于普通高职院校；不同举办主体的公办高职院校之间差异不大，但都显著高于民办高职院校。

2. 对策建议

基于我国高职院校教师发展水平的测评结果，未来我国高职院校教师政策导向应着重从“公平”及“制度”两个方面着手进行优化完善。

首先，推进高职院校教师发展的政策导向从“效率”转向“公平”。从 1999 年扩招政策实施之后，我国高职教育经历了飞速的发展，办学规模急剧扩张，许多中专学校通过合并举办高职院校，很快我国高职院校招生人数以及在校生人数就占据了受高等教育人数的一半左右。然而，在这样一种急剧扩张的背景下，我国高职教育政策呈现出典型的效率主义，在资金、政策上向优质高职院校倾斜，示范引领带动广大高职院校发展是该阶段政策的核心，但不可避免地造成院校之间办学实力的分化。在新的历史发展时期，我国高职院校教师发展的政策导向应向“公平”转向，比如大力推进中西部地区高职院校教师专业素养的提升，在政策制定上取消对民办高职院校教师的歧视，为民办高职院校教师提供与公办高职院校教师一样的发展平台。针对重点院校和非重点院校应采取分类管理、精准施策的原则，对于重点高职院校应进一步鼓励该类院校先行先试，坚持质量优先原则，在推进教师发展上形成系统、科学以及可借鉴的经验模式，对于普通高职院校应加强资金、政策上的支持，将高职院校教师发展情况作为对高职院校教学督导、质量评估的核心内容，并对高职院校教师发展的相关核心指标进行动态监测，对不达标的院校以及省份进行及时预警，并纳入相关绩效考核。

其次，高职院校教师发展的政策导向应实现从“项目”向“制度”的转变。过去我国高职院校教师专业发展主要以项目为载体来推进，政府、优质高职院校以及科研机构等不同主体负责发布各种教师培训项目，但项目具有随机性、临时性和不可持续性的特征，而且优质院校的教师在项目获取质量和数量上均优于普通高职院校，这必然造成了高职院校教师发展水平差距的进一步扩大。为了能够整体提升高职院校教师发展水平，应尽快建立基于教师标准的高职院校教师专业发展制度，制定新入职教师、骨干教师、专业带头人教学核心能力标准，省级教育行政部门应联合行业企业、优质高职院校开发基于标准的培训体系。建立相应的教师职业能力测评与认证体系，在把牢“出口”的基础上鼓励多元主体参与高职院校教师的培养工作，实现我国高职院校教师专业素养与能力的系统化提升。

六　研究不足及未来展望

本研究报告通过设计由5个一级指标、15个二级指标和35个三级指标构成的高职院校教师发展指数测评指标体系，以2019年相关数据为基础，对我国30个省份1001所高职院校的教师发展水平展开了测评，客观呈现了当前我国高职院校教师发展的整体水平以及院校之间和省际的差异水平。

1. 研究不足

囿于客观条件和团队能力，本研究报告存在如下不足：

其一，数据采集不全面。当前有关高职院校教师发展的相关数据散见于各种研究报告、官网和数据信息系统，许多数据指标定义不清晰、来源不明确、采集不规范，不能够直接使用，这在一定程度上影响测评指标体系构建的系统性。

其二，教师发展指数测评指标体系有待进一步完善。测评指标体系的构建是保证测评科学有效的基本前提。为了提高测评的效度应该尽可能多地对高职院校教师发展的所有情况进行全面了解，但囿于客观条件和数据采集的难度，在测评指标体系之中，成果型指标较多，一些衡量高职院校师资队伍建设的能力型指标较少，不能够完全反映出高职院校教师发展水平的全貌。

其三，存在一定的数据污染。在所采集的数据之中，很多指标的数据不是由研究团队直接采集，出现的一些极端数据难以进行核验及查证。

其四，数据信息有待进一步挖掘。受研究团队精力及能力所限，未能够对现有数据资料进行深度分析，比如高职院校教师发展水平差异的影响因素。

基于以上存在的问题，本研究报告对高职院校教师发展指数的测评仅能够部分反映各高职院校和各省高职院校教师发展的基本现状，不能仅仅依据此评价结果来判定各高职院校和各省教师发展水平的高低。

2. 未来展望

基于以上问题，未来本研究将着重从以下方面进一步完善：

其一，完善教师发展指数测评指标体系。以现在的测评指标体系为基础，进一步通过专家座谈、问卷调研、小规模测评验证等方式完善测评指标体系，将一些重要的指标纳入测评指标体系，重点对一些能力型指标进行挖掘。

其二，加强数据分析力度。在描述性统计基础上，进一步展开推论统计分析，着重分析我国高职院校教师发展水平的差异，并对区域发展的不均衡性进行着重分析。

其三，加强数据采集的规范性与科学性。根据指标体系的要求尽量直接采集数据，如果必须采集"二手"数据，则要保证数据来源的权威性，并对采取的数据进行二次"清洗"，对一些极端值数据和明显不符合实际的数据进行清理。

其四，进一步加大测评范围，扩大测评院校的比例，将西藏自治区等省份纳入测评范围。

附录 A　高职院校教师发展指数测评指标综合评价调查表

尊敬的专家：

您好！此问卷旨在科学构建高职院校教师发展指数测评指标体系，为推进高职院校教师发展科学评价提供参考。请根据您的经验，按照重要程度对所列指标进行评分，本项调查的结果将作为确定测评指标权重的重要依据。问卷采用 9 度打分法，请对两个指标的重要性进行比较后，在表格中描红您认为合适的数字。在评分之前，建议您对“高职院校教师发展指数测评指标体系”中各项指标的内涵做深入的了解。感谢您的支持！

浙江省现代职业教育研究中心

2020 年 10 月

评分说明：

重要性级别	含义	说明
9	绝对重要	两因素比较，前者比后者绝对重要
7	非常重要	两因素比较，前者比后者非常重要
5	比较重要	两因素比较，前者比后者比较重要
3	略微重要	两因素比较，前者比后者略微重要
1	同样重要	两因素比较，前者与后者同样重要
1/3	略微不重要	两因素比较，前者比后者略微不重要
1/5	比较不重要	两因素比较，前者比后者比较不重要
1/7	非常不重要	两因素比较，前者比后者非常不重要
1/9	绝对不重要	两因素比较，前者比后者绝对不重要
2,4,6,8,1/2,1/4,1/6,1/8 表示重要程度介于 1～3，3～5，…之间		

第一层指标比较：“高职院校教师发展指数”目标层重要性两两比较

指标	9（绝对重要）—5（比较重要）—1（同样重要）—1/5（比较不重要）—1/9（绝对不重要）	指标
教师供给指数	9　8　7　6　5　4　3　2　1　1/2　1/3　1/4　1/5　1/6　1/7　1/8　1/9	教师教学发展指数

续表

指标	9(绝对重要)—5(比较重要)—1(同样重要)—1/5(比较不重要)—1/9(绝对不重要)	指标
教师供给指数	9 8 7 6 5 4 3 2 1 1/2 1/3 1/4 1/5 1/6 1/7 1/8 1/9	教师科研发展指数
教师供给指数	9 8 7 6 5 4 3 2 1 1/2 1/3 1/4 1/5 1/6 1/7 1/8 1/9	教师社会服务指数
教师供给指数	9 8 7 6 5 4 3 2 1 1/2 1/3 1/4 1/5 1/6 1/7 1/8 1/9	教师声望指数
教师教学发展指数	9 8 7 6 5 4 3 2 1 1/2 1/3 1/4 1/5 1/6 1/7 1/8 1/9	教师科研发展指数
教师教学发展指数	9 8 7 6 5 4 3 2 1 1/2 1/3 1/4 1/5 1/6 1/7 1/8 1/9	教师社会服务指数
教师教学发展指数	9 8 7 6 5 4 3 2 1 1/2 1/3 1/4 1/5 1/6 1/7 1/8 1/9	教师声望指数
教师科研发展指数	9 8 7 6 5 4 3 2 1 1/2 1/3 1/4 1/5 1/6 1/7 1/8 1/9	教师社会服务指数
教师科研发展指数	9 8 7 6 5 4 3 2 1 1/2 1/3 1/4 1/5 1/6 1/7 1/8 1/9	教师声望指数
教师声望指数	9 8 7 6 5 4 3 2 1 1/2 1/3 1/4 1/5 1/6 1/7 1/8 1/9	教师社会服务指数

第二层指标比较：

1.“教师供给指数”准则层下各指标重要性两两比较

指标	9(绝对重要)—5(比较重要)—1(同样重要)—1/5(比较不重要)—1/9(绝对不重要)	指标
资源投入	9 8 7 6 5 4 3 2 1 1/2 1/3 1/4 1/5 1/6 1/7 1/8 1/9	师资质量
资源投入	9 8 7 6 5 4 3 2 1 1/2 1/3 1/4 1/5 1/6 1/7 1/8 1/9	高端平台
师资质量	9 8 7 6 5 4 3 2 1 1/2 1/3 1/4 1/5 1/6 1/7 1/8 1/9	高端平台

2.“教师教学发展指数”准则层下各指标重要性两两比较

指标	9(绝对重要)—5(比较重要)—1(同样重要)—1/5(比较不重要)—1/9(绝对不重要)																指标
教学成效	9	8	7	6	5	4	3	2	1	1/2	1/3	1/4	1/5	1/6	1/7	1/8	1/9	教学科研
教学成效	9	8	7	6	5	4	3	2	1	1/2	1/3	1/4	1/5	1/6	1/7	1/8	1/9	教学改革
教学成效	9	8	7	6	5	4	3	2	1	1/2	1/3	1/4	1/5	1/6	1/7	1/8	1/9	教学国际化
教学科研	9	8	7	6	5	4	3	2	1	1/2	1/3	1/4	1/5	1/6	1/7	1/8	1/9	教学改革
教学科研	9	8	7	6	5	4	3	2	1	1/2	1/3	1/4	1/5	1/6	1/7	1/8	1/9	教学国际化
教学改革	9	8	7	6	5	4	3	2	1	1/2	1/3	1/4	1/5	1/6	1/7	1/8	1/9	教学国际化

3.“教师科研发展指数”准则层下各指标重要性两两比较

指标	9(绝对重要)—5(比较重要)—1(同样重要)—1/5(比较不重要)—1/9(绝对不重要)																指标
横向科研	9	8	7	6	5	4	3	2	1	1/2	1/3	1/4	1/5	1/6	1/7	1/8	1/9	纵向科研
横向科研	9	8	7	6	5	4	3	2	1	1/2	1/3	1/4	1/5	1/6	1/7	1/8	1/9	专利获取数
纵向科研	9	8	7	6	5	4	3	2	1	1/2	1/3	1/4	1/5	1/6	1/7	1/8	1/9	专利获取数

4.“教师社会服务指数”准则层下各指标重要性两两比较

指标	9(绝对重要)—5(比较重要)—1(同样重要)—1/5(比较不重要)—1/9(绝对不重要)																指标
国内社会服务	9	8	7	6	5	4	3	2	1	1/2	1/3	1/4	1/5	1/6	1/7	1/8	1/9	国际社会服务

5.“教师声望指数”准则层下各指标重要性两两比较

指标	9(绝对重要)—5(比较重要)—1(同样重要)—1/5(比较不重要)—1/9(绝对不重要)																指标
团队荣誉	9	8	7	6	5	4	3	2	1	1/2	1/3	1/4	1/5	1/6	1/7	1/8	1/9	比赛获奖
团队荣誉	9	8	7	6	5	4	3	2	1	1/2	1/3	1/4	1/5	1/6	1/7	1/8	1/9	个人荣誉
比赛获奖	9	8	7	6	5	4	3	2	1	1/2	1/3	1/4	1/5	1/6	1/7	1/8	1/9	个人荣誉

第三层指标比较：

1.“资源投入”子准则层下各指标重要性两两比较

指标	9(绝对重要)—5(比较重要)—1(同样重要)—1/5(比较不重要)—1/9(绝对不重要)	指标
生师比	9 8 7 6 5 4 3 2 1 1/2 1/3 1/4 1/5 1/6 1/7 1/8 1/9	生均企业兼职教师年课时量
生师比	9 8 7 6 5 4 3 2 1 1/2 1/3 1/4 1/5 1/6 1/7 1/8 1/9	生均年支付企业兼职教师课酬
生均企业兼职教师年课时量	9 8 7 6 5 4 3 2 1 1/2 1/3 1/4 1/5 1/6 1/7 1/8 1/9	生均年支付企业兼职教师课酬

2.“高端平台”子准则层下各指标重要性两两比较

指标	9(绝对重要)—5(比较重要)—1(同样重要)—1/5(比较不重要)—1/9(绝对不重要)	指标
技能大师工作室	9 8 7 6 5 4 3 2 1 1/2 1/3 1/4 1/5 1/6 1/7 1/8 1/9	职业院校校长培训基地

3.“教学成效”子准则层各指标重要性两两比较

指标	9(绝对重要)—5(比较重要)—1(同样重要)—1/5(比较不重要)—1/9(绝对不重要)	指标
学生就业率	9 8 7 6 5 4 3 2 1 1/2 1/3 1/4 1/5 1/6 1/7 1/8 1/9	雇主满意度
学生就业率	9 8 7 6 5 4 3 2 1 1/2 1/3 1/4 1/5 1/6 1/7 1/8 1/9	全国职业院校技能大赛学生获奖数
学生就业率	9 8 7 6 5 4 3 2 1 1/2 1/3 1/4 1/5 1/6 1/7 1/8 1/9	毕业生三年职位晋升比例
雇主满意度	9 8 7 6 5 4 3 2 1 1/2 1/3 1/4 1/5 1/6 1/7 1/8 1/9	全国职业院校技能大赛学生获奖数
雇主满意度	9 8 7 6 5 4 3 2 1 1/2 1/3 1/4 1/5 1/6 1/7 1/8 1/9	毕业生三年职位晋升比例

续表

指标	9(绝对重要)—5(比较重要)—1(同样重要)—1/5(比较不重要)—1/9(绝对不重要)																	指标
全国职业院校技能大赛学生获奖数	9	8	7	6	5	4	3	2	1	1/2	1/3	1/4	1/5	1/6	1/7	1/8	1/9	毕业生三年职位晋升比例

4.“教学科研”子准则层各指标重要性两两比较

指标	9(绝对重要)—5(比较重要)—1(同样重要)—1/5(比较不重要)—1/9(绝对不重要)																	指标
教师教学科研项目获取数	9	8	7	6	5	4	3	2	1	1/2	1/3	1/4	1/5	1/6	1/7	1/8	1/9	教师教学科研论文发表数

5.“教学改革”子准则层下各指标重要性两两比较

指标	9(绝对重要)—5(比较重要)—1(同样重要)—1/5(比较不重要)—1/9(绝对不重要)																	指标
教学成果奖	9	8	7	6	5	4	3	2	1	1/2	1/3	1/4	1/5	1/6	1/7	1/8	1/9	教学改革项目
教学成果奖	9	8	7	6	5	4	3	2	1	1/2	1/3	1/4	1/5	1/6	1/7	1/8	1/9	教学资源建设
教学改革项目	9	8	7	6	5	4	3	2	1	1/2	1/3	1/4	1/5	1/6	1/7	1/8	1/9	教学资源建设

6.“教学国际化”子准则层各指标重要性两两比较

指标	9(绝对重要)—5(比较重要)—1(同样重要)—1/5(比较不重要)—1/9(绝对不重要)																	指标
开发并被国(境)外采用的专业教学标准数	9	8	7	6	5	4	3	2	1	1/2	1/3	1/4	1/5	1/6	1/7	1/8	1/9	开发并被国(境)外采用的课程标准数

7.“横向科研”子准则层各指标重要性两两比较

指标	9(绝对重要)—5(比较重要)—1(同样重要)—1/5(比较不重要)—1/9(绝对不重要)																	指标
师均横向技术服务到款额	9	8	7	6	5	4	3	2	1	1/2	1/3	1/4	1/5	1/6	1/7	1/8	1/9	师均横向技术服务产生的经济效益

续表

指标	9(绝对重要)—5(比较重要)—1(同样重要)—1/5(比较不重要)—1/9(绝对不重要)																	指标
师均横向技术服务到款额	9	8	7	6	5	4	3	2	1	1/2	1/3	1/4	1/5	1/6	1/7	1/8	1/9	师均技术交易到款额
师均横向技术服务产生的经济效益	9	8	7	6	5	4	3	2	1	1/2	1/3	1/4	1/5	1/6	1/7	1/8	1/9	师均技术交易到款额

8."纵向科研"子准则层各指标重要性两两比较

指标	9(绝对重要)—5(比较重要)—1(同样重要)—1/5(比较不重要)—1/9(绝对不重要)																	指标
师均纵向科研经费到款额	9	8	7	6	5	4	3	2	1	1/2	1/3	1/4	1/5	1/6	1/7	1/8	1/9	纵向科研项目获取数(国家级)

9."专利获取数"子准则层各指标重要性两两比较

指标	9(绝对重要)—5(比较重要)—1(同样重要)—1/5(比较不重要)—1/9(绝对不重要)																	指标
发明专利数	9	8	7	6	5	4	3	2	1	1/2	1/3	1/4	1/5	1/6	1/7	1/8	1/9	实用新型专利数
发明专利数	9	8	7	6	5	4	3	2	1	1/2	1/3	1/4	1/5	1/6	1/7	1/8	1/9	外观设计专利数
发明专利数	9	8	7	6	5	4	3	2	1	1/2	1/3	1/4	1/5	1/6	1/7	1/8	1/9	国外专利数
实用新型专利数	9	8	7	6	5	4	3	2	1	1/2	1/3	1/4	1/5	1/6	1/7	1/8	1/9	外观设计专利数
实用新型专利数	9	8	7	6	5	4	3	2	1	1/2	1/3	1/4	1/5	1/6	1/7	1/8	1/9	国外专利数
外观设计专利数	9	8	7	6	5	4	3	2	1	1/2	1/3	1/4	1/5	1/6	1/7	1/8	1/9	国外专利数

10.“国内社会服务”子准则层各指标重要性两两比较

指标	9(绝对重要)—5(比较重要)—1(同样重要)—1/5(比较不重要)—1/9(绝对不重要)	指标
师均非学历培训到款额	9　8　7　6　5　4　3　2　1　1/2　1/3　1/4　1/5　1/6　1/7　1/8　1/9	师均公益性培训服务到款额

11.“国际社会服务”子准则层各指标重要性两两比较

指标	9(绝对重要)—5(比较重要)—1(同样重要)—1/5(比较不重要)—1/9(绝对不重要)	指标
专任教师赴国(境)外指导和开展培训时间	9　8　7　6　5　4　3　2　1　1/2　1/3　1/4　1/5　1/6　1/7　1/8　1/9	在国(境)外专业性组织担任职务的专任教师人数

12.“团队荣誉”子准则层各指标重要性两两比较

指标	9(绝对重要)—5(比较重要)—1(同样重要)—1/5(比较不重要)—1/9(绝对不重要)	指标
国家级教师教学创新团队	9　8　7　6　5　4　3　2　1　1/2　1/3　1/4　1/5　1/6　1/7　1/8　1/9	全国高校黄大年式团队

13.“比赛获奖”子准则层各指标重要性两两比较

指标	9(绝对重要)—5(比较重要)—1(同样重要)—1/5(比较不重要)—1/9(绝对不重要)	指标
全国职业院校教师教学能力比赛获奖数	9　8　7　6　5　4　3　2　1　1/2　1/3　1/4　1/5　1/6　1/7　1/8　1/9	全国高校思想政治理论课教学展示活动获奖数

问卷到此为止，感谢您的认真填写！

附录B 大 事 记

1986年—1999年

1986年3月3日，中央职称改革工作领导小组印发《技工学校教师职务试行条例》，初步建立了技工院校教师职称制度。

1996年5月15日，第八届全国人民代表大会常务委员会第十九次会议通过《中华人民共和国职业教育法》，提出县级以上各级人民政府和有关部门应当将职业教育教师的培养和培训工作纳入教师队伍建设规划，保证职业教育教师队伍适应职业教育发展的需要。职业学校和职业培训机构可以聘请专业技术人员、有特殊技能的人员和其他教育机构的教师担任兼职教师，有关部门和单位应当提供方便。

1998年2月16日，教育部印发《面向二十一世纪深化职业教育教学改革的原则意见》，提出要提高教师素质，发挥教师作用。

1998年6月18日，教育部同意河北农业技术师范学院更名为河北职业技术师范学院，要求学校更名后要逐步发展成为服务面向较宽、有一定办学特色的高等职业师范学校。

1998年7月20日，教育部同意将广东民族学院改办为广东职业技术师范学院，要求学校坚持以培养职业教育师资为主要任务。

1999年11月30日，教育部公布首批全国重点建设职业教育师资培训基地名单，包括天津大学、同济大学、东南大学、西安交通大学等高校。

2000年

2000年1月17日，教育部印发《关于加强高职高专教育人才培养工作的意见》，强调要重视高职高专院校教师的培养和培训工作，并指出“‘双师型’教师是提高高职高专教育教学质量的关键”。

2000年5月17日，教育部公布第二批全国重点建设职业教育师资培训基地名单，包括哈尔滨工业大学、厦门大学、东北财经大学等高校。

2001年

2001年3月5日，教育部公布第三批全国重点建设职业教育师资培训基地名单，包括北京师范大学、华东师范大学、电子科技大学等高校。

2001年3月5日，教育部发布《关于调整部分全国重点建设职业教育师资培训基地的通知》，提出吸收青岛海洋大学、中德无锡高级职业技术学校、山东-巴伐利亚职教师资培训中心、湖北啤酒学校，分别与平度职教中心等四个基地学校联合，组建为青岛海洋大学-平度职教中心等四个基地。

2001年3月5日，教育部公布首批全国职业教育师资专业技能培训示范单位，包括上海宝钢集团公司、海尔集团等六个单位。

2002年

2002年5月15日，教育部印发《关于加强高等职业（高专）院校师资队伍建设的意见》，为切实推进高职（高专）院校的师资队伍建设工作，从多个方面提出了建设意见。

2002年8月24日，国务院印发《关于大力推进职业教育改革和发展的决定》，提出需要加强职业教育教师队伍建设。

2002年12月2日，教育部、国家经济贸易委员会劳动和社会保障部联合印发《关于进一步发挥行业、企业在职业教育和培训中作用的意见》，提出行业组织和企业要积极参与师资队伍建设。

2003年

2003年10月9日，教育部印发《关于进一步加强职业技术学校校长培训工作的若干意见》，就培训工作的指导思想、原则、对象、目标、主要任务、内容、类型和形式等各方面提出了详细要求。

2003年11月3日，教育部批准华中科技大学、集美大学为全国重点建设职业教育师资培养培训基地。

2003年12月3日，教育部等六部门发布《关于实施职业院校制造业和现代服务业技能型紧缺人才培养培训工程的通知》，提出要切实加强相关专业师资队伍建设。

2004年

2004年4月2日，教育部印发《关于以就业为导向深化高等职业教育改革的若干意见》，提出各高等职业院校要采取有效措施，为"双师型"教师队伍建设提供支持。

2004年6月17日至18日，教育部、国家发展改革委、财政部、人事部、劳动保障部、农业部、国务院扶贫办在江苏联合召开全国职业教育工作会议。陈至立国务委员出席会议并作了题为《抓住机遇积极进取开创职业教育工作新局面》的重要讲话，强调抓好职业教育教师队伍建设是职业教育发展工作重点之一。

2004年9月14日，教育部等七部门印发《关于进一步加强职业教育工作的若干意见》，提出要深化职业院校人事制度改革，加强"双师型"教师队伍建设。

2005年

2005年1月19日，教育部办公厅同意筹建全国高职高专教育师资培训基地（广东）。

2005年8月2日，国家教育督导团发布《关于职业教育专项督导检查公报》，提出督查组在督导检查中发现当前存在职教师资队伍建设滞后，职业学校专业课教师配备普遍不足，教师整体素质偏低，"双师型"教师严重缺乏，教师缺乏有效的进修渠道等问题，今后应加快职教师资队伍建设。

2005年10月28日，国务院印发《关于大力发展职业教育的决定》，提出需要通过多种方式加强师资队伍建设。

2005年11月7日，温家宝总理在全国职业教育工作会议上作了题为《大力发展中国特色的职业教育》讲话，提出要加强职业教育师资队伍建设，加强职业教育师资培养和培训，建立职业教育专业教师到企业生产一线实践的制度，制定和完善职业教育兼职教师聘用政策，鼓励工程技术人员、高技能人才到职业院校兼职。

2006年

2006年2月6日，教育部办公厅印发《教育部2006年职业教育工作要点》，拟组织实施"职业院校教师素质提高计划"，提出包括计划实施方案在内的多项高职教师队伍建设相关工作要点。

2006年8月16日，成都电子机械高等专科学校刘甫迎获教育部第二届高等学校教学名师奖，是首位获得该奖项的职业院校教师。

2006年8月24日，教育部办公厅发布《关于组织实施"中国高等职业教育联合革新计划——高职教师教育与培训"项目的通知》，明确了"中国高等职业教育联合革新计划——高职教师教育与培训"项目的组织、运行、保障、实施步骤等具体内容。

2006年11月3日，教育部、财政部印发《关于实施国家示范性高等职业院校建设计划加快高等职业教育改革与发展的意见》，提出示范院校建设主要内容之一，就是制定"双师型"教师培养和专兼结合专业教师队伍建设的支持政策与办法，聘请一批精通企业行业工作程序的技术骨干和能工巧匠兼职，促进高水平"双师"素质与"双师"结构教师队伍建设。

2006年11月16日，教育部印发《关于全面提高高等职业教育教学质量的若干意见》，提出注重教师队伍的"双师"结构，改革人事分配和管理制度，加强专兼结合的专业教学团队建设。

2007年

2007年1月16日，教育部办公厅发布《成立中国高等职业教育联合革新计划——高职教师教育与培训项目专家委员会的通知》，明确了由高林等17位专家组成中国高等职业教育联合革新计划——高职教师教育与培训项目专家委员会。

2007年4月15日，教育部办公厅发布《关于中国高等职业教育联合革新计划——高职教师教育与培训2007年度短期培训项目计划的通知》，明确了高职教师教育与培训2007年度短期培训的主要项目和培训内容。

2007年8月7日，浙江工贸职业技术学院施凯等18位高职高专院校教师获教育部第三届高等学校教学名师奖。

2007年10月19日，教育部批准北京首都旅游集团有限公司、武汉华中数控股份有限公司为全国职业教育师资专业技能培训示范单位。

2007年10月19日，教育部批准清华大学、北京理工大学作为全国重点建设职业教育师资培养培训基地。

2008年

2008年6月28日至29日，国务委员刘延东在天津职业教育工作座谈会上发表了重要讲话，提出要加强职业教育师资队伍建设，吸引优秀人才任教，重视培养培训，提高教师整体素质。

2008 年 8 月 22 日，浙江机电职业技术学院金文兵等 20 位高职高专院校教师获教育部第四届高等学校教学名师奖。

2008 年 9 月 28 日，教育部、财政部确定 300 个教学团队为 2008 年国家级教学团队，其中包括北京电子科技职业学院“传媒艺术设计教学团队”等 40 个高职高专院校团队，并就项目建设有关事项发出通知。

2009 年

2009 年 1 月 7 日，教育部印发《教育部 2009 年工作要点》，提出要进一步加强职业院校“双师型”教师队伍建设，全面落实职业学校教师到企业实践制度，完善相关政策，加大从企事业单位和社会聘请特聘教师和兼职教师的力度。

2009 年 1 月 7 日，教育部印发《周济部长在教育部 2009 年度工作会议上的讲话》，提出要通过实施完善以企业实践为重点的教师继续教育制度等手段以进一步加强职业教育教师队伍建设。

2009 年 9 月 4 日，宁波职业技术学院孙向东等 20 位高职高专院校教师获教育部第五届高等学校教学名师奖。

2009 年 9 月 15 日，教育部、财政部确定 305 个教学团队为 2009 年国家级教学团队，其中包括浙江金融职业学院“金融管理与实务专业核心课程教学团队”等 39 个高职高专院校团队，并就项目建设有关事项发出通知。

2010 年

2010 年 4 月 8 日，教育部同意天津工程师范学院更名为天津职业技术师范大学，并要求学校要大力加强教师教育，把培养培训职业教育教师作为学校的主要任务。

2010 年 7 月 26 日，教育部、财政部确定 308 个教学团队为 2010 年国家级教学团队，其中包括浙江商业职业技术学院“会计专业教学团队”等 40 个高职高专院校团队，并就项目建设有关事项发出通知。

2010 年 7 月 29 日，国务院印发《国家中长期教育改革和发展规划纲要（2010—2020 年）》，提出加强“双师型”教师队伍和实训基地建设，提升职业教育基础能力，建立健全技能型人才到职业学校从教的制度，完善符合职业教育特点的教师资格标准和专业技术职务（职称）评聘办法。

2010 年 11 月 12 日，人社部印发《关于大力推进技工院校改革发展的意见》，指出要强化技工院校师资队伍建设。

2010 年 12 月 9 日，教育部批准中国铝业公司等十家企业为全国职业教育教师企业实践单位。

2011 年

2011 年 9 月 5 日，北京工业职业技术学院牛小铁等 20 位高职高专院校教师获教育部第六届高等学校教学名师奖。

2011 年 9 月 29 日，教育部印发《关于推进高等职业教育改革创新引领职业教育科学发展的若干意见》，提出需改革评聘办法，加强“双师型”教师队伍建设。

2011 年 10 月 25 日，教育部等九部门印发《关于加快发展面向农村的职业教育的意见》，提出为加快发展面向农村的职业教育，需加强农村、农业职业学校师资队伍建设，加强农村、农业职业学校教师培养培训，深化人事制度改革，努力提高教师待遇。

2011 年 10 月 28 日，教育部公布全国重点建设职业教育师资培养培训基地、全国职业教育师资专业技能培训示范单位评估合格名单。

2011 年 11 月 8 日，教育部、财政部印发《关于实施职业院校教师素质提高计划的意见》，从指导思想、目标任务、实施原则、计划内容、项目经费、工作要求六个方面提出了详细意见。

2011 年 12 月 24 日，教育部印发《关于进一步完善职业教育教师培养培训制度的意见》，为大力加强职业教育“双师型”教师队伍建设，就进一步完善职业教育教师培养培训制度提出五点意见。

2011 年 12 月 30 日，教育部印发《关于推进中等和高等职业教育协调发展的指导意见》，提出要加强师资队伍建设，注重教师培养培训。

2012 年

2012 年 3 月 19 日，教育部职业教育与成人教育司发布《关于开展全国职业院校信息化教学大赛举办地申报工作的通知》，首次提出将教学大赛范围扩大至高等职业学校。

2012 年 3 月 29 日，教育部同意江西科技师范学院更名为江西科技师范大学，要求学校大力加强教师教育，把培养培训职业教育教师作为学校的主要任务。

2012 年 5 月 4 日，教育部印发《关于加快推进职业教育信息化发展的意见》提出需要提升职业教育工作者的信息素养，继续实施全国职业学校信息技术职业能力提高计划，提高校长、教师和信息技术人员的信息技术应用能力。

2012年5月23日，人力资源社会保障部办公厅发布《关于做好2012年高技能人才师资培训示范项目工作的通知》，对培训内容、对象、时间等有关事项做了简要说明。

2012年6月7日，教育部批准天津职业大学等33个单位为全国重点建设职业教育师资培养培训基地，神州数码网络（北京）有限公司等2个单位为全国职业教育师资专业技能培训示范单位。

2012年9月7日，国务院印发《关于加强教师队伍建设的意见》，提出多条加强职业院校教师队伍建设的详细意见，如职业学校教师队伍建设要以"双师型"教师为重点，完善"双师型"教师培养培训体系，健全技能型人才到职业学校从教制度等。

2012年9月18日，教育部发布了《普通高等学校本科专业目录》(2012年版)，将职教师资专业置于"特设专业"，并归于工学、农学和管理学3个学科门类中的7个专业类。

2012年11月8日，教育部、国家发展改革委、财政部联合印发《关于深化教师教育改革的意见》，提出依托现有资源，加强职业学校教师培养培训基地建设；探索建立招收职业学校毕业生和企业技术人员专门培养职业学校教师制度；实行职业学校专业教师每2年不少于2个月的企业实践制度；发挥好行业企业在培养"双师型"教师中的作用。

2012年11月8日，教育部、财政部、人力资源和社会保障部、国务院国有资产监督管理委员会联合印发《职业学校兼职教师管理办法》，对人员条件、聘请程序、组织管理、经费来源等方面作出了详细规定。

2013年

2013年2月7日，教育部办公厅公布2012年全国职业院校信息化教学大赛获奖名单。

2013年2月26日，教育部教师工作司发布《关于对2012年"万人计划"(高等学校)教学名师初评人选进行公示的通知》，共有101位教师入选，其中包括石家庄铁路职业技术学院李辉等19位高职高专院校教师。

2013年6月14日，教育部办公厅印发《职教师资本科专业培养标准、培养方案、核心课程和特色教材开发项目管理办法》，文件从过程管理、成果要求、成果应用、职责分工、经费管理等方面提出具体规定，以保证项目的顺利实施。

2013年6月27日至28日，中共中央政治局委员、国务院副总理刘延东出席了在天津举办的2013年全国职业院校技能大赛，并在大赛闭幕式上发表了题为《加快发展现代职业教育为实现中国梦提供人才支撑》的重要讲话。其中提到要大力加强“双师型”教师队伍建设，完善教师企业实践和兼职教师聘用制度，提高职教教师的地位和待遇，吸引更多优秀人才投身职业教育。要强化师德师风建设，引导广大教师牢固树立献身职教事业、关爱职教学生、安心职教工作的敬业精神。

2013 年 12 月 4 日，教育部办公厅公布 2013 年全国职业院校信息化教学大赛获奖名单。

2014 年

2014 年 6 月 22 日，国务院印发《关于加快发展现代职业教育的决定》，提出需通过实施完善教师资格标准等多方路径建设“双师型”教师队伍。

2014 年 6 月 23 日，教育部等六部门印发《现代职业教育体系建设规划（2014—2020 年）》，提出需要通过实施改革职业院校用人制度等多方途径完善“双师型”教师培养培训体系。

2014 年 6 月 23 日，李克强会见全国职业教育工作会议代表并发表讲话，其中提到今后要打造具有鲜明职教特点、教练型的师资队伍。

2014 年 10 月 23 日，教育部职业教育与成人教育司发布《关于做好 2015 年度高等职业学校专业骨干教师国家级培训项目申报工作的通知》。

2014 年 12 月 26 日，教育部办公厅公布 2014 年全国职业院校信息化教学大赛获奖名单。

2015 年

2015 年 3 月至 6 月，全国人大常委会组织开展了职业教育法施行 19 年来首次执法检查。6 月 29 日，张德江委员长在十二届全国人大常委会第十五次会议上做了执法检查报告，指出职业教育教师队伍建设仍是当前发展职业教育中的薄弱环节，今后应当针对问题，抓住关键环节，建设适应现代职业教育发展要求的教师队伍。

2015 年 3 月 13 日，人力资源社会保障部印发《高技能人才队伍建设中长期规划（2010—2020 年）》，提出要积极开展推进职业院校教师职称制度改革，吸引和稳定理论与技能兼备的优秀人才长期从事职业教育；加强职业院校校长培训和教学管理人员培训等措施。

2015 年 3 月 13 日，人力资源社会保障部印发《国家中长期人才发展规划纲要（2010—2020）》，提出要开展高素质教育人才培养工程，建设一支高素质、创新型教育人才队伍，通过研修培训、学术交流、项目资助等方式，每年重点培养和支持2万名各类学校教育教学骨干、“双师型”教师、学术带头人和校长，在职业院校、高等学校培养造就一批教育家、教学名师和学科领军人才。

2015年5月10日，首届“职业教育活动周”在北京举行全国启动仪式。中共中央政治局委员、国务院副总理刘延东出席启动仪式并讲话，指出要以修订完善《职业教育法》为契机，推进教育政策、产业政策、用人政策衔接配套，加强“双师型”教师队伍建设，打通职业教育与高等教育的通道，保障技术技能人才待遇，健全促进职业教育可持续发展的制度和标准。

2015年7月9日，教育部印发《关于深化职业教育教学改革全面提高人才培养质量的若干意见》，提出需通过采取制订职教师资培养规划等措施加强教师培养培训。

2015年9月15日，教育部印发《全国职业教育工作专项督导报告》，其中就职业教育教师队伍建设现状、问题提出了相应的督导意见。

2015年10月21日，教育部印发《高等职业教育创新发展行动计划(2015—2018年)》，提出需加强教师队伍建设、改进高职教师管理。

2015年10月30日，教育部教师工作司发布《关于对2015年“万人计划”教学名师初评人选进行公示的通知》，共有100位教师入选，其中包括温州职业技术学院施凯等23位职业院校教师入选。

2015年12月29日，教育部办公厅公布2015年全国职业院校信息化教学大赛获奖名单。

2016年

2016年1月15日，教育部部长袁贵仁在2016年全国教育工作会议上发表题为《以新的发展理念为引领全面提高教育质量加快推进教育现代化》的重要讲话。其中提到需研制《职业学校教师企业实践规定》，加强职业学校双师型教师队伍建设，推进高校、大中型企业和职业院校共建教师培养培训体系。

2016年5月11日，教育部等七部门印发《职业学校教师企业实践规定》，对职教教师到企业实践的内容和形式、组织与管理、保障措施、考核和奖惩等作了说明。

2016年11月3日，教育部、财政部印发《关于实施职业院校教师素质提高计划(2017—2020年)的意见》从目标任务、实施原则、计划内容、保障措施等方面针对实施职业院校教师素质提高计划提出了详细建议。

2016年12月2日，推进职业教育现代化座谈会在京召开。李克强总理作出重要批示，刘延东副总理出席会议并发表了题为《加快推进职业教育现代化 开创我国现代职业教育新局面》的讲话。其中提到要加强“双师型”教师队伍建设，健全校企人员双向流动机制，实施好职业学校教师素质提高计划，提高教师素质、优化队伍结构。

2017 年

2017 年 1 月 13 日，教育部部长陈宝生在 2017 年全国教育工作会议上做题为《办好中国特色社会主义教育 以优异成绩迎接党的十九大胜利召开》工作报告，其中提到要加快构建优秀人才终身从教机制；健全职业学校和企业双向流动机制，推进职业学校教师到企业实践制度化，完善吸引企业人员到学校兼职任教支持政策。

2017 年 2 月 16 日，教育部办公厅公布 2016 年全国职业院校信息化教学大赛获奖名单。

2017 年 3 月 31 日，教育部办公厅印发《职业院校教师素质提高计划项目管理办法》，对项目职责分工、组织实施、过程管理、经费管理、督察评估等内容作出详细规定。

2017 年 4 月 21 日，教育部职成司司长王继平在 2017 年度全国职业教育与继续教育工作会议上的总结讲话中，指出要持续加强职业院校的师资队伍建设。

2017 年 5 月 8 日，刘延东在第十届全国职业院校技能大赛开幕式发言中提到要加强“双师型”教师队伍建设，提升现代职业教育质量。

2017 年 7 月 7 日，教育部教师工作司发布《关于对 2017 年“万人计划”教学名师初评人选进行公示的通知》，共有 199 位教师入选，其中包括浙江机电职业技术学院邱葭菲等 38 位职业院校教师入选。

2017 年 8 月 10 日，教育部办公厅、财政部办公厅发布《关于做好职业院校教师素质提高计划 2017 年度项目组织实施工作的通知》。

2017 年 9 月 7 日，刘延东在 2017 年全国教书育人楷模及优秀教师代表座谈会上的讲话中提出要完善职业院校专兼职教师聘用和考核制度，共建培训基地，支持与行业企业联合培养师资，建设技艺精湛、专兼结合的“双师型”教师队伍。

2017 年 11 月 28 日，人社部印发《关于深化技工院校教师职称制度改革的指导意见》，明确技工院校教师职称制度改革工作在全国范围内全面推开。

2017 年 12 月 19 日，国务院办公厅印发《关于深化产教融合的若干意见》，提出加强产教融合师资队伍建设；支持企业技术和管理人才到学校任教，鼓励有条件的地方探索产业教师（导师）特设岗位计划。

2018 年

2018 年 1 月 20 日，中共中央、国务院印发《关于全面深化新时代教师队伍建设改革的意见》，要求全面提高职业院校教师质量，建设一支高素质双师型的教师队伍，并要健全职业院校教师管理制度。

2018 年 2 月 12 日，教育部办公厅关公布 2017 年全国职业院校信息化教学大赛获奖名单。

2018 年 2 月 22 日，教育部、发改委、工信部、财政部、人社部、国税总局等部门联合印发《职业学校校企合作促进办法》，规定职业学校应当将参与校企合作作为教师业绩考核的内容，具有相关企业或生产经营管理一线工作经历的专业教师在评聘和晋升职务（职称）、评优表彰等方面，同等条件下优先对待。

2018 年 2 月 26 日，中共中央办公厅、国务院办公厅印发《关于分类推进人才评价机制改革的指导意见》，提出为适应现代职业教育发展需要，按照兼备专业理论知识和技能操作实践能力的要求，完善职业院校（含技工院校）“双师型”教师评价标准，吸纳行业、企业作为评价参与主体，重点评价其职业素养、专业教学能力和生产一线实践经验。

2018 年 3 月 22 日，教育部等五部门印发《教师教育振兴行动计划（2018—2022 年）》，提出实施新一周期职业院校教师素质提高计划，引领带动高层次“双师型”教师队伍建设。

2019 年

2019 年 1 月 24 日，国务院印发《国家职业教育改革实施方案》，提出要多措并举打造“双师型”教师队伍。

2019 年 1 月 28 日，教育部办公厅公布 2018 年全国职业院校技能大赛职业院校教学能力比赛获奖名单。

2019 年 2 月 19 日，教育部教师工作司副司长黄伟在教育部新春发布会上介绍“双师型”教师队伍建设的工作情况及下一步工作考虑。

2019 年 5 月 13 日，教育部等六部门印发《高职扩招专项工作实施方案》，提出要推动教师教材教法改革，加强高职院校教师队伍建设。

2019 年 5 月 13 日，教育部印发《全国职业院校教师教学创新团队建设方案》，从目标任务、基本原则、立项条件、建设任务、进度安排、保障措施六个方面制定了详细方案。

2019年6月12日，教育部同意设置福建技术师范学院，要求学校坚持培养职业教育师资的办学定位，为职业教育发展提供有力的人才支撑。

2019年6月12日，教育部同意设置广西职业师范学院，要求学校坚持培养职业教育师资的办学定位，为职业教育发展提供有力的人才支撑。

2019年8月8日，教育部公布首批国家级职业教育教师教学创新团队立项建设单位和培育建设单位名单。其中包括国家级职业教育教师教学创新团队立项建设单位120个（金华职业技术学院、北京工业职业技术学院等），以及国家级职业教育教师教学创新团队培育建设单位2个（西昌民族幼儿师范高等专科学校、和田师范专科学校）。

2019年9月3日，人力资源社会保障部办公厅发布《关于开展2019年全国技工院校一体化师资培训工作的通知》，对培训内容、对象、时间等有关事项作了简要说明。

2019年9月5日，教育部办公厅等七部门印发《关于教育支持社会服务产业发展，提高紧缺人才培养培训质量的意见》，提出要打造"双师型"教师队伍。

2019年9月23日，教育部等四部门出台《深化新时代职业教育"双师型"教师队伍建设改革实施方案》，提出需实施职业院校教师素质提高计划，分级打造教学名师、专业带头人、青年骨干教师等高层次人才队伍。高职院校实施"三教"改革，必须打造高水平结构化教师教学创新团队，形成技艺精湛、专兼结合的高素质"双师型"教师队伍，协同解决中小企业遇到的技术、生产和销售难题。

2019年9月23日，中共教育部党组发布《关于学习贯彻习近平总书记等中央领导同志教师节重要讲话精神的通知》，提出要贯彻落实好，将习近平总书记重要讲话精神转化为深化新时代教师队伍建设改革的具体实践，强化职业教育师资队伍建设，推进《深化新时代职业教育"双师型"教师队伍建设改革实施方案》落地见效。

2019年10月10日，教育部教师工作司印发了《职业技术师范教育专业认证标准》，该认证标准从培养目标、毕业要求、课程与教学、合作与实践、师资队伍、支持条件等多方面为普通高等学校培养职教师资提供了指引。

2019年10月11日，为进一步深化产教融合、校企合作，教育部、国家发展改革委、工业和信息化部、国务院国资委组织专家遴选，确定了中国通信服务股份有限公司等102个首批全国职业教育教师企业实践基地。

2019年10月23日，教育部办公厅等十四部门印发《职业院校全面开展职业培训 促进就业创业行动计划》，在具体措施中提到需通过采取落实好职业院校教师定期到企业实践制度等措施加强培训师资队伍建设。

2019年12月5日，教育部发布《中华人民共和国职业教育法修订草案（征求意见稿)》公开征求意见的公告,意见稿就职业教育教师职务系列和职务晋升制度、培养培训体系等方面在法律层面作出了规定。

2019 年 12 月 25 日,教育部办公厅印发《关于做好扩招后高职教育教学管理工作的指导意见》,提出要打造适应扩招新要求的教师队伍。

2020 年

2020 年 2 月 3 日,教育部办公厅公布 2019 年全国职业院校技能大赛教学能力比赛获奖名单。

2020 年 4 月 29 日,教育部教师工作司公布首批全国职业院校“双师型”教师队伍建设典型案例。

2020 年 5 月 25 日,在全国两会上,全国人大代表、三棵树董事长兼总裁洪杰带来了关于加快推进国家职业教育改革实施方案落地,促进产业转型升级和就业的建议。提出要提升职业教育学校老师社会地位和收入水平,使之与一般的普通高校待遇相当,办得好的职业教育学校甚至超过普通高校待遇,从而吸引更多优秀教师加入职业教育,推动“双师型 ”教师制度的建设。

2020 年 7 月 3 日,教育部公布首批国家级职业教育教师教学创新团队课题研究项目。

2020 年 9 月 14 日,教育部职业教育与成人教育司发布《关于公布首批职业院校校长培训基地遴选结果的通知》,确定北京电子科技职业学院、日照职业技术学院、广东邮电职业技术学院、武汉职业技术学院、成都航空职业技术学院 5 所院校为首批教育部职业院校校长培训基地,天津职业大学等 24 院校为教育部职业院校校长培训培育基地名单。

2020 年 9 月 16 日,教育部等九部门印发《职业教育提质培优行动计划(2020—2023 年)》,提出需通过多方路径提升教师“双师”素质。

2020 年 10 月 13 日,中共中央、国务院印发《深化新时代教育评价改革总体方案》,提出要健全“双师型”教师认定、聘用、考核等评价标准,突出实践技能水平和专业教学能力。

2020 年 12 月 31 日,人力资源社会保障部、教育部联合印发《关于深化高等学校教师职称制度改革的指导意见》,提出要创新评价机制,分类分层评价,其中职业院校要强化技术技能要求,加强“双师型”教师队伍建设。